기업구조조정촉진법 해설

기업구조조정촉진법 해설

발행일   2025년 4월 7일

지은이   오정현
펴낸이   손형국
펴낸곳   (주)북랩
편집인   선일영   편집   김현아, 배진용, 김다빈, 김부경
디자인   이현수, 김민하, 임진형, 안유경   제작   박기성, 구성우, 이창영, 배상진
마케팅   김회란, 박진관
출판등록   2004. 12. 1(제2012-000051호)
주소   서울특별시 금천구 가산디지털 1로 168, 우림라이온스밸리 B동 B111호, B113~115호
홈페이지   www.book.co.kr
전화번호   (02)2026-5777   팩스   (02)3159-9637

ISBN   979-11-7224-575-7 93360 (종이책)   979-11-7224-576-4 95360 (전자책)

(주)북랩 성공출판의 파트너

북랩 홈페이지와 패밀리 사이트에서 다양한 출판 솔루션을 만나 보세요!

홈페이지 book.co.kr   •   **블로그** blog.naver.com/essaybook   •   **출판문의** text@book.co.kr

작가 연락처 문의 ▶ ask.book.co.kr

작가 연락처는 개인정보이므로 북랩에서 알려드릴 수 없습니다.

─── 실무자가 꼭 알아야 할 판례와 해설 중심 구조조정 실무 ───

기업구조조정촉진법 해설

오정현 지음

이 책은 단순한 법 해설을 넘어,
구조조정 현장에서 실무자가 직면하는 모든 문제에 대해
실질적 해법을 제시한다!

**금융과 법률 전문가의 시선으로 풀어낸,
깊이 있는 기업 구조조정 해설**

북랩

서문

기업구조조정촉진법은 2001년 8월 14일 법률 제6504호로 최초 제정된 이래 수차 제·개정되어 왔습니다. 처음에는 2005년 12월 31일까지만 효력을 가지는 한시법으로 출발하였으나, 가장 최근에 법률 제정 형식으로 다시 효력이 연장되었고, 내년 말이면 그 유효 기간인 3년이 만료되어 또다시 개정이나 제정의 형식으로 유효 기간을 연장하지 않을까 생각합니다. 이처럼 기업구조조정촉진법의 효력이 20년이 훌쩍 넘도록 계속 연장되어 온 것은 그만큼 기업구조조정 절차에 있어 이 법의 중요성이나 필요성이 적지 않음을 말해 주는 것이라 할 것입니다.

그러나 다른 한편으로는 그간 기업구조조정촉진법에 따라 진행된 구조조정 사례에서 당사자 사이에 법률 분쟁이 발생한 사례가 적지 않고, 그러한 분쟁 건수만큼이나 많은 판례가 축적되었다는 사실은 기업구조조정 절차를 진행하면서 '부실징후기업의 기업개선을 신속하고 원활하게 추진'한다는 기업구조조정촉진법의 목적을 달성하는 것이 그렇게 쉬운 일이 아니라는 점 또한 반증한다고 할 수 있습니다. 일례로 2010년 6월 기업구조조정촉진법에 따라 구조조정을 진행했던 모 회사의 경우, 채권금융기관협의회 의결을 둘러싸고 법적 다툼이 발생하였고, 이 다툼은 2015년 11월 1심 판결, 2017년 12월 2심 판결을 거쳐 2023년 11월 대법원의 파기환송 판결이 있기까지 무려 8여 년이라는 긴 시간 동안 계속되었습니다.

저는 지난 2년간 기업구조조정 업무를 담당했는데, 이를 통해 법원 주도의 회생 절차와 채권금융기관 주도의 구조조정 절차를 비교할 수 있었습니다. 업무를 하면서 「회생사건실무」, 「주석 채무자회생법」, 「온주 기업구조조정촉진법」과 같은 훌륭한 전문 서적들과 논문, 판례들을 연구하고 공부하면서 저의 턱없이 부족한 실력과 능력을 보완하기 위해 열심히 노력하였습니다. 그러면서 초심자들을 위해서 「온주 기업구조조정촉진법」과 같은 조문별 해설서가 책자 형태로 있었으면 좋겠다고 생각한 것이 이 책을 쓴 계기가 되었습니다.

동시에, 앞서 본 바와 같이 기업구조조정촉진법에 따른 구조조정 절차가 다 끝난 것처럼 보이지만, 실제로는 당사자들 간 분쟁이 수년 동안 지속되는 이유가 무엇일까에 대하여도 생각해 보았습니다. 제가 생각한 나름의 이유는 다음과 같습니다. 먼저, 금융의 구조가 복잡다단해졌다는 것입니다. 예전과 달리 최근에는 세분화된 금융 구조를 통하여 리스크 분산이 이루어지고, 이에 따라 관련 당사자들의 이해관계도 첨예하게 대립하는 경우가 많습니다. 그런데 이와 같은 복잡한 금융 구조를 둘러싸고 발생하는 법적인 쟁점을 면밀하게 파악하고 분석하는 일은 채권금융기관 또는 주채권은행이 독자적으로 수행하기에는 어려움이 많습니다. 또한 기업구조조정촉진법은 말 그대로 법원의 개입이 없는 당사자들 간의 자율적 구조조정인데, 이해관계자 중 하나인 주채권은행 또는 채권금융기관이 제3자적 입장에서 객관적으로 판단을 할 수 있는지, 혹여 이러한 판단이 가능하다고 하더라도 사법기관과 같이 모두를 승복시킬 만한 법적인 권위나 자격을 인정할 수 있는지에 대한 당사자들 사이의 확신도 부족한 것 같습니다(물론 금융채권자조정위원회 등과 같은 여러 장치를 해 놓기는 하지만 말이지요). 그래서 일단은 주채권은행을 중심으로 기업구조조정 절차가 진행되기는 하지만 단계별로 당사자들 간에 충돌이 발생할 수밖에 없고, 이러한 충돌을 사후적으로 법원을 통해서 해결해 나가고 있다는 것이 제 개인적인 생각입니다.

그럼에도 기업구조조정촉진법이 구조조정 절차에서 가지는 위상이나 필요성은 무시할 수 없습니다. 법원이 수년간 회생 절차가 아닌 자율적 구조조정 절차(Autonomous Restructuring Support)를 독려하고 있음에도 그 활용률이 저조한 것 역시 나름의 이유가 있을 것입니다. 큰 변화가 없는 한, 앞으로도 기업구조조정촉진법에 따른 구조조정 절차와 채무자회생법에 따른 회생 절차가 주요한 구조조정 절차로 계속하여 자리매김할 것입니다. 그러한 과정에서 부족하나마 제가 정리한 이 책이 처음 기업구조조정 업무를 수행하게 되는 실무자분들께 도움이 되기를 바랍니다. 마지막으로, 저와 같이 구조조정 업무를 수행하면서 이 글의 원고를 살피고 아낌없이 지적해 준 후배에게도 깊은 감사의 말씀을 드립니다.

2025년 4월
오정현

::: Contents :::

제3장

금융채권자협의회 등

제4장

기업구조조정 촉진을 위한 특례

제1장
총칙

1. 기업구조조정촉진법의 목적과 타법과의 관계

가. 기업구조조정촉진법의 목적

> 제1조(목적) 이 법은 부실징후기업의 기업 개선이 신속하고 원활하게 추진될 수 있도록 필요한 사항을 규정함으로써 상시적 기업구조조정을 촉진하고 금융 시장의 안정과 국민 경제의 발전에 이바지하는 것을 목적으로 한다.

기업구조조정촉진법(이하 '기촉법'이라 한다)은 2001. 8. 14. 법률 제6504호로 최초로 제정되었다. 당시 기촉법은 '기업의 회계투명성을 제고하고 금융기관이 신용 위험을 효율적으로 관리할 수 있는 체제를 마련하는 한편, 기업구조조정이 신속하고 원활하게 추진될 수 있도록 필요한 사항을 규정함으로써 시장 기능에 의한 상시적인 기업구조조정이 촉진될 수 있도록 함'을 그 목적으로 하였다(2001. 8. 14. 법률 제6504호 기촉법 제1조).

기촉법은 시행 당시부터 유효 기간을 정한 한시법으로 제정되었으나(최초 기촉법의 효력 기한은 2005년 12월 31까지였다; 법률 제6504호 기촉법 부칙 제2조 제1항), 매번 일몰 시한을 앞두고 개정되거나, 일몰 시한이 지난 경우는 신규 제정의 형식을 갖되 실질적으로는 개정되는 것이 반복되었다.

그런데 기촉법은 제정 당시부터 여러 논란에 휩싸였는데, 세계에서 유래를 찾아보기 힘든 우리나라만의 독특한 규제라는 점[1] 및 정부 주도의 경제 성장 과정을 거치면서 자리 잡은 관치금융을 제도화한다는 비판 등이 그것이다.[2] 실제로 대법원과 대한변호사협회 등은 주채권은행이 협의회 소집 통보를 이유로 채권행사를 유예하는 것은 재산권 침해에 해당하고, 국내 금융기관과 달리 일반채권자와 외국 금융기관 채권자는 채권행사가 가능하므로 평등권 침해 소지가 있다는 등의 6가지 이유를 들어 기촉법 제정에 반대한다는 의견을 정부에 전달했다고 한다.[3] 이러한 법조계의 기촉법에 대한 비판적인 입장은 규제 이슈 형성 과정에서 효과적으로 반영되지 못한 것으로 나타났는데, 여·야·정 협의로 법 도입을 결정하는 때에도 경제전문가들만 참석하였고, 재정경제위원회 공청회에서도 법조계는 배제되었다고 한다.[4]

나. 기촉법과 채무자회생법의 관계[5]

제3조(다른 법률과의 관계) 이 법은 기업구조조정 등에 관하여 다른 법률(「채무자 회생 및 파산에 관한 법률」은 제외한다)에 우선하여 적용한다.

---

1   이혜영, 「기업구조조정촉진법 도입과정 분석」, 서울행정학회 학술대회 발표논문집, 서울행정학회, 2004. 8., p.363.

2   오수근, 「기업구조조정촉진법 비판」, 법학논집, 이화여자대학교 법학연구소, 2001. 6., pp.295-296.

3   이해영, 전게문, p.374. 이외에 기촉법 관련 입법 경과 등에 대해서는 집필 대표 김형두, 「온주 기업구조조정 촉진법」, 온주편집위원회(이하 "온주 기촉법"이라 한다) 제1조 해설 부분 참조

4   이혜영, 전게문, p.374.

5   이 책에서는 조문의 순서를 지키는 것을 원칙으로 하였으나 필요한 경우에는 다소 순서를 달리하였다. 기촉 법 제2조는 정의 조항으로 기촉법의 적용 대상을 살펴볼 때 보기로 한다.

기촉법은 기업구조조정 등에 관하여 다른 법률에 우선하여 적용된다. 다만 채무자 회생 및 파산에 관한 법률은 제외하므로 기촉법에 따른 구조조정 절차 진행 중에도 언제든지 회생 절차나 파산 절차를 신청·개시할 수 있다. 기촉법은 제11조 제5항에서 '공동관리절차가 개시된 뒤에도 해당 기업 또는 금융채권자는 「채무자 회생 및 파산에 관한 법률」(이하 '채무자회생법'이라 한다)에 따른 회생 절차 또는 파산 절차를 신청할 수 있다. 이 경우 해당 기업에 대하여 회생 절차의 개시결정 또는 파산선고가 있으면 공동관리절차는 중단된 것으로 본다'라고 하여 이를 명시적으로 반영하고 있다.

그렇다면 기촉법과 채무자회생법은 어떠한 차이가 있을까?

먼저 기촉법과 채무자회생법은 모두 기업의 구조조정을 목적으로 하나, 기촉법은 채권자, 더 정확히 말하면 채권금융기관 주도의 구조조정을 상정한다. 따라서 채권금융기관은 단순한 이해관계인의 지위를 넘어 기업 구조조정 전반의 과정을 이끌어 가는 역할을 하고, 채무자는 이러한 구조조정의 대상이 된다.

반면 채무자회생법상 채권금융기관인 채권자는 여러 이해관계인 중 하나일 뿐이다. 채무자회생법은 그 입법 목적을 '재정적 어려움으로 인하여 파탄에 직면해 있는 채무자에 대하여 채권자·주주·지분권자 등 이해관계인의 법률관계를 조정하여 채무자 또는 그 사업의 효율적인 회생을 도모하거나, 회생이 어려운 채무자의 재산을 공정하게 환가·배당하는 것을 목적으로 한다'라고 하여 (2024. 9. 20. 법률 제20434호 채무자회생법 제1조) 채무자의 회생에 더 방점을 두고 있고, 채권금융기관을 포함한 이해관계인의 법률관계 조정, 즉 구조조정 절차 전반은 법원의 주도와 감독하에 진행된다.

이처럼 기촉법은 채권금융기관 및 그 감독기관인 금융위원회와 정부가 주도권을 쥐고 구조조정 절차를 진행할 수 있다는 점 때문에 지금까지의 수많은 일몰에도 불구하고 매번 다시 제·개정되는 형태를 띠는 것으로 보인다는 견해도 있다.[6] 이외에도 채무자회생법상 회생 절차와 비교하여 기촉법상 구조조정 절차는 채권행사와 대상기업의 경영권 측면에서 중대한 차이점이 존재한다. 즉, 기촉법상 구조조정은 기본적으로 채권행사와 관련하여 해당 채권이 금융기관의 채권인지 상거래채권인지에 따라 달리 취급되고,[7] 경영권과 관련하여 기존의 대주주 및 경영권이 유지되며 자금조달과 관련하여 신규 신용공여가 추가로 지원된다는 점에서 중대한 차이가 있다.[8] 이러한 점으로 말미암아 구조조정 대상이 되

---

6 임장호, 「채권자의 회생 절차 참여 확보 방안-기업구조조정촉진법의 재(再)제정과 관련하여-」, 도산법 연구 제6권 제3호, 사단법인 도산법연구회, 2016. 10., p.96.)

7 현 기촉법은 적용 대상이 채권금융기관 이외에도 금융채권자로 확대되었으나 여전히 상거래채권자는 제외된다.

8 김철만·양재준, 「기업구조조정촉진법에 따른 구조조정 절차에서의 채권단의 권한과 책임」, 율촌판례연구, 법무법인(유) 율촌 송무그룹, 박영사, 2016. 12. 15., p.507. 이 글에서는 다음과 같이 경영권의 측면에서 기촉법상 구조조정(워크아웃) 절차와 채무자회생법에 따른 회생 절차의 차이를 잘 설명하고 있다. 우선 채무자회생법에 따른 회생 절차에서는 제3자이든 기존 대표이사이든 법원에 의해 엄격한 관리 및 통제를 받는 관리인이라는 기관이 존재하고, 관리인은 회생회사의 대표자나 기관이 아니라 회생회사와 그 채권자 및 주주로 구성되는 소위 이해관계인 단체의 관리자인 일종의 공적 수탁자로서 회생회사를 대신하여 직접 회생회사의 법률관계에 있어 권리의무의 주체가 되는 반면, 기촉법상 워크아웃 절차에서는 여전히 대상기업이 권리의무의 주체가 되고, 대상기업을 대표하고 의사를 결정하는 것은 여전히 대상기업의 대표이사와 이사회에 의해 이루어지며, 관계 법령에 따라 주주총회 역시 개최 및 기능을 유지하게 되고, 채권단은 대상기업 외부의 별도 법률주체로서 대상기업과의 별도 약정을 통해 대상기업의 일반재산이 불필요하게 산일되지 않도록 관리 및 감시하는 역할을 수행하게 될 뿐이다. 또한 회생 절차에서는 신규 자금유치 및 재무구조 개선을 위해 대주주에 대한 감자가 이루어지기 마련이지만, 기본적으로 워크아웃 절차에서는 재무구조 개선 작업이 원만하게 진행될 수 있거나 정상적으로 마무리되면 기존 경영진 내지 대주주의 영향력 등 대상기업에 대한 지배력은 여전히 유지된다(김철만·양재준, 전게문, p.508). 물론 기촉법상 워크아웃에서 마련되는 경영정상화 계획에는 대상 기업의 경영 현황을 파악하고 중대한 자금집행 등에 대해서는 사전 승인 권한이나 자금관리단 파견에 관한 규정을 두기 마련이며, 경영정상화 계획을 제대로 이행하지 않거나 대상 기업의 자금을 불법적으로 외부 유출하거나 자산 상태의 중대한 변화를 초래하는 경우, 경영진의 교체 및 경영권을 포기하겠다는 각서를 제출받는다. 그러나 이러한 채권단의 권한은 채권단 자신이 대상 기업에 대하여 보유하는 기존 채권과 신규 신용공여에 따른 신규 채권 보전을 위해 대상 기업의 일반재산이 불필요하게 산일되지 않도록 하기 위한 것일 뿐이고, 워크아웃 절차에서 대상 기업의 경영은 대상 기업의 업무에 전문성을 갖추고 있는 대상 기업의 대주주와 기존 경영진에 의해 이루어지는 것이므로, 채권단의 이러한 권한은 대상 기업의 업무 전반을 확인하고 그에 관한 구체적인 의사 결정에 관여하는 것이 아니라, 단순히 대상 기업의 신규 채무부담 또는 자금지출거래가 진성 거래인지 여부를 확인하는 수준에서 최소한도로 행사되어야 하는 것이라고 한다 (김철만·양재준, 전게문, p.509).

는 기업 입장에서는 회생보다는 기촉법상 구조조정 절차를 더욱 선호하게 되는 점도 있다.

다. 기촉법의 한시성

기촉법은 제정 당시부터 한시법으로 운용되는 것을 상정하고 제정되었으나, 지금까지 여러 번의 제·개정을 통해서 그 효력 기간을 연장하여 온 것은 앞서 본 바와 같다. 그러나 이러한 연장 형태에 대하여 국회는 제6차 기촉법을 제정하면서 아래와 같은 부대 내용을 달아 채무자회생법과의 일원화 또는 기촉법 상시화 방안 등 향후 운영 방향을 정하도록 하였다.

【6차 기촉법 부대의견】

○ 금융위원회는 제20대 국회 임기 내에 기업구조조정 제도의 성과 및 효용에 관한 평가를 시행하고, 법원·기업구조조정 관련 기관 및 전문가 등의 의견수렴을 통하여 「채무자회생 및 파산에 관한 법률」과의 일원화 또는 「기업구조조정촉진법」 상시화 방안 등 기업구조조정 제도의 종합적인 운영 방향에 관하여 국회 소관 상임위원회에 보고하여야 한다.[9]

그런데 기촉법이 2023. 12. 26.에 다시 제정의 형식으로 연장된 것을 보면 국회가 주문한 회생법과의 일원화 또는 기촉법 상시화는 말처럼 쉽지 않은 것으

---

9 정무위원회, 2018. 9. 20. 의안번호 2015682, 기업구조조정 촉진법안(대안) 4. 부대의견 참조

로 보인다. 이는 결국 기업구조조정 업무 영역을 둘러싼 주도권 다툼이 연결되어 있기 때문이라고 생각된다. 기촉법의 상설화가 논의될 때마다 이에 대하여 금융계와 법조계의 충돌하고 있다는 기사는 심심치 않게 찾아볼 수 있다. 아래의 글은 이러한 점을 잘 보여 준다.

기촉법은 입법 당시인 2001년부터 위헌소지가 있다는 지적이 계속되어 왔고, 일부 개선되었지만 이러한 지적은 계속되고 있다. 법조계에서는 이러한 위헌성을 가진 기촉법을 상시화하는 것은 법치주의 관점에서 문제가 있다며 반대하고 있다. 기촉법이 추구하는 효율적인 기업회생이라는 목적은 채무자회생법상의 회생 절차를 통해서도 충분히 달성할 수 있으므로 굳이 위헌성이 있는 기촉법을 상시화할 필요는 없다는 것이다. 반면, 금융계에서는 기촉법은 효율적 구조조정 수단이라는 점을 강조하며 상시화할 것을 요구하고 있다. 채무자회생법상의 회생 절차는 법원이 주도하는 법정 절차이므로 효율성과 신속성 측면에서 기촉법에는 못 미친다는 것이다.[10]

기촉법이 채무자회생법에 통합되든 또는 상시화되든, 관건은 '기업구조조정이라는 목적이 성공적으로 달성되었는지 여부'일 것이다. 이러한 목적 달성에 부합되는지 여부는 구조조정 절차의 신속성 측면 외에도 문제 해결의 종국성 또한 고려되어야 할 것으로 보인다. 개별 기업에 대하여 기촉법상 구조조정 절차를 완료한 이후에도 이미 이루어진 금융채권자협의회 의결의 효력 등에 대하여 법적 분쟁이 제기되는 경우가 왕왕 있고, 이 경우 최종적인 분쟁 해결은 장기간의 소송 과정을 거쳐 결국 법원의 판단을 통해 이루어지기 때문이다. 그 결과 '신속하고 원활한 구조조정'이라는 기촉법의 목표 달성에도 어려움이 있을 수 있다.

---

10 최완진, 「기업구조조정의 바람직한 방향」, 외법논집 〈39-2〉, 한국외국어대학교 법학연구소, 2015.5., p.75(참고로 이 글에서 쓰인 '도산법'이라는 용어만 현재의 채무자회생법으로 바꾸어서 표현하였다).

2. 기업구조조정촉진법의 적용 대상

가. 정의 조항

기촉법은 제2조에서 다음과 같은 용어의 정의 조항을 두고 있다.

제2조(정의) 이 법에서 사용하는 용어의 뜻은 다음과 같다.

1. "금융채권"이란 기업 또는 타인에 대한 신용공여로 해당 기업에 대하여 행사할 수 있는 채권을 말한다.

2. "금융채권자"란 금융채권을 보유한 자를 말한다.

3. "채권금융기관"이란 금융채권자 중 「금융위원회의 설치 등에 관한 법률」 제38조 각 호에 해당하는 기관 및 그 밖에 법률에 따라 금융업무 또는 기업구조조정 업무를 행하는 기관으로서 대통령령으로 정하는 자를 말한다.

4. "채권은행"이란 금융채권자 중 은행업을 규칙적·조직적으로 영위하는 금융기관을 말한다.

5. "주채권은행"이란 해당 기업의 주된 채권은행(주된 채권은행이 없는 경우에는 신용공여액이 가장 많은 은행)을 말한다. 이 경우, 주채권은행의 선정 및 변경 등에 관한 사항은 대통령령으로 정한다.

6. "기업"이란 「상법」에 따른 회사와 그 밖에 영리활동을 하는 자를 말한다. 다만, 다음 각 목의 어느 하나에 해당하는 자는 제외한다.

   가. 「공공기관의 운영에 관한 법률」에 따른 공공기관

   나. 금융회사와 그 밖에 금융업무를 하는 자로서 대통령령으로 정하는 자

   다. 외국법에 따라 설립된 기업

   라. 그 밖에 제4조 제4항에 따른 신용위험평가 대상에 포함되지 아니한 자로서 대통령

령으로 정하는 자

7. "부실징후기업"이란 주채권은행이 신용위험평가를 통하여 통상적인 자금차입 외에 외부로부터의 추가적인 자금유입 없이는 금융채권자에 대한 차입금 상환 등 정상적인 채무 이행이 어려운 상태(이하 "부실징후"라 한다)에 있다고 인정한 기업을 말한다.

8. "신용공여"란 다음 각 목의 어느 하나에 해당하는 것으로서 금융위원회가 정하는 범위의 것을 말한다.

　가. 대출

　나. 어음 및 채권 매입

　다. 시설대여

　라. 지급보증

　마. 지급보증에 따른 대지급금의 지급

　바. 기업의 지급불능 시 거래상대방에 손실을 초래할 수 있는 직접적·간접적 금융거래

　사. 가 목부터 바 목까지에 해당하는 거래는 아니나 실질적으로 그에 해당하는 결과를 가져올 수 있는 거래

9. "채무조정"이란 금융채권자가 보유한 금융채권에 대하여 상환기일 연장, 원리금 감면, 채권의 출자전환 및 그 밖에 이에 준하는 방법으로 채무의 내용을 변경하는 것을 말한다.

이하 차례대로 살펴본다.

나. 금융채권

최초 기촉법 제정 시에는 기촉법의 적용 대상 기업이 채권금융기관으로부터 신용공여를 받은 회사로 그 신용공여액의 합계가 500억 원 이상인 회사에 한하였고, 참여 채권자도 채권금융기관에 한정되었다(2001. 8. 14. 제정 법률 제6504호 기촉법 제2조 제1호 및 제4호). 이러한 제한은 2016년 기촉법을 법 제정 형식으로 개정하기 전까지 지속되었으나, 2016년 기촉법 개정을 통하여 적용되는 채무

기업을 상법상 회사와 그 밖에 영리활동을 하는 자 등 모든 기업으로 확대하고, 기업 개선에 참여하는 채권자의 범위도 채권금융기관에 국한되지 않고 모든 금융채권자로 확대하면서(2016. 3. 18. 제정 법률 제14075호 기촉법 제정 주요 내용 나 참조) 지금과 같은 금융채권의 정의 조항이 금융채권자의 정의 조항과 함께 신설되었다.

기촉법상 금융채권은 기업 또는 타인에 대한 신용공여로 해당 기업에 대하여 행사할 수 있는 채권을 말한다(기촉법 제2조 제1호). 이때, '기업에 대한 신용공여로 해당 기업에 대하여 행사할 수 있는 채권'의 예로는 은행이 기업에 직접 대출을 해 주는 경우를(이때 은행은 해당 기업에 대하여 대출채권을 취득한다), '타인에 대한 신용공여로 해당 기업에 대하여 행사할 수 있는 채권'의 예로는 은행이 해당 기업에 대출을 한 자에 대하여 보증을 제공하는 경우를 생각해 볼 수 있다(이때 은행은 해당 기업에 대하여 보증으로 인한 구상채권을 취득한다).

또한 금융채권을 정의함에 있어 기촉법은 '신용공여'라는 용어를 사용하고, 이에 대한 정의를 기촉법 제2조 제8호에서 하고 있으므로 금융채권의 범위를 정함에 있어서는 기촉법 제2조 제1호와 제8호를 함께 고려하여야 한다.

참고로 어느 채권이 기촉법상 금융채권에 해당하는지 여부를 판단함에 있어서는 기촉법 제2조 제8호의 각 규정이 중첩적으로 적용될 수 있다. 즉, 기촉법상 '금융채권'의 정의와 관련하여 하급심 판례이기는 하나 법원은 공동보증인 간의 구상권이 기촉법상 금융채권에 포함된다고 하면서 다음과 같이 설시하고 있다. 동 사안의 경우 원고와 피고가 주채무자인 수분양자들이 부담하는 중도금 대출 채무를 원고 41.27%, 피고 58.73%의 비율로 각각 연대 근보증을 하고, 원고가 수분양자들의 중도금 대출채무 전액(원금과 이자를 모두 포함한다)을 대위변제하였는데, 법원은 이때 원고는 자기의 부담 부분을 넘어 변제한 금원으로 피고의 부담 부분에 대하여 구상권을 가진다고 보았다. 그리고 이와 같이 대위변제를 한 연대보증인인 원고가 다른 연대보증인인 피고에 대하여 그 부담 부분을 한도로 갖는 구상권은 주채무자의 무자력 위험을 감수하고, 먼저 대위변제를 한 연대보증인의 구상권 실현을 확보하고 공동연대보증인들 간의 공평을 기하기 위하여 민법 제448조 제2항에 의하여 인정된 권리라고 하였다(대법원 2010. 9. 30 선고 2009다46873 판결 등 참조). 나아가 법원은 기촉법 제2조 제1호는 금융채권을 기업 또는 '타인'에 대한 신용공여로 해당 기업에 대하여 행사할 수 있는 채권이라고 규정하여 반드시 해당 기업에 대한 신용공여로 한정하지 않고 있는바, 원고가 보유하는 이 사건 구상권은 주채무자인 수분양자들에 대하여 기촉법 제2조 제8호 라 목, 마 목의 '신용공여'로서의 지급 보증 또는 지급 보증에 따른 대지급금을 지급함에 따라 해당 기업인 피고에 대하여 행사할 수 있는 채권에 해당하거나 기촉법 제2조 제8호 사목의 실질적으로 기업의 지급 불능 시 거래 상대방에게 손실을 초래할 수 있는 결과를 가져올 수 있는 거래로서의 '신용공여'에 따라 취득한 채권에 해당한다고 판시하였다(서울고등법원 2019. 5. 3. 선고 2018나2036159 판결).

다. 금융채권자

앞서 살펴본 바와 같이 기촉법은 채권자, 정확하게는 채권금융기관 주도로 이루어지는 사적 구조조정이다. 이러한 기촉법에 참여하는 채권자는 기촉법상 금융채권을 보유한 자, 즉 '금융채권자'이다(기촉법 제2조 제2호). 즉, 금융채권을 보유하기만 하면 금융채권자에 해당하므로, 개인은 물론이고 외국인과 외국법인도 포함된다. 이는 2016년 기촉법 개정 시[11] 구조조정 촉진의 적용 대상 기업을 확대하면서 워크아웃 참여 채권자의 범위도 모든 금융채권자로 확대한 데 따른 것으로[12], 이를 통하여 기존 기촉법상 외국법인은 동법의 적용을 받지 않는 데서 발생한 형평성 등의 문제가 다소 해결된 것으로 볼 수 있다.[13]

라. 채권금융기관

금융채권자는 다시 채권금융기관과 채권금융기관이 아닌 자로 구분된다. 채권금융기관은 다시 은행업을 영위하는 채권은행과 그렇지 않은 금융기관(예를 들면 신용보증기금, 기술보증기금 등)으로 구분된다. 채권은행 중에서 주채권은행이 사적 구조조정 절차 전반을 이끄는 역할을 하게 된다.

1) 참여 채권자의 범위 확대

2016년 법 제정 형식으로 기촉법을 연장하면서 워크아웃 참여 채권자의 범

---

11 형식적으로는 법 제정이나 실질적으로는 기존 기촉법의 연장이므로 향후에는 개정이라는 표현도 함께 쓰기로 한다.

12 최초 기촉법 제정 당시에는 채권금융기관만이 동법의 참여자였다(2001. 8. 14. 제정 법률 제6504호 기촉법 제2조 제1호).

13 오수근은 (기존) 기촉법이 외국 금융기관이나 국내 비금융기관에는 적용되지 않으므로 기촉법 적용 대상 금융기관이 대출채권을 이들에게 매각하면 기촉법의 적용에서 벗어날 수 있다는 문제를 제기한 바 있다(오수근, 전게문, p.297).

위가 채권금융기관에서 모든 금융채권자로 확대된 것은 앞서 본 바와 같다.[14] 다만 이때 경과 규정을 두어 이러한 대상 확대는 제정법 시행일인 2016. 3. 18. 이후 발생하거나 변제기를 연장한 금융채권에 한하도록 하였다(2016. 3. 18. 제정 법률 제14075호 부칙 제3조). 또한 여전히 상거래채권자는 기촉법상 채권자에서 제외된다.[15]

2) 채권금융기관의 범위

채권금융기관이란 금융채권자 중 「금융위원회의 설치 등에 관한 법률」 제38조 각 호에 해당하는 기관 및 그 밖에 법률에 따라 금융업무 또는 기업구조조정 업무를 행하는 기관으로서 대통령령으로 정하는 자를 말한다(기촉법 제2조 제3호).

가) 「금융위원회의 설치 등에 관한 법률」 제38조 각 호에 해당하는 기관

먼저 금융위원회의 설치 등에 관한 법률(이하 '금융위원회법'이라 한다) 제38조 각 호에 해당하는 기관은 금감원의 검사를 받는 기관으로 여기에는 은행, 보험회사, 상호저축은행 등(금융위원회법 제38조 제1호 내지 제8호)과 다른 법령에서 금감원이 검사를 하도록 규정한 기관(금융위원회법 제38조 제9호) 및 그 밖에 금융업 및 금융 관련 업무를 하는 자로서 대통령령으로 정하는 자가 포함된다(금융위원회법 제38조 제10호).

---

14 2016. 3. 18. 제정 법률 제14075호 기촉법 제정 이유 나 참조

15 금융위원회, 「기업구조조정촉진법 설명자료」(이하 '금융위 기촉법 설명자료'라 한다), 2016. 3. 17., p.11.

나) 그 밖에 법률에 따라 금융업무 또는 기업구조조정 업무를 행하는 기관으로서

　대통령령으로 정하는 자

　다음으로 그 밖에 법률에 따라 금융업무 또는 기업구조조정 업무를 행하는 기관으로서 대통령령으로 정하는 자란 산업은행, 수출입은행, 기업은행, 신용보증기금, 기술보증기금 등을 말한다(기촉법 시행령 제2조 제1항).

3) 채권금융기관 범위 확대를 위한 2024. 7. 30. 기촉법 시행령 개정

　기촉법상 채권금융기관의 정의와 관련하여 2024. 7. 30. 대통령령 제34780호로 개정된 기촉법 시행령은 제2조 제1항 제12호부터 제15호를 신설하여 한국주택금융공사, 주택도시보증공사, 새마을금고 및 건설공제조합 등을 채권금융기관의 범위에 포섭되도록 하였다. 이는 고의 또는 중대한 과실 없이 조정위원회의 조정 결정에 따라 기업구조조정 업무를 적극적으로 처리한 경우 금융 관계 법령에 따른 징계 등을 면책해 주는 채권금융기관의 범위를 확대하는 데 그 목적이 있었다.[16]

　그러나 상기와 같은 시행령 개정 전에도 한국주택금융공사, 주택도시보증공사, 새마을금고 및 건설공제조합 등은 법령의 규정 및 해석을 통하여 기촉법상 채권금융기관에 해당한다는 해석을 도출할 수 있었을 것으로 생각된다. 왜냐하면 이들 기관은 기촉법상 채권금융기관인 '금융위원회의 설치 등에 관한 법률 제38조 각 호에 해당하는 기관'에 해당하기 때문이다(기촉법 제2조 제3호). 부연 설명하면 이들 기관은 '다른 법령에서 금감원이 검사를 하도록 규정한 기관'으로

---

[16]　2024. 7. 30. 대통령령 제34780호로 개정된 기촉법 시행령 개정 이유 및 주요 내용 참조

서 기촉법상 '금융위원회법 제38조 각 호에 해당하는 기관에 속한다(기촉법 제2
조 제3호, 금융위원회법 제38조 제9호).

예를 들면 주택도시보증공사는 설립 근거법인 주택도시기금법에 따른 금융
위원회의 경영건전성 검사 대상 기관으로, 금융위원회는 다시 금감원을 통하여
동 검사를 수행하고 있어 '금융위원회법 제38조에 의한 기관에 포함된다(주택도
시기금법 제32조 제2항, 동법 시행령 제25조).[17]

한국주택금융공사의 경우에도 동 공사는 한국주택금융공사법에 따라 설립
된 공사(한국주택금융공사법 제1조)로 동법은 주택금융공사에 대한 감독 업무를
금융위원회 앞 부여하고(한국주택금융공사법 제60조), 금융위원회는 다시 금감원
장에게 검사 업무를 위탁하고 있어 '금융위원회법 제38조에 의한 기관에 포함된
다(한국주택금융공사법 제61조 제2항 및 제3항).

건설공제조합은 건설산업기본법에 따라 설립된 법인으로(건설산업기본법 제54
조) 금융위원회는 공제조합의 손실 보상 공제사업 및 건설공사 손해 공제사업에
대하여 검사 권한을 가지는데(건설산업기본법 제56조 제1항 제5호, 제65조 제2항), 금
융위원회법은 금감원 앞 업무 위임 권한을 부여하는 외에(금융위원회법 제71조)
다시 금융위원회 운영 규칙으로 금감원 앞 관리·감독 등의 업무 위임 근거 규정
을 구체화하고 있어(금융위원회 운영규칙 제17조) 개정 전 기촉법령 하에서도 이러

---

17 주택도시기금법은 주택도시보증공사의 경영건전성 검사 권한을 금융위 앞 부여하고, 금융위는 검사를 위하
여 필요한 경우에는 금감원장에게 소속 직원의 파견을 요청할 수 있다고 하고 있다(주택도시기금법 제32조
제2항, 동법 시행령 제25조 제1항 및 제2항). 이때 '직원 파견'을 금융위의 금감원 앞 경영건전성 검사 권한
위임으로 볼 수 있는지 의문이 들 수 있으나, 이를 제한적으로 보는 경우에도 금융위원회법은 일반조항으로
금융감독의 효율성을 높이기 위하여 금융위원회의 권한의 일부를 금감원에 위탁할 수 있다고 하고 있으므
로 동 규정을 통하여도 금감원의 검사를 받는 기관에 주택금융공사가 포함되는 것으로 해석이 가능할 것으
로 생각된다(금융위원회법 제71조).

한 기관들이 기촉법상 채권금융기관에 해당된다는 해석을 도출할 수 있었을 것으로 생각된다.

4) 채권금융기관의 범위 변경과 관련한 판례

2024년 7월 기촉법 시행령 개정 전에도 채권금융기관의 범위는 기촉법의 제·개정에 따라 달라져 왔다. 이와 관련하여 기업구조조정협약의 구성원이 아니던 금융기관이 기촉법의 정함에 따라 기촉법상 채권금융기관에 포함된 경우 채권금융기관협의회 의결의 효력에 대한 대법원 판례가 있어 이를 소개한다. 아래는 대법원 2007. 4. 27. 선고 2004다22292 판결문을 발췌한 것이다.

기업구조조정협약의 구성원에 속하지 아니한 금융기관이 기업개선작업이 진행되던 도중에 별도로 당해 기업과의 사이에 분할상환 약정과 같은 채권재조정에 관한 계약을 체결한 때에는 기업개선작업의 이행 상태를 감독하기 위하여 당해 기업에 파견된 경영관리단이나 협의회 또는 주채권은행의 승인을 얻었는지 여부를 불문하고 당사자들 사이의 계약으로는 유효하다(대법원 2007. 4. 27. 선고 2004다22292 판결, 대법원 2007. 4. 26. 선고 2004다27600 판결; 사적 계약으로 그 유효성은 인정된다는 뜻이다).

다만 구 기촉법(2001. 8. 14. 법률 제6504호로 제정된 기촉법 부칙 제2조 제1항에 의하여 2005. 12. 31. 실효)은 상호저축은행법에 의한 상호저축은행을 비롯하여 종래 기업구조조정협약의 구성원이 아니던 다수의 금융기관들에게도 자동적으로 협의회의 구성원의 지위를 인정하여 위와 같은 방식의 사적 정리절차에 편입시키고 있고(동 기촉법 제2조), 종전의 자율적 협약이 존속하던 때와 마찬가지로 채권금융기관들은 협의회에서 채권금융기관 총신용공여액 중 3/4 이상의 신용공여액을 보유한 채권금융기관의 찬성으로 의결된 사항을 이행할 의무를 부담하며(동 기촉법 제27조 제1항, 제2항) 이에 반대한 채권자가 소정의 기간 내에 채권매수를 청구하지 아니한 때에는 당해 협의회의 의결에 찬성한 것으로 보는 바(동 기촉법 제29조 제1항), 비록 구 기촉법 시행 이전에 협의회의 구성원이 아니던 금융기관과 당해 기업과의 사이에 개별적으로 채권재조정에 관한 계약을 체결하였다 할지라도 구 기촉법 시행 이후 새로 구성된 협의회에서 신규참여한 금융기관의 채권에 대해서도 종전 협의회의 의결한 채권재조정에 관한 의결 사항을 적용하기로 새로이 의결하고 그 금융기관이 새로운 의결에 반대하였으나, 반대채권자로서의 매수청구권을 행사하지는 아니하였다면 개별적인 채권재조정 계약에 따라 변형되었던 신규참여 금융기관의 채권은 잔여채권액에 관하여 그 의결 내용에 따라 다시 변형된다고 보아야 한다.

다시 말하면, 종래 기업구조조정협약의 구성원이 아니었던 채권금융기관이 당해 부실기업과 체결한 채권재조정 계약은 유효하고 동 계약에 따라 당해 채권금융기관의 채권은 채권재조정 계약에 따라 변형된다. 그러나 기촉법 규정에 따라 동 채권금융기관도 기촉법의 적용 대상에 편입되고 다시 새로운 협의회 의결이 이루어진 때에는 편입된 채권금융기관도 당해 협의회 의결에 구속되므로, 개별적인 채권재조정 계약에 따라 변형되었던 신규 참여(또는 편입된) 채권금융기관의 채권은 잔여 채권액에 관하여 새로운 협의회 의결에 따라 재변형된다.

마. 채권은행과 주채권은행

채권은행이란 금융채권자 중 은행업을 규칙적·조직적으로 영위하는 금융기관을 말한다(기촉법 제2조 제4호). 이때 은행업이란 은행법 제2조 제1항 제1호에 따라 '예금을 받거나 유가증권 또는 그 밖의 채무증서를 발행하여 불특정 다수인으로부터 채무를 부담함으로써 조달한 자금을 대출하는 것을 업으로 하는 것'으로 정의된다.

주채권은행은 해당 기업의 주된 채권은행이다(기촉법 제2조 제5호). 주채권은행은 기촉법상 구조조정 절차 전반을 이끄는 역할을 하는데, 거래기업에 대한 기업신용위험 평가(기촉법 제4조 제1항) 및 평가 결과의 통보와 이의처리 등 후속 절차(기촉법 제5조 및 제6조), 공동관리절차 개시를 위한 협의회 소집(기촉법 제9조), 기업개선계획 작성(기촉법 제13조) 등이 그것이다.

1) 주채권은행의 선정

기촉법은 주채권은행을 해당 기업의 주된 채권은행이라고 정의하고, 주된 채권은행이 없는 경우에는 신용공여액이 가장 많은 은행이 주채권은행이 된다고 하고 있다(기촉법 제2조 제5호). 그러나, 이때 '주된 채권은행'이 무엇인지에 대해서는 별도로 정의하고 있지 않다. 이러한 주채권은행은 채권은행 간의 협의로 선정한다(기촉법 제2조 제5호, 기촉법 시행령 제3조 제2항 본문). 다만 신용공여액이 가장 많은 은행을 주채권은행으로 선정하는 경우에는 이러한 협의 절차를 생략할 수 있다(기촉법 제2조 제5호 전단, 기촉법 시행령 제3조 제3항 단서). 참고로 하급심 판례이기는 하나 법원은 이러한 기촉법 및 기촉법 감독규정의 주채권은행에 관한 규정들은 동 규정들의 취지와 워크아웃의 법적 성질에 비추어 볼 때 강행규정으로 보기 어렵다고 하고 있다(서울고등법원 2017. 1. 26. 선고 2015나2031207 판결).

금융위 기촉법 설명자료는 주된 채권은행은 은행 간 협의를 통해 결정하며 주채무계열 및 그 소속기업체는 금감원장이 정하는 바에 따른다고 하고 있다.[18] 이는 은행업감독규정상 주채무계열 소속기업체의 주채권은행 결정 방법을 습용한 것으로 보인다(은행업감독규정 제80조 제2항). 그러나 감독규정은 '주채무계열[19] 및 그 소속기업체의 주된 채권은행'을 주채권은행이라고 별도로 정의하고 있고 (은행업감독규정 제80조 제1항), 이와 관련한 신용공여의 정의도 별도로 두고 있으므로(은행업감독규정 제3조, 별표 2) 기촉법상 대상이 되는 기업의 주채권은행과 그 범위가 반드시 일치하는 것은 아니다.

가) 신용공여액을 기준으로 한 주채권은행 선정

채권은행 간의 협의로 선정된 주된 채권은행이 없는 경우에는 신용공여액이 가장 많은 은행이 주채권은행이 된다(기촉법 제2조 제5호). 이때 주채권은행 선정의 기준이 되는 신용공여액은 채권은행의 대차대조표 계정과목 중 별표에서 정한 것의 합계액을 말하며(「기업구조조정 촉진을 위한 금융기관 감독규정(2024. 1. 9. 제정 금융위원회 고시 제2024-2호(이하 '기촉법 감독규정'이라 한다) 제3조 제3항, 별표) 주채권은행을 선정하는 달의 직전 달 말일을 기준으로 산정한다(기촉법 시행령 제3조 제1항).

---

18 금융위 기촉법 설명자료, p.14.
19 직전 사업연도말 총차입금이 전전년도 명목 국내총생산의 1,000분의 1 이상이고, 전년말 현재 금융기관으로부터의 신용공여 잔액이 전전년말 현재 금융기관의 전체 기업 신용공여 잔액 대비 100,000분의 75 이상인 계열기업군을 말한다(은행업감독규정 제79조 제1항).

기촉법은 이와 같이 신용공여액을 기준으로 주채권은행을 선정하는 경우에는 은행 간 협의절차를 '생략할 수 있다'라고 하고 있으나(기촉법 시행령 제3조 제2항 단서), 정확히 말하면 은행 간 협의가 없는 경우 신용공여액을 기준으로 주채권은행을 선정하는 것이다.[20]

기촉법 감독규정 별표는 신용공여의 범위를 다음과 같이 정하고 있다.

신용 공여의 범위

기관	대분류	중분류	소분류
은행	은행계정	대출채권	원화대출금, 외화대출금, 내국수입유산스, 역외외화대출금, 외화차관자금대출금, 지급보증대지급금, 원화환어음매입(매입어음), 매입외환, 매입외환(신용위험), 외상채권매입(팩토링채권), 기업구매자금전용카드, 신용카드채권(직불카드 포함), 환매조건부채권매수, 콜론, 사모사채, 기타
		유가증권	CP(보증어음 포함), 매입어음, 공모사채, 대여유가증권, 기타
		기타	여신성가지급금, 미수금, 자산유동화에 따른 신용보강수단, 대손상각채권, 기타
		주석	확정(원화)지급보증, 확정(외화)지급보증, 미확정지급보증, 외화대출약정(역외 포함), 배서어음, 환매권부대출채권매각

---

20 기촉법상 주채권은행이 구조조정 절차 전반을 이끄는 중요한 역할을 한다는 점을 고려하면, 이를 채권은행 간 협의로 정한다고 하는 것은 다소 문제가 있는 것으로 생각된다. 왜냐하면 은행업감독규정이 주채무계열 '소속기업체'의 주채권은행을 주채무계열 주채권은행과 기타 채권은행이 상호협의하여 결정하도록 한 것은 (은행업감독규정 제80조 제2항) 주채무계열 '주기업체'의 주채권은행(이 은행이 주채무계열의 주채권은행이 된다; 은행업감독규정 제80조 제1항)과 주채무계열 '소속기업체'의 주된 채권은행이 다를 수 있으나 주채무계열 관리를 위하여 주채무계열 '주기업체'와 '소속기업체'의 주채권은행을 일치시키는 경우가 왕왕 있기 때문이다. 그러나 기촉법상 주채권은행의 역할을 고려하면 이는 은행 간 협의보다는 해당 기업에 대하여 신용공여액을 기준으로 정하는 것을 원칙으로 하되, 필요한 경우 은행 간 협의로 달리 정할 수 있다고 하는 것이 합리적일 것으로 생각된다.

은행	신탁 계정	대출 채권	대출금, 신용카드채권(직불카드 포함), 환매조건부채권매수, 콜론, 사모사채, 금전채권
		유가 증권	매입어음, 공모사채
		기타	여신성가지급금, 자산유동화에 따른 신용보강수단, 기타
		주석	환매권부대출채권매각
	종금 계정	대출 채권	할인어음(CMA할인어음 포함), 팩토링어음(CMA팩토링어음 포함), 기타
		리스 채권	금융리스채권, 운용리스채권, 기타
		주석	어음지급보증, 무역어음인수, 담보배서어음매출, 기타

나) 주채권은행 선정 시 보증과 신용공여 중복 문제의 처리

기촉법 감독규정은 '금융채권자 간의 보증으로 인하여 신용공여액이 중복되는 경우, 그 중복되는 금액은 피보증 금융채권자의 신용공여액으로 한다. 다만, 금융업을 영위하는 금융채권자의 보증으로 인하여 중복되는 금액은 보증 금융채권자의 신용공여액으로 한다'라고 규정하고 있다(기촉법 감독규정 제3조 제2항). 이러한 규정은 주채권은행 선정을 위한 신용공여액 산정 시에도 준용된다(기촉법 감독규정 제3조 제3항).

기촉법 감독규정이 위와 같은 규정을 둔 이유는 동일한 급부를 목적으로 하는 법률관계, 특히 1명의 채권자에 대하여 채무자가 여럿인 경우에 신용공여액이 중복 산정되는 것을 막기 위한 조치로 이해된다. 왜냐하면 어느 금융채권자의 금융채권에 대하여 다른 금융채권자가 보증한 경우(이 금융채권자를 '보증 금융채권자'라 한다), 금융채권자는 '기업에 대한 신용공여로 해당 기업에 대하여 행사할 수 있는 채권'을, 보증 금융채권자는 '타인에 대한 신용공여로 해당 기업에 대하여 행사할 수 있는 채권'(보증으로 인한 구상채권)을 가지고, 이들 각각은 모두 금융채권에 해당한다. 그러나 이를 채무자인 기업 입장에서 보면 최종적으로는 주채무(금융채권자의 금융채권)를 이행하든지 아니면 구상채무(보증 금융채권자의 금융채권)를 이행하든지 하나의 채무만 이행하면 되는 것이므로, 이 둘의 금융채권을 모두 신용공여로 인정하면 중복하여 신용공여액이 산정되는 결과가 초래된다. 따라서 기촉법 감독규정은 이러한 경우 피보증 금융채권자의 금융채권만 신용공여로 보되, 다만 보증 금융채권자가 금융업을 영위하는 경우에는 당해 보증 금융채권자의 금융채권만을 신용공여로 보도록 한 것이다.

이러한 기촉법의 규정은 보증으로 인한 신용공여액 중복 산정을 막을 수 있는 효과적인 조항으로 보인다. 그러나 실제에 있어서는 해석상 동 조항의 '보증'의 범위를 어디까지 볼 것인지, 하나의 채권에 대하여 수 개의 보증채권이 존재하는 경우 금융채권자 간 신용공여 중복의 문제는 어떻게 처리하는지가 문제될 수 있다. 이에 대해서는 '신용공여'의 정의 조항을 볼 때 자세히 살펴보기로 하고, 여기에서는 우선 주채권은행 선정 시 보증으로 인한 신용공여 중복 문제를 살펴본다.[21]

① 기촉법상 적용 대상이 되는 신용공여의 범위와 주채권은행 선정 시 기준이 되는 신용공여는 그 범위와 대상이 일치하지 않음

앞서 본 바와 같이 기촉법상 주채권은행은 주된 채권은행이나 기촉법은 이 '주된 채권은행'이 무엇인지에 대해서는 정의하고 있지 않다. 다만 주된 채권은행이 없는 경우에는 신용공여액이 가장 많은 은행이 주채권은행이라고 하고 있을

---

[21] 신용공여의 산정은 기촉법상 의결권의 산정과도 직결되는 것이다. 이에 대해서는 이 책 제3장 금융채권자협의회 등, 5. 금융채권의 신고 등의 부분에서 다시 살펴보기로 한다.

뿐이다(기촉법 제2조 제5호).

이때의 '신용공여'의 범위와 대상이 무엇인지와 관련하여 기촉법 제2조 제8호에서 정의된 '신용공여'의 정의를 곧바로 적용하면 될 것으로 생각될 수도 있으나, 기촉법은 주채권은행 선정 시 적용되는 신용공여에 대해서는 별도로 규정하고 있다. 즉, 기촉법 감독규정 제3조 제3항은 '법 제2조 제5호에 따라 주채권은행을 선정하는 경우의 신용공여액은 채권은행의 대차대조표 계정과목 중 별표에서 정하는 것의 합계액을 말한다'라고 명시하고 있고, 동 감독규정 별표는 앞서 본 바와 같이 신용공여의 범위를 구체적으로 적시하고 있다(제1장 총칙, 2. 기업구조조정촉진법의 적용 대상, 마. 채권은행과 주채권은행 부분 중 별표 '신용공여의 범위' 참조).

반면, 기촉법상 신용공의 범위는 매우 폭넓게 정의된다. 기촉법 제2조 제8호는 대출, 어음 및 채권 매입, 시설 대여, 지급 보증, 지급 보증에 따른 대지급금의 지급 외에도 기업의 지급 불능 시 거래 상대방에 손실을 초래할 수 있는 직·간접적 금융 거래와 실질적으로 그에 해당하는 결과를 가져올 수 있는 거래까지 모두 신용공여에 해당한다고 하고 있고(기촉법 제2조 제8호), 기촉법 감독규정 제3조 제1항은 이러한 신용공여의 범위를 좀 더 구체화하고 있다.

이와 같이 기촉법의 적용 대상이 되는 신용공여의 범위는 주채권은행의 선정을 위한 신용공여의 범위보다 훨씬 더 넓은 것을 알 수 있다.

② 주채권은행 선정과 보증으로 인한 신용공여액 중복 산정 처리 규정의
   준용

그런데 기촉법 감독규정은 주채권은행 선정 시 신용공여의 범위를 별도로 정하면서도 금융채권자 간 보증으로 인한 신용공여 중복 시 처리 조항은 그대로 준용하고 있다. 즉, 기촉법 감독규정 제3조 제3항은 주채권은행을 선정하는 경우의 신용공여액은 별표에서 정하는 것의 합계액을 말한다고 하고, 이 경우 동조 제2항(금융채권자 간 보증으로 인하여 신용공여액이 중복되는 경우 그 중복되는 금액은 피보증 금융채권자의 신용공여액으로 한다. 다만, 금융업을 영위하는 금융채권자의 보증으로 인하여 중복되는 금액은 보증 금융채권자의 신용공여액으로 한다)을 준용한다고 하고 있다.

이와 관련하여 첫째, 이때의 '보증'을 어떻게 정의하여야 하는가가 문제 될 수 있다. 주채권은행 선정 시 별도로 신용공여 정의 조항을 두고 있으므로, 이에 따라 기촉법 감독규정상 별표에서 정한 보증만을 의미한다고 보아야 할 것인가? 이 경우, 기촉법 감독규정 별표에 따라 은행계정은 확정(원화)지급보증, 확정(외화)지급보증, 미확정지급보증이, 종금계정은 어음지급보증만 해당된다고 볼 것인가? 은행계정과 신탁계정에서 말하는 '자산유동화에 따른 신용보강수단'에는 자금 보충 약정 등 다양한 수단이 포함될 수 있고, 후술하는 바와 같이 법원은 구체적·개별적 사실관계에 따라 이러한 수단들에 대한 법적 성격을 달리 판단하고 있는데, 이러한 다양한 신용 보강 수단에 대해서는 어떻게 판단할 것인가?

혹은 신용공여 중복 산정을 피한다는 취지를 고려하면 기촉법상 신용공여의 정의를 준용하여 '실질적으로 제3자의 채무이행을 담보·보증하기 위한 목적의 거래로서 기업의 지급 불능 시 이로 인하여 거래 상대방의 손실을 초래할 수 있는 거래(기촉법 감독규정 제3조 제1항 제7호), 기타 기업의 지급 불능 시 이로 인하여 거래 상대방에 손실을 초래할 수 있는 직·간접적 거래(기촉법 감독규정 제3조 제1항 제8호) 등도 '보증'에 해당된다고 보아야 하는 것은 아닌가?

둘째, 보증 금융채권자가 여럿 존재하는 경우에는 누구의 신용공여액을 인정할 것인가? 현재의 복잡다단한 금융거래에 있어서는 신용보강의 수단이 단순한 민법상 보증의 형태뿐만 아니라 조건부 채무인수 확약이나 자금 보충 약정, 손해배상책임 약정 등 다양한 형태로 이루어지고 있고, 이러한 형태들에 대한 법적 성격과 관련하여 법원의 판단이 개별 구체적으로 이루어지고 있음을 감안하면 주채권은행 선정을 위한 신용공여 산정, 특히 중복 산정을 피하기 위한 기촉법 감독규정 제3조 제3항의 해석 및 적용은 그렇게 간단한 문제가 아닐 수 있다.

기촉법상 채권자의 신용공여액 산정은 참여 채권자 및 금융채권의 확정 및 의결권의 산정 등과 직결되는 문제이다. 채무자회생법이 이러한 신용공여 중복에 대비하여 규정(채무자회생법 제126조 등)을 마련하고 이의, 조사확정재판 등 다양한 장치를 마련하고 있는 것에 비하여 기촉법은 기촉법 감독규정상 보증과 관련한 신용공여 중복 산정 외에는 별다른 규정을 두고 있지 아니하다. 이는 향후 기촉법이 보완하여야 할 영역으로 생각된다.

2) 주채권은행의 변경

주채권은행의 변경은 채무자 기업 또는 채권은행의 요청으로 채권은행 간 협의에 따라 변경한다(기촉법 시행령 제3조 제3항). 이와 같이 주채권은행이 변경된 경우에는 그 변경 사실을 지체 없이 금감원장에게 보고하여야 한다(기촉법 시행령 제3조 제4항). 이외에도 금감원장이 주채권은행을 변경할 수도 있는데, 이러한 사유로는 i) 채권은행 간 주채권은행 변경에 대한 협의가 이루어지지 않아 채권은행이 요청하는 경우, ii) 해당 기업이 주채권은행 변경에 이의가 있어 재변경을 요청하는 경우가 있다(기촉법 시행령 제3조 제5항).

금감원은 주채권은행의 변경 사실과 그 이유를 기업, 채권은행 및 금융채권 자조정위원회에 알려주어야 한다(기촉법 시행령 제3조 제6항).

바. 기촉법의 적용 대상이 되는 기업과 부실징후기업

2016년 법 제정 형식으로 기촉법을 연장하면서 기촉법은 앞서 본 바와 같이 워크아웃 참여 채권자의 범위를 채권금융기관에서 모든 금융채권자로 확대함 과 동시에 대상 기업의 범위도 확대하였다(2016. 3. 18. 제정 법률 제14075호 기촉법 제정 이유 참조). 즉, 그전에는 신용공여액의 합계가 500억 원 이상인 회사만 기 촉법의 구조조정 대상으로 하였으나(2015. 12. 22. 법률 제13613호 기촉법 제2조 제4 호), 법 개정을 통하여 모든 기업이 기촉법의 구조조정 대상이 될 수 있도록 하 였다. 이에 따라 '상법에 따른 회사와 그 밖에 영리활동을 하는 자'이면 모두 현 기촉법의 적용 대상이 되는 기업이 된다(기촉법 제2조 제6호 본문).

다만, 현실적으로 기촉법 적용의 실익이 적은 경우에는 기촉법의 적용을 배 제할 수 있다.[22] 그러한 예로는 공공기관, 금융회사, 외국기업 등을 들 수 있다 (기촉법 제2조 제6호 단서, 기촉법 시행령 제2조 제2항 및 제3항). 특히 기촉법은 기업신 용위험 평가를 그 절차의 시발점으로 삼고 있는바, 신용공여금액이 50억 원 미 만인 경우에는 기업신용위험 평가를 하지 않을 수 있도록 함으로써 실질적으로 신용공여금액 50억 원 미만인 기업에 대해서는 기촉법 적용을 배제할 수 있도

---

22 금융위 기촉법 설명자료, p.14.

록 하고 있다(기촉법 제2조 제6호 라목, 기촉법 시행령 제4조 제2항 제3호).[23]

기촉법의 적용 대상이 되는 기업 중에서 주채권은행이 신용위험평가를 통하여 통상적인 자금차입 외에 외부로부터 추가적인 자금 유입 없이는 금융채권자에 대한 차입금 상환 등 정상적인 채무 이행이 어려운 상태에 있다고 인정한 기업이 부실징후기업이다(기촉법 제2조 제7호). 부실징후기업에 대해서는 기촉법 제4조에 따른 신용위험평가를 살펴볼 때 자세히 보기로 한다.

사. 신용공여

2016년 법 제정 형식으로 개정된 기촉법은 참여 채권자의 범위를 확대하면서 신용공여의 범위도 더욱 확대하였다. 즉, 대출, 어음 및 채권매입, 시설 대여, 지급 보증 및 지급 보증에 따른 대지급금의 지급 외에 '거래 상대방의 지급 불능 시 이로 인하여 <u>금융기관</u>에 손실을 초래할 수 있는 거래'와 '<u>금융기관</u>이 직접적으로 가 목부터 바 목까지의 규정에 해당하는 거래를 한 것은 아니나 실질적으로 그에 해당하는 결과를 가져올 수 있는 거래'로 정의되었던 기존 신용공여 정의 조항(2015. 12. 22. 법률 제13613호 기촉법 제2조 제8호)을 '기업의 지급 불능

---

[23] 다만 기촉법상 신용공여금액 50억원 미만인 기업에 대해서는 신용위험평가를 제외할 수 있으나, 채권은행의 기업신용위험 상시평가 운영협약은 당해 채권은행의 신용공여금액이 30억원 이상인 기업은 수시평가대상임을 원칙으로 하고 있고(동 협약 제11조 제1항 제2호) 부실화 위험이 없는 여신을 제외하고 당해 채권은행의 신용공여액이 30억원 미만인 기업만 수시평가를 제외할 수 있도록 하고 있으므로(동 협약 제11조 제2항 제4호) 채권은행으로서는 신용공여액 50억원 미만인 기업에 대하여도 여전히 수시평가를 해야할 경우가 생길 수 있다.

시 거래 상대방에 손실을 초래할 수 있는 직접적·간접적 금융거래'로 문구를 개
정하고, '가 목부터 바 목까지의 규정에 해당하는 거래는 아니나 실질적으로 그
에 해당하는 결과를 가져올 수 있는 거래'라고 개정하여 '금융기관'이라는 용어
를 삭제함으로써 신용공여의 대상이 '금융기관'에 한정되지 않도록 하였다(2016.
3. 18. 제정 법률 제14075호 기촉법 제2조 제8호 바 목 및 사목).

이러한 기촉법상의 신용공여는 기촉법 감독규정에 의하여 다음과 같이 구체
화된다.

제3조(신용공여의 범위 등) ① 법 제2조 제8호에 따른 신용공여는 다음 각 호를 말한다.
1. 대출(거래상대방과 기업 간에 한도거래약정을 체결한 경우에는 한도액을 기준으로 한다)
2. 어음 및 채권 매입
3. 시설취득자금에 대한 거래와 밀접한 관련이 있는 시설 대여
4. 금융업을 영위하는 자의 시설 대여(여신전문금융업법 제2조 제10호에 따른 시설 대여
   를 말한다)
5. 지급 보증 및 지급 보증에 따른 대지급금의 지급
6. 특정한 유가증권을 장래의 특정 시기 또는 특정 조건 충족 시에 미리 정한 가격으로 팔
   수 있는 권리를 보유하는 거래
7. 기업이 실질적으로 제3자의 채무이행을 담보·보증하기 위한 목적의 거래로서 기업의 지
   급 불능 시 이로 인하여 거래 상대방에 손실을 초래할 수 있는 거래
8. 기타 기업의 지급 불능 시 이로 인하여 거래 상대방에 손실을 초래할 수 있는 직접적·간
   접적 금융거래

이하 항목별로 살펴보기로 한다.

1) 대출(기촉법 감독규정 제3조 제1항 제1호)

기촉법 감독규정은 대출 잔액이 아닌 대출 한도를 신용공여액으로 하고 있다. 이는 대출 잔액을 기준으로 할 경우, 대출 잔액에 맞춰 대출 한도를 축소하려는 유인이 발생하므로 원활한 기업구조조정에 차질이 발생할 우려가 있다는 데 따른 것이다.[24]

2) 어음 및 채권 매입(기촉법 감독규정 제3조 제1항 제2호)

어음 및 채권매입과 관련하여 하급심 판례이기는 하나 법원은 채권금융기관협의회는 기촉법 및 금융감독규정에 따라 채권금융기관이 신탁계정을 통하여 취득한 어음 및 회사채를 협의회 의결 대상에 포함시켜 채권행사 유예 및 채권재조정 결의를 할 수 있다고 보았다(서울지방법원 2003. 10. 9. 선고 2003가합25022 판결). 동 판례에서 법원은 채권금융기관협의회의 채권행사유예와 채권재조정 결의 전에 만기가 도래하여 그 지급을 구한 채권이라고 하더라도 그것이 아직 변제되지 않고, 협의회 결의에서 이를 제외한다는 명백한 의사가 없는 이상 이러한 채권도 대상채권 속에 포함되어 협의회 결의의 효력을 받는다고 판시하였다.

3) 시설 대여 및 금융업을 영위하는 자의 시설 대여(기촉법 감독규정 제3조 제1항 제3호 및 제4호)

---

24 금융위 기촉법 설명자료, p.16.

기촉법상 금융채권자에는 상거래 채권자가 제외되는바, 이와 관련하여 기촉법은 시설 대여의 범위를 한정하여 상거래 채권자를 보호하고 있다. 기촉법 감독규정 제3조 제1항 제3호의 '시설취득자금에 대한 거래와 밀접한 관련이 있는 시설 대여'는 대여의 형식을 취하나 실질적으로 시설 취득을 위한 금융 조달로 볼 수 있는 전형적 거래를 포함하는바, 이러한 예로는 BBCHP(Bare Boat Charter of Hired Purchase) 방식의 선박금융, 선박투자회사법을 이용한 선박금융리스, 금융조달기법을 활용한 부동산금융리스(REITs 등)을 들 수 있다.[25]

또한 기촉법 감독규정 제3조 제1항 제4호의 '금융업을 영위하는 자의 시설 대여'는 비금융적 성격의 임대차(개인과 기업 간 임대차 계약 등) 등이 포함되는 것을 방지하기 위해 금융업을 영위하는 자가 행하는 여신전문금융업법 제2조 제10호의 시설 대여(시설 설비 등 특정 물건을 새로 취득하거나 대여받아 거래상대방에게 1년 이상 사용하게 하고, 그 사용 기간 동안 일정한 대가를 정기적으로 나누어 지급받으며, 그 사용 기간이 끝난 후의 물건의 처분에 관해서는 당사자 간의 약정으로 정하는 방식의 금융) 만을 신용 거래에 포함시키고 있다.[26]

4) 지급 보증 및 지급 보증에 따른 대지급금의 지급(기촉법 감독규정 제3조 제1항 제5호)

이에 대해서는 기촉법 감독규정 제3조 제1항 제7호를 살펴보면서 함께 보기로 한다.

---

25 금융위 기촉법 설명자료, p.17.
26 금융위 기촉법 설명자료, p.17.

5) 특정한 유가증권을 장래의 특정 시기 또는 특정 조건 충족 시에 미리 정한 가격으로 팔 수 있는 권리를 보유하는 거래(기촉법 감독 규정 제3조 제1항 제6호)

이는 M&A 실무에서 활용되던 매도선택권(PBO)[27] 등이 신용 공여에 해당함을 명시하기 위한 규정으로, 이미 채권금융기관 조정위원회 해석[28] 등으로 PBO를 신용공여로 보고 있었으나, 이를 입법적으로 명확히 규정한 것이다.[29]

6) 기업이 실질적으로 제3자의 채무 이행을 담보·보증하기 위한 목적의 거래로서 기업의 지급 불능 시 이로 인하여 거래 상대방에 손실을 초래할 수 있는 거래(기촉법 감독규정 제3조 제1항 제7호)

기촉법 감독규정 제3조 제2항 제5호에 의한 '지급 보증 및 지급 보증에 따른 대지급금의 지급'과 기촉법 감독규정 제3조 제2항 제7호에 의한 '기업이 실질적으로 제3자의 채무이행을 담보·보증하기 위한 목적의 거래로서 기업의 지급 불능 시 이로 인하여 거래 상대방에 손실을 초래할 수 있는 거래'는 일견 쉽게 구분될 수 있을 것으로 보이나, 현재 복잡다단하게 이루어지는 금융 구조에 있어서는 쉽게 판단할 수 있는 문제가 아니다. 앞서 살펴본 바와 같이 판례도 대위

---

27 Put Back Option: 풋옵션을 M&A에 적용한 것으로, M&A에 참여한 재무적 투자자(FI)가 M&A 대상 기업의 가치 하락에 대비하여 설정하는 일종의 헤지(hedge) 계약. 즉, M&A 대상 기업의 가치가 특정 시점에 특정 수준에 도달하지 못할 경우, 보유 지분을 M&A 인수자에게 되팔 권리를 설정하는 파생 상품 계약을 말한다 (금융위 기촉법 설명자료, p.18).

28 PBO 계약은 투자자(A)와 M&A 인수자(B)가 M&A 대상 기업 주식을 물건으로 하는 일종의 주식매매계약이므로, A가 B에게 직접 주식매수대금을 청구할 수 있는 동 권리는 신용공여로 보는 것이 합리적이라고 하는 것이 채권금융기관 조정위원회의 해석이라고 한다('10.10월, 금융위 기촉법 설명자료, p.18).

29 금융위 기촉법 설명자료, pp.17-18.

변제를 한 연대보증인인 원고가 다른 연대보증인인 피고에 대하여 그 부담 부분을 한도로 갖는 구상권은 기촉법 제2조 제8호 라 목, 마 목의 '신용공여'로서의 지급 보증 또는 지급 보증에 따른 대지급금을 지급함에 따라 해당 기업인 피고에 대하여 행사할 수 있는 채권에 해당하거나 기촉법 제2조 제8호 사목의 실질적으로 기업의 지급 불능 시 거래 상대방에게 손실을 초래할 수 있는 결과를 가져올 수 있는 거래로서의 '신용공여'에 따라 취득한 채권에 해당한다고 하여 어느 채권이 기촉법상 금융채권에 해당하는지 여부를 판단함에 있어서 기촉법 제2조 제8호의 각 규정을 중첩적으로 적용하고 있다(서울고등법원 2019. 5. 3. 선고 2018나2036159 판결).

금융위는 기촉법 감독규정 제3조 제1항 제7호가 건설사의 책임준공[30], 담보 보충 등이 신용공여에 해당함을 명시하기 위한 규정으로, 이미 법원 판결로 책임준공 등을 신용공여로 보고 있는 실무 관행을 입법적으로 명확히 규정한 것이라고 하고 있다.[31] 그리고 이러한 근거로 책임준공약정과 관련한 대법원 판례를 제시한다. 동 판례에서 법원은 그 동안의 기촉법에 따른 채권금융기관 공동관리절차 실무에서 채권금융기관의 제3자에 대한 대출채권을 부실징후기업이 보증한 경우 채권금융기관의 부실징후기업에 대한 보증채무이행청구권을 부실징후기업에 대한 신용공여로 보아 채권재조정의 대상으로 삼아 왔던 점, 기업구조조정의 신속하고 원활한 추진이라는 기업구조조정 촉진법의 목적 등을 종합

---

30 책임준공(completion guarantee): 금융기관이 자력이 부족한 시행사에 대출 등을 제공할 경우, 자력이 풍부한 시공사에게 차질 없이 건물을 준공할 것을 요구(책임준공약정)하는 형태로 대출상환에 대한 책임을 요구하는 것으로, 책임준공의무를 지고 있는 시공사가 기촉법에 따른 구조조정을 개시할 경우, 시공사의 책임준공의무 위반에 대한 금융기관의 손해배상청구권이 기촉법상 신용공여에 해당하는지에 대한 논란이 있다(금융위 기촉법 설명자료, p.18).

31 금융위 기촉법 설명자료, p.18.

적으로 고려하면 이 사건 책임준공약정은 기촉법 제2조 제6호 바 목[32]에서 정한 '거래 상대방의 지급 불능 시 이로 인하여 금융기관에 손실을 초래할 수 있는 거래'에 해당한다고 보았다(대법원 2015. 10. 29. 선고 2014다75349 판결).

그러나 책임준공 또는 담보 보충 의무가 신용공여에 해당하는지 여부는 일괄적으로 판단할 사항이 아니고, 구체적·개별적 사례에 따라 판단하여야 한다. 앞서 본 판례의 사안에서도 대법원은 일단 책임준공의무가 '하는 채무'의 성질을 가지고 있음을 인정하고, 다만 책임준공약정의 특수성과 '준공보증 확약'이라는 문언을 사용한 점 등을 고려하면 이러한 책임준공 약정은 적어도 그 약정을 위반한 경우, 사실상 대출채무에 대한 보증으로서의 기능이나 경제적 실질을 가지는 것이라고 판시하고 있다. 즉, 책임준공 약정이 있다고 하여 무조건적으로 신용공여가 되는 것은 아니고, 경제적 실질 등을 고려하여야 하며 실제로 준공을 하지 못하였을 것이 그 요건의 하나로 요구된다는 것이다.

이러한 개별·구체적 접근이 필요한 것은 자금 보충 약정 또는 채무인수 약정에 있어서도 마찬가지이다. 통상 자금보충약정은 자금보충의무가 발생하는 사유를 정하고, 당해 사유 발생 시 자금보충의무자가 차주 또는 대주에게 자금보충금을 대여하고 이를 후순위로 상환받는 구조의 '대여형 자금보충약정'이 이용된다.[33] 채무인수약정도 이와 유사하게 일정한 사유 발생 시 채무인수의무자 앞 채무를 인수시키는 구조이다. 이러한 자금보충약정에 따른 자금보충자의 채무는 차주를 주채무자로 하는 '보증'과 같은 기능을 수행하는 것으로 이해되어 왔다.[34]

---

32 2011. 7. 21. 법률 제10866호 기촉법 제2조 제6호 바 목을 말하는 것으로, 현행 기촉법 제2조 제8호 바 목에 해당한다.

33 법무법인 지평(배성진 변호사), 법무리포트 「대여형 자금보충약정의 회생 절차상 취급」, 2015.11.26.

34 법무법인 지평, 전게문

그러나 아래에서 보는 바와 같이 법원은 일률적으로 자금보충약정의 법적 성격을 판단하지 않고, 각 사례별로 개별·구체적인 약정의 내용에 따라 자금보충의무의 법적 성격을 다르게 판단하고 있다(아래의 사례는 채무자회생법과 관련된 판례이기는 하나, 기촉법 관련 사례에서도 적용될 수 있을 것이다).

가) 보증의 성격을 갖는 것으로 판단한 사례

앞서 본 판례로 부동산 사업의 시공사에 대하여 책임준공약정을 맺도록 하고, 동 책임준공의무 위반 시 금융기관이 입은 손해를 배상하게 한 사례에서 법원은 이러한 책임준공약정은 대출채무에 대한 보증으로서의 기능이나 경제적 실질을 가진다고 판시하였다(대법원 2015. 10. 29. 선고 2014다75349 판결).

나) 보증의 성격을 갖지 않는 것으로 판단한 사례

① 보증의 성격은 갖지 않으나, 자금보충약정에 의한 손해배상청구권 성립을 인정한 사례

판례는 주식회사 B(이하 'B'라고 하며 사안에서 자금보충의무자)가 J 주식회사(이하 'J'라고 하며 사안에서 채무자)의 주식회사 A(이하 'A'라 하며 사안에서 채권자)에 대한 대출금채무와 관련하여 자금보충약정을 체결한 사안에서 자금보충약정만으로는 B가 직접 A를 상대로 J의 A에 대한 대출금 채무를 보증하였다거나 중첩적으로 채무를 인수하였다고 볼 수 없다고 판단하였다(대법원 2019. 2. 14. 선고 2015다44250 판결; 아쉬운 점은 동 판례는 아무런 이유를 설시하지 않고 이와 같이 판단하여 구체적으로 어떤 연유로 자금보충약정의 법적 성격이 보증에 해당하지 않는다고 하였는지를 알 수는 없다). 다만 동 판례에서 법원은 자금보충약정의 보증으로서 성격은 부정하였으나, 자금보충약정상의 채무불이행으로 인하여 A는 손해를 입었고, 따라

서 A는 이 사건 자금보충약정상 채무불이행으로 인한 손해배상채권을 가지며 이러한 손해배상채권은 이 사건 자금보충약정의 내용에 따라 인정되는 것으로 별도로 자금보충약정서에 손해배상책임 조항이 있어야 하는 것은 아니라고 판시하였다.

② 보증의 성격을 갖지 않고 금전소비대차계약에 해당한다고 본 사례

하급심 판례이기는 하나 법원은 당해 사안의 자금보충약정의 내용을 종합하여 볼 때 이는 '보증계약'에 해당하지 않고 '후순위 상환조건부 금전소비대차(대여) 계약'에 해당한다고 판시하였다(서울고등법원 2015. 6. 19 선고 2014나47513 판결). 즉, 법원은 '… 회사의 부족한 신용을 보강하기 위하여 여러 수단이 강구되고 있는데, 그 신용 보강 수단을 타인이 제공한다고 하여 그 신용 보강 조치의 법적 형식 및 내용 등을 따져보지도 아니한 채 일률적으로 '보증'이라고 단정하는 것은 타당하지 않다'라고 하였다. 나아가 이 사안에서 법원은 이러한 자금보충약정은 채무자회생법 제119조 제1항에서 규정한 쌍방 미이행 쌍무계약에 해당하므로 관리인이 이행을 선택하면 공익채권으로 취급되어 회생채권 신고 대상이 아니며, 관리인이 해제를 선택하면 채권 자체가 소멸되어 역시 회생채권의 신고 대상이 되지 못하고, 다만 그 해제권 행사로 인한 손해배상청구권을 회생채권으로 신고할 수 있을 뿐이라 하였다.

③ 보증의 성격을 갖는지에 대한 판단을 하지는 않았으나 자금보충약정금 채권을 갖는 것으로 본 사례

역시 하급심 판례이기는 하나 법원은 채권자가 A에게 대출을 하여 주면서 동 사업의 A의 자금관리계좌 잔액이 A의 지급 의무를 이행하기에 부족하거나 부

족할 것으로 예상되는 경우 채권자의 청구에 따라 그 부족 금액을 자금대여의 방법으로 제공하기로 하는 자금보충약정을 시공사인 B와 체결한 사안에서 이러한 자금보충약정에 따른 자금보충약정금 채권을 회생채권으로 인정하였다(서울중앙지방법원 2014. 6. 30. 선고 2014회확791 결정). 법원은 이 사안에서 동 자금보충약정은 무상행위에 해당하므로 부인되어야 한다는 시공사인 B 관리인의 주장을 배척하였다.

④ 보증의 성격을 갖는지에 대한 판단을 하지는 않았으나 자금보충약정 미이행으로 인한 손해배상채권을 인정한 사례

판례는 갑 주식회사가 대주인 을 은행 및 차주인 병 주식회사와 체결한 자금보충약정에 따른 자금보충의무를 이행하지 아니함으로써 을 은행이 입은 손해액의 범위가 문제 된 사안에서 을 은행에 대한 손해배상채무가 병 회사의 을 은행에 대한 대출원리금 채무와 함께 채무자회생법 제126조가 정한 '여럿이 각각 전부를 이행하여야 하는 의무'에 해당한다고 보았다(대법원 2019. 1. 10. 선고 2015다57904 판결).

이처럼 책임준공의무 또는 자금보충 약정이 있는 경우에는 당해 사안에 맞게 개별·구체적으로 신용공여에 해당하는지, 신용공여에 해당한다면 그 성격은 무엇인지를 판단할 필요가 있다.

7) 기타 기업의 지급 불능 시 이로 인하여 거래 상대방에 손실을 초래할 수 있는 직접적·간접적 금융 거래(기촉법 감독규정 제3조 제1항 제8호)

이는 감독규정 제3조 제1항 각호의 금융 거래적 성격을 강조하고, 감독규정에서 구체적으로 열거하지 않은 거래로서 금융 거래의 성격을 갖는 거래를 신용공여에 포함시키기 위한 포괄적 규정이라고 한다.[35] 즉, 동 조항은 catch-all phrase의 역할을 함과 동시에 기촉법의 입법취지를 반영하여 '신용공여'의 범위에 '금융거래'만 포함됨을 명확히 하고, 금융거래가 아닌 상거래로 인한 채권을 보유한 상거래채권자는 기촉법의 참여 대상에서 배제됨을 밝히고 있다.[36]

아. 채무조정

채무조정이란 금융채권자가 보유한 금융채권에 대하여 상환기일 연장, 원리금 감면, 채권의 출자전환 및 그 밖에 이에 준하는 방법으로 채무의 내용을 변경하는 것을 말한다(기촉법 제2조 제9호). 이에 대해서는 기촉법 제17조 등을 보면서 자세히 살펴보기로 한다.

---

[35] 금융위 기촉법 설명자료, p.19.
[36] 금융위 기촉법 설명자료, p.12.

제 2 장
부실징후기업의 구조조정

1. 기촉법상 신용위험평가와 부실징후기업

제4조 (신용위험의 평가) ① 주채권은행은 거래기업에 대한 신용위험을 평가하여야 한다.
② 주채권은행이 아닌 채권은행은 거래기업의 신용위험을 평가한 결과 부실징후기업에
해당된다고 판단할 경우 그 사실을 지체 없이 주채권은행에 통보하여야 한다.
③ 제2항의 통보를 받은 주채권은행은 해당 거래기업의 부실징후 유무에 대하여 판단하
여야 한다. 이 경우 주채권은행은 해당 채권은행에 대하여 필요한 자료의 제출 등 협조
를 요청할 수 있다.
④ 제1항 및 제2항에 따른 신용위험평가의 대상 및 시기, 그 밖에 필요한 사항은 대통령령
으로 정한다.

제5조 (신용위험평가결과의 통보 등) ① 주채권은행은 거래기업의 신용위험을 평가한 결
과 부실징후가 있다고 판단하는 경우 그 사실과 이유를 해당 기업에게 통보하여야 한다.
② 제1항에 따른 통보를 받은 부실징후기업은 주채권은행에 대하여 기업개선을 위한 자구
계획서(이하 "자구계획서"라 한다)와 금융채권자의 목록을 첨부하여 다음 각 호의 관
리 절차의 개시를 신청할 수 있다.
  1. 제8조에 따른 금융채권자협의회에 의한 공동관리절차(이하 "공동관리절차"라 한다)
  2. 제21조에 따른 주채권은행에 의한 관리절차(이하 "주채권은행 관리절차"라 한다)

제6조 (신용위험평가결과에 대한 이의 제기) ① 제5조제1항에 따라 부실징후기업으로 통
보받은 기업이 평가 결과에 대하여 이의가 있는 경우 통보받은 날로부터 14일 이내에 주채
권은행에 이의를 제기할 수 있다. 이 경우 대통령령으로 정하는 바에 따라 이의제기 사유
를 제시하여야 한다.
② 주채권은행은 이의제기를 받은 날로부터 1개월 이내에 심사 결과를 해당 기업에 통보
하여야 한다.

제7조 (부실징후기업에 대한 점검) 주채권은행은 부실징후기업으로 통보받은 기업이 정당한 사유 없이 6개월의 범위에서 대통령령으로 정하는 기간에 이 법에 따른 관리 절차나 「채무자 회생 및 파산에 관한 법률」에 따른 회생 절차를 신청하지 아니하는 경우 부실징후기업의 신용위험으로 인하여 금융시장의 안정이 훼손되지 아니하도록 해당 기업의 신용위험 및 채무상환능력의 변화 등을 지속적으로 점검하여 필요한 조치를 강구하여야 한다.

가. 신용위험평가의 대상과 종류

은행업감독규정상 은행은 여신 실행 이후 신용리스크의 변동 상태를 적절히 평가·관리할 수 있도록 건전한 여신사후관리업무에 관한 내부 시스템을 운영하여야 할 의무를 부담한다(은행업감독규정 제78조 제3항). 이러한 여신사후관리업무에 관한 내부 시스템에는 기업신용위험 상시평가를 통한 부실징후기업(외부로부터의 자금지원 또는 별도의 차입이 없이는 은행으로부터의 차입금의 상환이 어렵다고 인정한 기업) 해당 여부 판정 및 사후 조치가 포함되는바(은행업감독업무시행세칙 제48조 제2항 제4호), 기축법상 신용위험평가는 이러한 조치 사항의 하나로 이루어진다.

기업신용위험 평가제도는 「채권은행의 기업신용위험 상시평가 운영협약」(이하 '상시평가운영협약'이라 한다)에서 좀 더 구체화된다. 상시평가운영협약은 은행업감독업무시행세칙 제48조 제2항 제4호와 관련하여 채권은행이 기업신용위험 상시평가를 통해 부실징후기업 해당 여부를 판정하고, 부실징후기업의 경영정상화를 효율적으로 추진하기 위하여 필요한 사항을 정함으로써 채권은행의 여신사후관리기능을 제고함을 목적으로 한다(상시평가운영협약 제1조).

이를 위하여 상시평가운영협약은 채권은행으로 하여금 기업 신용위험평가를 실시하도록 하고 있다(상시평가운영협약 제3장). 이때 신용위험평가는 먼저 최근 월말 기준으로 금융기관의 신용공여액이 500억 원 이상인지 여부를 기준으로 평가 시한과 절차가 구분된다.

1) 금융기관 신용공여액이 500억 원 이상인 기업

가) 기본 평가

먼저 금융기관의 신용공여액이 500억 원 이상인 기업은 매년 4월 말까지 부실징후기업이 될 가능성이 있는지 여부를 평가하는 기본 평가를 실시하여야 한다. 이때 신용공여액은 매년 2월 말 신용공여액을 기준으로 한다(상시평가운영협약 제9조 제1항).

나) 세부 평가

또한 이러한 평가 대상 기업이 일정한 사유에 해당되는 경우에는 당해 기업이 부실징후기업에 해당하는지 여부를 평가하는 세부 평가를 하여야 한다. 이러한 사유로는 1. 회계연도를 기준으로 최근 3년간 연속하여 영업 활동 현금 흐름이 부(-)인 기업, 2. 회계연도를 기준으로 최근 3년간 연속하여 이자보상배율(영업이익/금융비용)이 1.0 미만 기업, 3. 회계연도를 기준으로 최근 자본총계가 부(-)인 기업, 4. 「은행업감독규정」 제27조의 자산건전성분류기준에 따른 신용평가모형의 평가 결과 "요주의" 상당등급 이하 분류 기업, 5. 급격한 신용도 악화 등으로 신속한 세부 평가가 필요한 경우, 6. 채권은행 내부 신용 등급이 일정 수준 이하인 기업, 7. 채권은행이 조기경보제도 운영을 통해 이상 징후가 있다고 판단한 기업, 8. 회계감사의견이 적정이 아니거나 적정인 경우에도 회계감사인

이 계속기업 관련 중요한 불확실성이 존재한다고 의견을 피력한 기업, 9. 매출총손실이 발생하였거나, 최근 2년 연속 매출이 10% 이상 감소하고 직전 연도 현금흐름표상의 투자 활동 순 현금 유출 금액이 최근 3년간 영업 손익 합산액을 초과하는 등 사업 위험이 급격히 증가한 기업, 10. 일정 기간 부분자본잠식기업, 11. 단기채무 상환 부담이 큰 기업, 12. 평가 대상 기업 선정을 위한 신용공여 산출일 기준으로 2년 이상 자체 경영 개선 기업으로 관리 중인 기업 및 13. 기타 채권은행 자체 기준에 의하여 세부 평가가 필요하다고 인정한 기업이 있다(상시평가운영협약 제9조 제3항). 이러한 세부 평가는 정기적인 기본 평가가 종료되면 2개월 이내에 실시하되, 급격한 신용도 악화 등의 사유 발생 시에는 지체 없이 하여야 한다(상시평가운영협약 제10조 제1항).

2) 금융기관 신용공여액이 500억 원 미만인 기업

가) 정기 평가와 수시 평가로 이루어지는 기본 평가

다음으로 최근 월말 기준 금융기관의 신용공여액이 500억 원 미만인 기업은 정기 평가와 수시 평가로 이루어지는 기본 평가를 실시하여야 한다(상시평가운영협약 제11조 제1항). 이때 정기 평가는 매년 5월 말 신용공여액을 기준으로 평가 대상 기업을 선정하고, 7월 말까지 부실징후기업에 해당될 가능성이 있는지 여부를 평가한다(상시평가운영협약 제12조 제1항 제1호). 수시평가는 3, 6, 9, 12월 말 신용공여액을 기준으로 평가 대상 기업을 선정하고, 5, 8, 11, 2월 말까지 부실징후기업에 해당될 가능성이 있는지 여부를 평가한다(상시평가운영협약 제11조 제1항 제2호). 이중 정기 평가는 당해 채권은행의 신용공여액이 50억 원 이상인 기업이거나 신용공여액이 30억 원 이상 50억 원 미만인 기업 중 취약산업에 해당하는 경우로 직전 연도 회계감사의견이 한정, 부적정, 의견거절이거나, 「은행업감독규정」제27조에 따른 자산건전성 분류가 "요주의" 이하인 기업에 대하여 실시한다(상시평가운영협약 제11조 제1항 제1호). 수시 평가는 당해 채권은행의 신용공여액이 30억 원 이상인 기업에 대하여 실시한다(상시평가운영협약 제11조 제1항 제2호).

나) 세부 평가

또한 평가대상 기업이 일정한 사유에 해당하는 경우에는 세부 평가를 실시하여야 한다. 이러한 사유로는 1. 최근 3개월 이내 10일 이상 연체 발생(연속) 기업, 2. 최근 3개월 이내 당좌(가계당좌)거래 부도발생 기업, 3. 최근 3개월 이내 신용등급이 3단계 이상 하락되어 요주의 이하로 분류된 기업, 4. 신용정보관리 규약에 의한 신용관리대상으로 규제 중인 기업, 5. 2년 연속 매출액 20% 이상 감소하였거나, 매출액이 직전 연도 대비 40% 이상 감소한 기업 중 자산건전성 분류가 요주의 이하인 기업, 6. 개인사업자의 경우 대표자의 개인신용평점이 개인신용평가회사의 개인신용평점 기준 하위 100분의 5로 하락한 기업, 7. 채권은행이 조기경보제도 운영을 통해 이상징후가 있다고 판단한 기업, 8. 직전 사업연도 현금 비율(현금 및 현금성 자산/유동부채)이 5% 미만이면서 최근 3개월간 비은행금융기관(신용정보의 이용 및 보호에 관한 법률 시행령 제5조제2항제9호부터 제16호까지, 제21조제2항제19호의 금융기관을 말한다) 대출채권(종합신용정보집중기관의 기업신용공여정보 중 대출채권을 말한다)이 10억 원 이상 증가한 기업, 9. 기타 채권은행 자체기준에 의하여 세부 평가가 필요하다고 인정한 기업이 있다(상시평가운영협약 제12조 제3항). 이러한 세부 평가는 정기적인 기본 평가가 종료되면 실시하되(정기평가의 경우에는 3개월 이내에, 수시 평가의 경우에는 2개월 이내), 급격한 신용도 악화 등으로 신속한 세부 평가가 필요한 경우에는 지체 없이 완료하여야 한다(상시평가운영협약 제13조 제1항).

나. 상시평가운영협약상 신용위험평가

1) 상시평가운영협약상 채권은행의 신용위험평가

앞서 본 바와 같이 상시평가운영협약은 금융기관의 신용공여액을 기준으로 신용위험평가의 대상과 종류를 구분한다. 그리고 이러한 신용위험평가의 주체는 채권은행으로 상시평가운영협약은 은행법에 의하여 인가를 받은 은행, 한국산업은행, 한국수출입은행, 중소기업은행, 농협은행 및 수협은행이 해당된다(상시평가운영협약 제2조 제1호).

채권은행은 각 부문별 평가 기준에 의해 결정된 평가 결과를 종합하여 기업을 1. 정상적인 영업이 가능한 기업, 2. 부실징후기업이 될 가능성이 큰 기업, 3. 부실징후기업에 해당하며 경영정상화 가능성이 높은 기업 및 4. 부실징후기업에 해당하며 경영정상화 가능성이 낮은 기업으로 분류하고, 동 평가 결과를 감안하여 내부 신용등급 조정 및 조정된 신용등급에 따른 사후관리 조치를 취하여야 한다(상시평가운영협약 제14조 제1항). 이 중 3. 부실징후기업에 해당하며 경영정상화 가능성이 높은 기업 및 4. 부실징후기업에 해당하며 경영정상화 가능성이 낮은 기업이 '부실징후기업'이 된다(상시평가운영협약 제14조 제5항).

2) 기촉법상 절차 개시의 시발점이 되는 주채권은행의 신용위험평가

기촉법상 공동관리절차 개시 등의 시발점이 되는 신용위험평가의 주체는 주채권은행이다(기촉법 제4조 제1항, 제2조 제7호). 주채권은행이 아닌 채권은행은 거래기업의 신용위험을 평가한 결과 부실징후기업에 해당된다고 판단할 경우, 그 사실을 지체 없이 주채권은행에 통보하여야 하고(기촉법 제4조 제2항), 이러한 통보를 받은 주채권은행은 해당 거래기업의 부실 징후 유무에 대하여 판단하여야 한다(기촉법 제4조 제3항).

상시평가운영협약도 이와 유사한 규정을 두고 있다. 즉, 채권은행은 상시평가운영협약 제10조(금융기관 신용공여액이 500억 원 이상인 기업) 및 제13조(금융기관 신용공여액이 500억 원 미만인 기업)에 대한 세부 평가 결과 기업을 제1항 제3호 또는 제4호의 부실징후기업(이하 '부실징후기업'이라 한다)으로 판단한 경우에는 지체 없이 주채권은행에 동 사실을 통보하여야 하고, 주채권은행은 해당 기업의 부실 징후 유무에 대하여 판단하여야 한다(상시평가운영협약 제14조 제5항).

기촉법은 상시평가운영협약에 의한 기업신용위험평가 절차를 토대로 신용위험평가 절차를 규정하고 있는 것으로 보인다. 그러나 기촉법이 개별·독립된 법률임을 감안하면 어떠한 준용규정 등의 마련 없이 곧바로 상시평가운영협약상의 용어나 장치를 그대로 적용하는 것은 다소 문제가 있는 것으로 생각된다. 가령 '부실징후기업'의 정의만 하여도 기촉법은 제2조 제7호에서 부실징후기업의 정의를 따로 두고는 있으나, 실무적으로는 상시평가운영협약상 부실징후기업의 정의를 곧바로 적용하여 기촉법 제4조 제2항의 부실징후기업 해당 여부를 판단하고 있기 때문이다. 금융위 기촉법 설명 자료도 이러한 토대 위에서 기업신용위험평가를 설명하고 있다. 동 자료는 기본 평가를 통해 부실 징후 가능성이 있는 기업을 걸러 내고, 동 기업들에 대한 세부 평가를 통해 4단계, 즉 정상적인 영업이 가능한 기업(아래 표의 A), 부실징후기업이 될 가능성이 큰 기업(아래 표의 B), 부실징후기업에 해당하며 경영정상화 가능성이 높은 기업(아래 표의 C) 및 부실징후기업에 해당하며 경영정상화 가능성이 낮은 기업(아래 표의 D)으로 분류한

다고 하고, 이 중 세 번째 및 네 번째가 기촉법상 구조조정 대상이 되며 주채권
은행은 기촉법 제5조에 따라 부실징후대상 평가 기업(C·D 등급)에게 선정 사실
과 이유를 통보하여야 한다고 하고 있다.[37][38]

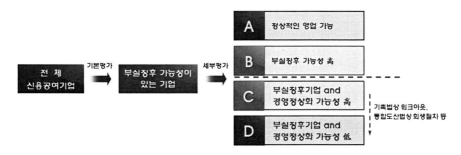

• 신용위험평가 개요 •

주채권은행의 신용위험평가 결과와 채권은행의 신용위험평가 결과가 다른 때
에는 어떻게 되는가?

이러한 경우 상시평가운영협약은 검증 절차를 거치도록 하고 있다. 즉, 주채
권은행이 아닌 채권은행은 단독이나 다른 채권은행과 합하여 당해 기업에 대한
신용공여액이 채권은행 총신용공여액의 4분의 1을 초과하는 경우, 주채권은행
에 대하여 당해 기업의 신용위험평가등급에 대한 검증을 요구할 수 있다. 이러

---

37 금융위 기촉법 설명자료, p.25.

38 또한 상시평가운영협약상 주채권은행의 정의가 기촉법상 주채권은행의 정의와 꼭 일치하는 것은 아니다. 상
시평가운영협약은 「은행업감독규정」 제79조 제1항에 의한 주채무계열 소속 기업체의 경우에는 동 규정 제
80조 제2항에 따라 선정된 주채권은행을, 주채무계열 이외의 기업의 경우에는 최근 월말 기준으로 종합신
용정보집중기관의 기업신용거래정보상의 신용공여(단, 보증채무이행청구권을 제외한다)가 최다인 채권은
행으로 주채권은행을 정의하고 있다(상시평가운영협약 제2조 제2호 본문). 다만, 채권은행은 상호 간의 협
의를 통하여 주채권은행을 변경할 수 있다고 하는 점은 기촉법의 정함과 같다(상시평가운영협약 제2조 제2
호 단서).

한 검증 요구를 받은 경우, 주채권은행은 지체 없이 신용위험평가등급 검증작업반을 구성하기 위한 채권은행의 협의회를 소집하여야 한다. 검증작업반은 총구성원의 3분의 2 이상의 출석과 출석 구성원 3분의 2 이상의 찬성으로 주채권은행에 대해 신용위험평가등급을 변경하도록 건의할 수 있으며, 이 경우 주채권은행은 특별한 사유가 없는 한 이를 수용하여야 한다(상시평가운영협약 제15조 제2항 내지 제6항).

반면 기촉법은 주채권은행이 아닌 채권은행에 대하여 자체 신용위험평가 결과 부실징후기업에 해당된다고 판단하면 그 사실을 지체 없이 주채권은행에 통보하여야 한다고 하고 있을 뿐(기촉법 제4조 제2항) 주채권은행과 채권은행의 신용위험평가 결과가 다른 경우에 대한 조치는 마련하고 있지 않다. 이는 기촉법 상의 공동관리 절차를 개시하는 신용위험평가의 주체는 주채권은행에 한하기 때문인 것으로 보인다.

다. 기업에 대한 신용위험평가 결과 통보

주채권은행은 거래기업의 신용 위험을 평가한 결과 부실 징후가 있다고 판단하는 경우, 그 사실과 이유를 해당 기업에 통보하여야 한다(기촉법 제5조 제1항). 상시평가운영협약은 주채권은행이 거래기업 앞 신용위험평가 결과를 통보하는 경우 사용하여야 할 서식을 정하고 있는바, 동 서식은 평가기업 분류, 부실 징후 판단 이유 등과 함께 워크아웃 제도의 개요 및 추진 절차 등을 상세히 설명하도록 하고 있다(상시평가운영협약 제18조 제1항). 이에 따른 서식은 다음과 같다.

신용위험평가결과 통보문

문서번호
시행일
수 신   귀하

「은행업감독업무시행세칙」제48조에 근거한 「채권은행의 기업신용위험상시평가 운영협약」에 따라 20년 신용위험평가 결과를 통보합니다.

1. 당사자	성명(명칭)			
	주소			
2. 평가기업 분류				
3. 부실 징후 판단 이유				
4. 주채권 은행	은행명		부서명 및 담당자	
	주소		전화번호	
	전자우편 주소		모사전송	

1. 평가기업 분류상 "부실징후기업에 해당하며 경영정상화 가능성이 높은 기업"에 해당하는 경우, 기업 개선을 위한 자구계획서와 금융채권자의 목록을 첨부하여 주채권은행에 관리 절차의 개시를 신청하거나, 「채무자 회생 및 파산에 관한 법률」에 따른 회생 절차를 관할 법원에 신청할 수 있습니다.

2. 한편, "부실징후기업에 해당하며 경영정상화 가능성이 낮은 기업"에 해당하는 경우에는, 「채무자 회생 및 파산에 관한 법률」에 따른 회생 절차를 관할 법원에 신청할 수 있습니다.

3. 만약, 신용위험평가결과에 이의가 있는 경우, 하기 〈이의 제기 시 유의 사항〉에 따라 제출해 주시기 바랍니다.

<이의 제기 시 유의 사항>

(1) 귀하는 서면 또는 정보통신망을 이용하여 이의를 제기할 수 있으며, 채무상환능력을 검증할 수 있는 자료를 함께 제출하여야 합니다. 다만, 정보통신망을 이용하여 제출하고자 하는 경우에는 미리 담당자에게 알려 주시고, 제출한 후에 도달 여부를 확인해 주시기 바랍니다.

(2) 통보를 받은 날부터 14일 이내에 주채권은행에 이의를 제기하여야 하며, 동 기한 내에 제출하지 않은 경우에는 이의가 없는 것으로 간주합니다.

(3) 귀하의 이의 제기에 대한 심사 결과는 이의 제기를 받은 날부터 1개월 이내에 통보해 드릴 예정입니다.

라. 통보받은 기업의 조치

주채권은행으로부터 부실징후기업으로 통보받은 기업은 다음의 두 가지 조치를 취할 수 있다. 하나는 주채권은행의 부실징후기업 통보를 받아들이고 자구계획서 등을 마련하여 금융채권자협의회에 의한 공동관리절차 또는 주채권은행 관리절차 개시를 신청하는 것이다(기촉법 제5조 제2항).

다른 하나는 주채권은행의 부실징후기업 평가 결과에 이의를 제기하는 것이다. 즉, 부실징후기업으로 통보받은 기업은 평가 결과에 대하여 이의가 있는 경우, 통보받은 날로부터 14일 이내에 주채권은행에 이의를 제기할 수 있다(기촉법 제6조 제1항).[39] 다만, 이러한 이의 절차가 부당한 절차 지연 수단으로 악용되는 것을 방지하기 위해 법은 채무상환능력 검증 자료 제출을 의무화하고 있다(기촉법 제6조 제1항, 기촉법 시행령 제5조). 이러한 채무상환능력 검증 자료로는 평가 결과상 재무지표의 오류 입증, 평가 전후 기업경영에 중대한 영향을 초래하는 이벤트 발생, 기술평가 등에 따른 기술력 입증 등이 있다.[40]

주채권은행은 이의 제기를 받은 날로부터 1개월 이내에 심사 결과를 해당 기업에 통보하여야 한다(기촉법 제6조 제2항).[41] 이와 관련하여 상시평가운영협약은 이러한 심사 결과 통보 양식을 마련하고 있다(상시평가운영협약 제18조 제2항). 동 서식은 다음과 같다.

〈별지 제2호 서식〉

이의 제기에 대한 심사 결과 통보문

문서번호
시행일
수　신　　　　　　귀하

「은행업감독업무시행세칙」 제48조에 근거한 「채권은행의 기업신용위험상시평가 운영협약」에 따라, 귀하가 제기한 이의 신청에 대하여 다음과 같이 심사 결과를 통보합니다.

---

39 이 14일이라는 기간은 상시평가운영협약 별지 1호 서식인 신용위험평가결과 통보문의 이의 제기 시 유의 사항 (2)번을 따른 것으로 보인다.

40 금융위 기촉법 설명자료, p.26.

41 이 1개월이라는 기간은 상시평가운영협약 제18조 제2항(제1항에 따라 부실징후기업으로 통보받은 기업이 평가 결과에 대하여 이의 제기를 하는 경우, 주채권은행은 이의 제기를 받은 날부터 1개월 이내에 이의 제기에 대한 심사 결과를 해당 기업에게 통보(별지 제2호 서식)하여야 한다)을 따른 것으로 보인다.

1. 당사자	성명(명칭)			
	주소			
2. 심사 후 평가기업 분류				
3. 심사 결과 내용				
4. 주채권은행	은행명		부서명 및 담당자	
	주소		전화번호	
	전자 우편주소		모사전송	

1. 심사 후 평가기업 분류상 "부실징후기업에 해당하며 경영정상화 가능성이 높은 기업"에 해당하는 경우, 기업개선을 위한 자구계획서와 금융채권자의 목록을 첨부하여 주채권은행에 관리절차의 개시를 신청하거나, 「채무자 회생 및 파산에 관한 법률」에 따른 회생 절차를 관할 법원에 신청할 수 있습니다.

2. 한편, "부실징후기업에 해당하며 경영정상화 가능성이 낮은 기업"에 해당하는 경우에는, 「채무자 회생 및 파산에 관한 법률」에 따른 회생 절차를 관할 법원에 신청할 수 있습니다.

3. 그 밖에 궁금한 사항이 있으시면 상기 담당자에게 문의하시기 바랍니다.

마. 부실징후기업에 대한 점검

부실징후기업으로 통보받은 기업이 결과에 대한 이의신청이나 관리절차 개시 등의 조치를 취하지 않는 경우에는 어떻게 하는가. 이는 기촉법상 공동관리절차 또는 주채권은행 관리절차 모두 그 개시의 신청권자가 부실징후기업에 국한된다는 점에서 발생하는 문제이다(기촉법 제5조 제2항). 기촉법은 이러한 상황에 대비하여 부실징후기업으로 통보받은 기업이 정당한 사유 없이 3개월 내에 기촉법상 관리 절차나 채무자회생법상 회생 절차를 신청하지 않는 경우에는 부실징후기업의 신용 위험으로 인하여 금융시장의 안정이 훼손되지 않도록 주채권은행이 필요한 조치를 취하도록 하고 있다(기촉법 제7조, 기촉법 시행령 제6조). 이러한 조치에는 신규여신(대환 포함) 중지, 만기도래 여신 회수, 담보 보강, 여신한도 및 금리 변경 등의 사후관리 조치가 해당될 수 있다(상시평가운영협약 제14조 제6항). 주채권은행의 이러한 조치 의무는 주채권은행의 권리인 동시에 여신 건전성 관리 차원에서 지켜야 할 의무이기 때문에 미조치 시 시정조치 대상이 된다(기촉법 제35조 제1항 제3호).[42]

---

[42] 금융위 기촉법 설명자료, p.27.

2. 협의회에 의한 공동관리절차

제8조(금융채권자협의회에 의한 공동관리절차) ① 금융채권자는 부실징후기업으로부터 공동관리절차의 신청이 있는 때에는 자구계획서, 금융채권자의 수 및 금융채권의 규모 등을 평가하여 기업개선의 가능성이 있다고 판단하는 경우 제22조에 따른 금융채권자협의회(이하 "협의회"라 한다)의 의결을 거쳐 공동관리절차를 개시할 수 있다.
② 금융채권자는 제1항에 따른 판단을 위하여 필요한 경우 주채권은행을 통하여 해당 기업이 제출한 자료의 보완을 요청할 수 있다.

제9조(공동관리절차의 개시를 위한 협의회의 소집) ① 주채권은행은 부실징후기업으로부터 공동관리절차의 신청을 받은 날부터 14일 이내에 공동관리절차의 개시 여부를 결정하기 위한 협의회(이하 "제1차 협의회"라 한다)의 소집을 통보하여야 한다. 다만, 다음 각 호의 어느 하나에 해당하는 경우 제1차 협의회의 소집을 통보하지 아니할 수 있다.
  1. 주채권은행 관리절차를 통하여 해당 기업의 부실 징후가 해소될 수 있다고 판단하는 경우
  2. 공동관리절차를 통하여도 해당 기업의 부실 징후가 해소될 수 없다고 판단하는 경우
② 주채권은행이 제1차 협의회를 소집하는 때에는 금융채권자 및 해당 기업에게 다음 각 호의 사항을 통보하여야 한다.
  1. 회의의 일시 및 장소
  2. 회의의 안건
  3. 금융채권자의 목록에 관한 사항
  4. 그 밖에 협의회의 소집 및 진행에 필요한 사항
③ 주채권은행이 제2항의 통보를 하는 경우에는 금융채권자에게 제1차 협의회의 종료 시까지 해당 기업에 대한 금융채권의 행사(상계, 담보권 행사, 추가 담보 취득을 포함하며, 시효중단을 위한 어음교환 회부는 제외한다)를 유예하도록 요구할 수 있다.
④ 제3항에 따라 금융채권의 행사유예를 요구받은 금융채권자가 금융채권을 행사한 때에

는 공동관리절차의 개시 후 지체 없이 원상을 회복하여야 하며, 주채권은행은 협의회의 의결에 따라 해당 금융채권자에게 원상회복의 이행을 요청할 수 있다.

⑤ 제2항에도 불구하고 주채권은행은 신속하고 원활한 공동관리절차의 진행을 위하여 필요한 경우 다음 각 호의 어느 하나에 해당하는 자에 대해서는 제1차 협의회의 소집을 통보하지 아니할 수 있다.

1. 금융업(「통계법」 제22조제1항에 따라 통계청장이 작성·고시하는 한국표준산업분류에 따른 금융 및 보험업을 말한다)을 영위하지 아니하는 금융채권자

2. 금융채권자의 목록에 기재된 총 금융채권액의 100분의 1 미만인 소액금융채권자 (소액금융채권자가 둘 이상인 경우에는 그 금융채권의 합계액이 금융채권자의 목록에 기재된 총 금융채권액의 100분의 5를 초과하지 아니하는 소액금융채권자에 한정한다)

3. 그 밖에 공동관리절차에 참여할 필요성 등을 고려하여 대통령령으로 정하는 금융채권자

⑥ 제5항에 따라 소집을 통보받지 못한 금융채권자가 협의회에 참여를 원하는 경우 주채권은행은 해당 금융채권자를 협의회에서 배제할 수 없다. 이 경우 해당 금융채권자는 제1차 협의회의 소집을 통보받은 금융채권자로 보되, 그 전날까지 이루어진 협의회의 의결에 대하여 대항할 수 없다.

⑦ 제1차 협의회의 소집을 통보받은 금융채권자가 해당 기업에 대하여 보유하고 있는 금융채권(이 법에 따른 공동관리절차에서 출자전환된 주식을 포함한다)을 제3자에게 양도한 경우, 양도인은 그 사실을 지체 없이 주채권은행에게 통보하여야 한다. 이 경우, 양수인은 협의회 의결로 달리 정하지 아니하는 한 이 법에 따른 양도인의 지위를 승계한다.

⑧ 제7항에도 불구하고 금융채권의 양도 전에 이 법 또는 협의회의 의결에 따라 양도인에게 발생한 의무는 양도인이 부담한다. 다만, 협의회는 양도인과 양수인이 함께 요청하는 경우 그 의결로 양도인의 의무를 양수인이 승계하도록 할 수 있다.

⑨ 주채권은행은 제1차 협의회를 소집하는 경우 그 사실과 내용을 제29조에 따른 금융채권자조정위원회와 「금융위원회의 설치 등에 관한 법률」에 따라 설립된 금융감독원의 원장에게 통보하여야 한다.

제10조(자료의 제공요청) ① 주채권은행은 제9조에 따른 제1차 협의회의 소집을 위하여 필요한 경우에는 「금융실명거래 및 비밀보장에 관한 법률」 제4조, 「신용정보의 이용 및 보호에 관한 법률」 제32조 및 「개인정보 보호법」 제18조에도 불구하고 채권대차거래중개기관(「자본시장과 금융투자업에 관한 법률」에 따른 한국예탁결제원, 증권금융회사, 투자매매업자 또는 투자중개업자를 말한다)에 대하여 다음 각 호의 사항에 관한 자료의 제공을 요청할 수 있다.

1. 금융채권자의 성명·주소 및 전화번호
2. 금융채권자의 금융채권액

② 주채권은행은 제1차 협의회의 소집을 위하여 필요한 최소한의 범위로 한정하여 자료 제공을 요청하여야 하며, 제공받은 자료를 제공받은 목적 외의 용도로 이용하여서는 아니 된다.

③ 제1항에 따른 자료 제공 요청을 받은 자가 주채권은행에게 자료를 제공하는 경우 대통령령으로 정하는 바에 따라 금융채권자에게 그 제공 사실을 알려 주어야 한다.

④ 주채권은행은 제1차 협의회 소집을 위하여 제공받은 자료의 목적을 달성한 경우 「신용정보의 이용 및 보호에 관한 법률」에 따라 해당 자료를 관리·삭제하여야 한다

⑤ 제1항에 따른 자료 제공을 요청받은 자는 직무상 알게 된 부실징후기업의 공동관리절차 개시 등에 관한 정보를 타인에게 누설하거나 부당한 목적으로 이용해서는 아니 된다.

가. 기업 개선 가능성의 판단

부실징후기업이 공동관리절차 개시를 신청하는 때에는 금융채권자는 자구계획서, 금융채권자의 수 및 금융채권의 규모 등을 평가하여 기업 개선의 가능성이 있다고 판단하는 경우 금융채권자협의회(이하 '협의회'라 한다) 의결을 거쳐 공동관리절차를 개시할 수 있다(기촉법 제8조 제1항). 2016년 개정 전 기촉법에서는 단순히 '사업계획서 등'을 평가하여 경영정상화 가능성을 판단하도록 되어 있던 것을(2015. 12. 22. 법률 제13613호 기촉법 제5조) 2016년 기촉법 개정 시 평가 대상 서류를 좀 더 구체화하였다. 금융채권자는 기업 개선 가능성 판단을 위하여 필요한 경우 주채권은행을 통하여 해당 기업이 제출한 자료의 보완을 요청할 수 있다(기촉법 제8조 제2항).

나. 공동관리절차의 개시를 위한 협의회의 소집

1) 협의회 소집 통보

주채권은행은 부실징후기업으로부터 공동관리절차의 신청을 받은 날부터 14일 이내에 공동관리절차의 개시 여부를 결정하기 위한 협의회 소집을 통보하여야 한다(기촉법 제9조 제1항 본문). 동시에 주채권은행은 제1차 협의회 소집 사실과 내용을 금융채권자조정위원회와 금감원장에게 통보하여야 한다(기촉법 제9조 제9항). 기촉법 감독규정은 이러한 통보 시 적용되는 서식을 정하고 있으며, 여기에는 대상 기업의 개요 및 요약 재무·손익 현황, 차입금 현황과 협의회 개최 일시, 회의의 목적 사항 및 참석 금융채권자 명단이 포함된다(기촉법 감독규정 제4조, 별지 1).[43]

다만, 주채권은행 관리절차를 통하여 해당 기업의 부실 징후가 해소될 수 있다고 판단하는 경우와 공동관리절차를 통하여도 해당 기업의 부실 징후가 해소될 수 없다고 판단하는 경우에는 제1항의 협의회 소집을 통보하지 아니할 수 있다(기촉법 제9조 제1항 단서). 이중 '주채권은행 관리절차를 통하여 해당 기업의 부실 징후가 해소될 수 있다고 판단하는 경우'는 기촉법 제21조가 적용되며(기촉법 제9조 제1항 제1호; 이때에는 주채권은행이 단독으로 관리절차를 행하기 때문에 협의회가 성립하지 않는다고 볼 수 있다), '공동관리절차를 통하여도 해당 기업의 부실 징후가 해소될 수 없다고 판단하는 경우'는 제8조에 의하여 기업 개선 가능성을 판

---

43 다만 기촉법 감독규정은 법상 '통보'라고 되어 있는 것을(기촉법 제9조 제9항) '보고'라고 하고 있고(기촉법 감독규정 제4조), 별지 1도 '협의회 소집 보고'라고 하고 있다.

단한 결과 가능성이 낮은 경우에 해당하는 것으로 볼 수 있다(기촉법 제9조 제1항 제2호; 이 경우는 기업개선 가능성이 있을 것이라는 공동관리절차 개시 조건이 충족되지 않았다고 볼 수 있다).

2) 소집 대상 및 예외

주채권은행이 제1차 금융채권자협의회를 소집하는 때에는 회의 일시 및 장소, 안건, 금융채권자 목록 및 그 밖에 협의회 소집 및 진행에 필요한 사항을 금융채권자 및 해당 기업에 통보하여야 한다(기촉법 제9조 제2항). 이때 '그 밖에 협의회 소집 및 진행에 필요한 사항'에는 기촉법 제9조 제5항에 따른 금융채권자 목록과 협의회 구성에서 배제된 이유가 포함된다(기촉법 시행령 제7조 제1항).

협의회의 소집 대상은 금융채권자들이나, 신속하고 원활한 공동관리절차 진행을 위하여 주채권은행은 필요한 경우 i) 비금융업자(사채권자 등), ii) 금융채권자 목록에 기재된 총 금융채권액의 100분의 1 미만인 소액금융채권자(소액금융채권자가 둘 이상인 경우에는 그 금융채권의 합계액이 금융채권자의 목록에 기재된 총 금융채권액의 100분의 5를 초과하지 아니하는 소액금융채권자에 한정한다) 및 iii) 그 밖에 공동관리절차에 참여할 필요성 등을 고려하여 대통령령으로 정하는 금융채권자에 대해서는 제1차 협의회 개최 사실을 통보하지 않을 수 있다(기촉법 제9조 제5항). 이때 대통령령으로 정하는 금융채권자란 주채권은행이 신속하고 원활한 공동관리절차의 진행을 위하여 협의회의 구성에서 배제할 필요가 있다고 판단하는 금융채권자를 말한다(기촉법 시행령 제7조 제2항).

가) 소집통보 제외와 협의회의 심의·의결

주채권은행이 필요하다고 판단하여 제1차 협의회 소집을 통보하지 않은 금융채권자에 대하여 별도로 이를 제외하는 협의회 의결이 필요한가? 기촉법 제11조 제1항 제1호는 제1차 협의회에서 공동관리절차에 참여할 금융채권자의 구성을 의결할 수 있다고 하고, 이러한 의결에 따라 공동관리절차에 참여하지 아니하는 금융채권자를 '적용배제 금융채권자'라 하고 있다. 또한 기촉법 제23조 제1항 제3호는 적용배제 금융채권자의 선정을 협의회 심의·의결 사항으로 정하고 있다.

이에 대해서는 최종적인 적용배제 금융채권자의 선정은 금융채권자협의회에서 심의·의결한다고 하여 주채권은행이 소집을 통보하지 않은 금융채권자에 대하여도 협의회 의결이 필요하다고 해석하는 듯한 견해가 있다.[44] 그러나 이에 대해서는 기촉법은 주채권은행이 소집을 통보하지 아니할 수 있는 채권자를 비금융채권자, 소액금융채권자 등으로 한정하여 열거하고 있고(기촉법 제9조 제5항), 이에 따라 소집 통보를 받지 못한 금융채권자가 협의회에 참여를 원하는 경우 주채권은행은 해당 금융채권자를 협의회에서 배제할 수 없도록 함으로써 주채권은행의 자의적인 소집 통보에 대한 구제 절차를 마련하고 있으며(기촉법 제9조 제6항), 구조조정의 진행 절차의 측면에서 보더라도 제1차 소집통보가 있은 후에야 적용배제 금융채권자를 정하기 위한 협의회가 개최된다는 점에서 주채권은행이 기촉법상 정한 절차에 따라 소집 통보를 제외하는 데에는 별도의 협의회 의결이 필요한 것은 아니라고 생각된다.[45][46]

---

44 온주 기촉법, 제9조, Ⅱ. 공동관리절차 개시 결정을 위한 제1차 협의회 소집, 2. 소집 대상 및 예외 부분 참조

45 온주 기촉법. 제23조, 3. 적용배제 금융채권자의 선정에 관한 해설 부분도 '법상 주채권은행이 금융채권자 협의회 이전에 특정 금융채권자를 소집 통보에서 배제할 수 있도록 하고 이에 대하여 별도로 금융채권자협의회의 승인을 받도록 규정하고 있지 않은 이상, 주채권은행의 결정에 대해서 금융채권자협의회의 승인이 필요하다고 해석하기는 어렵다고 본다'고 하고 있다.

46 적용배제 금융채권자의 선정은 협의회 의결 사항으로 이에 대해서는 제23조 제1항 제3호 설명 부분을 참고하길 바란다.

나) 소집 대상에서 제외된 금융채권자와 협의회 의결의 효력

기촉법 제11조 제3항은 '제1차 협의회 의결에 따라 공동관리절차에 참여하지 아니하는 금융채권자, 즉 적용배제 금융채권자에 대해서는 기촉법에 따른 공동관리절차가 적용되지 아니한다'고 하고 있다. 주채권은행이 신속하고 원활한 공동관리절차의 진행을 위하여 협의회 구성에서 배제할 필요가 있다고 판단하여 소집 통보에서 제외한 금융채권자도 이러한 공동관리절차가 적용되지 않는 대상에 당연히 포함된다고 할 것이다. 소집 통보에서 제외된 금융채권자는 협의회 구성에서부터 배제되었다는 점에서 적용배제 금융채권자와 유사한 지위를 갖는다고 보아야 하기 때문이다.

소집 대상에서 제외된 금융채권자가 협의회 참여를 원하는 경우 주채권은행은 해당 금융채권자를 협의회에서 배제할 수 없다. 이 경우, 해당 금융채권자는 제1차 협의회의 소집을 통보받은 금융채권자로 보되, 그 전날까지 이루어진 협의회의 의결에 대하여 대항할 수 없다(기촉법 제9조 제6항).

다. 채권행사 유예

1) 유예의 목적과 대상

주채권은행이 제1차 협의회 소집 통보를 하는 경우에는 금융채권자에게 제1차 협의회의 종료 시까지 해당 기업에 대한 금융채권의 행사를 유예하도록 요구할 수 있다(기촉법 제9조 제3항). 이는 경영정상화 가능성도 파악되지 않은 상황에서 무분별한 채권회수로 회생 가능한 기업이 도산하는 것을 막기 위한 제도이다.[47]

유예 대상이 되는 채권행사에는 상계, 담보권 행사, 추가 담보 취득이 포함되며, 시효중단을 위한 어음교환 회부는 제외한다. 이와 관련하여 하급심 판례이기는 하나 법원은 '채권금융기관협의회는 기업구조조정촉진법 및 금융감독규정에 따라 채권금융기관이 신탁 계정을 통하여 취득한 어음 및 회사채를 대상에 포함시켜 채권행사 유예 및 채권재조정 결의를 할 수 있고, 채권금융기관협의회의 채권행사유예와 채권재조정 결의 전에 만기가 도래하여 그 지급을 구한 채권이라고 하더라도 그것이 아직 변제되지 않고, 협의회 결의에서 이를 제외한다는 명백한 의사가 없는 이상 이러한 채권도 대상채권 속에 포함되어 협의회 결의의 효력을 받는다'라고 판시하였다(서울지방법원 2003. 10. 9. 선고 2003가합25022 판결).

2) 원상회복 의무

금융채권의 행사유예를 요구받은 금융채권자가 금융채권을 행사한 때에는 공동관리절차의 개시 후 지체 없이 원상회복하여야 하며, 주채권은행은 협의회의 의결에 따라 해당 금융채권자에게 원상회복의 이행을 요청할 수 있다(기촉법 제9조 제4항). 이를 위반하는 경우 2천만 원 이하의 과태료 부과 처분의 대상이 되는바(기촉법 제36조 제1항 제1호), 법인인 경우에는 2천만 원, 법인이 아닌 자의 경우에는 1천만 원의 과태료가 부과된다(기촉법 시행령 제19조, 별표).

---

47 금융위 기촉법 설명자료, p.32.

라. 채권 양수도

제1차 협의회 소집을 통보받은 금융채권자가 해당 기업에 대하여 보유하고 있는 금융채권(기촉법에 따른 공동관리절차에서 출자 전환된 주식을 포함한다)을 제3자에게 양도한 경우, 양도인은 그 사실을 지체 없이 주채권은행에게 통보하여야 한다. 이 경우, 양수인은 협의회 의결로 달리 정하지 아니하는 한 이 법에 따른 양도인의 지위를 승계한다(기촉법 제9조 제7항). 이에 불구하고 금융채권의 양도 전에 이 법 또는 협의회의 의결에 따라 양도인에게 발생한 의무는 양도인이 부담하되, 양도인과 양수인이 함께 요청하는 경우 협의회는 그 의결로 양도인의 의무를 양수인이 승계하도록 할 수 있다(기촉법 제9조 제8항).

금융위의 기촉법 설명자료는 채권양수도와 관련한 기촉법 제7항과 제8항이 2016년 기촉법 개정 시에 신설된 것으로 이는 기촉법 적용 대상이 채권금융기관에서 금융채권자로 확대되었기 때문에 사채권자 등에 대한 보호 장치가 필요하다는 국회의 지적에 따라 워크아웃 절차의 안정성과 선의의 양수인 보호를 절충한 데 따른 것으로 설명하고 있다.[48] 아래에서 보는 바와 같이 채권양수도 조항은 기촉법 제정 시부터 존속하였던 것으로, 기존에는 기촉법의 적용 대상이 채권금융기관에 한정되었기 때문에 채권양수인의 확약서 제출을 통해서 기촉법에 구속되도록 하던 것을 2016년 기촉법 개정으로 금융채권자라면 기촉법의 적용을 받게 되었으므로 채권양도 시 이를 주채권은행에 대하여 통보하고, 채권양도에 따라 양수인은 양도인의 채권자로서의 지위를 승계한다고 보는 것이 좀 더 정확할 것이다.

---

[48] 금융위 기촉법 설명자료, p.33.

1) 2016년 기촉법 개정 전 채권양수도

채권 양수도에 관한 규정은 2001년 최초 기촉법 제정 시부터 있었다. 2001. 8. 14. 법률 제6504호로 제정된 기촉법은 제24조 제4항에서 '협의회의 소집이 통보된 후 채권금융기관이 보유채권(경영정상화계획에 의하여 출자 전환된 주식을 포함한다)을 채권금융기관 외의 자에게 매각하거나 관리권을 위탁하고자 하는 경우에는 당해 채권금융기관은 채권금융기관 외의 자로부터 이 법의 규정에 따른다는 확약서를 받아서 협의회에 제출하여야 한다'라고 규정하였고, 동조 제5항은 '주채권은행은 대상 기업으로 하여금 채권금융기관 외의 채권자로부터 이 법의 규정을 따른다는 확약서를 받아서 협의회에 제출하도록 요청할 수 있으며, 확약서를 제출한 채권금융기관 외의 채권자는 이 법에 따른 채권금융기관으로 본다'라고 하였다. 그리고 이러한 조항은 2016년 법 개정 전까지 존속하였다. 참고로 2015. 12. 22. 법률 제13613호로 시행된 기촉법상 채권양수도 규정은 다음과 같다.

> 제15조 ④ 협의회의 소집이 통보된 후 채권금융기관이 해당 기업에 대하여 보유하고 있는 채권(경영정상화계획에 의하여 출자 전환된 주식을 포함한다)을 채권금융기관 외의 자에게 매각하거나 관리권을 위탁하고자 하는 경우에는 해당 채권금융기관은 채권금융기관 외의 자로부터 이 법의 규정을 따른다는 확약서를 받아서 협의회에 제출하여야 한다. 다만, 채권금융기관이 출자 전환을 통하여 보유하고 있는 주식수의 합이 해당 기업의 의결권 있는 발행 주식 통수의 100분의 50에 1주를 더한 수를 초과하는 경우, 그 초과분에 대해서는 확약서를 받지 아니하고 협의회의 의결로 매각할 수 있다.
> ② 주채권은행은 해당 기업으로 하여금 채권금융기관 외의 채권자로부터 이 법의 규정을 따른다는 확약서를 받아서 협의회에 제출하도록 요청할 수 있으며, 확약서를 제출한 채권금융기관 외의 채권자는 이 법에 따른 채권금융기관으로 본다.

대법원도 이러한 확약서를 제출한 채권금융기관 외의 채권자는 협의회 의결에 구속된다고 보았다(대법원 2023. 10. 18. 선고 2020다235593 판결). 이는 '확약서 제출'이라는 채권 양수인의 의사에 기하여 협의회 의결에 구속되는 효과가 발생한 것으로 볼 수 있다.

2) 대위변제와 채권양수도에 따른 양도인 지위 이전 여부

하급심 판례이기는 하나 기촉법상 채권양수도와 관련하여 '양수인에게 양도인 지위가 승계되는지 여부'가 문제 된 사안이 있다. 앞서 '금융채권'의 범위를 다루면서 본 판례인데, 다시 한번 사실관계를 간략히 설명하면 다음과 같다(서울고등법원 2019. 5. 3. 선고 2018나2036159 판결).

원고와 피고가 주채무자인 수분양자들이 부담하는 중도금 대출 채무를 원고 41.27%, 피고 58.73%의 비율로 각각 연대 근보증을 하고, 원고가 수분양자들의 중도금 대출채무 전액(원금과 이자를 모두 포함한다)을 대위변제하였다(이러한 대위변제로 인하여 원고가 갖게 되는 구상권이 기촉법상 신용공여의 범위에 포함되는 것은 앞서 본 바와 같다).

채권양도와 관련하여 쟁점은 대위변제를 한 원고가 공동관리절차의 적용을 받는 채권 양수인에 해당하는지 여부였다. 이와 관련하여 피고는 기촉법 제9조 제7항의 '제1차 협의회 소집을 통보받은 금융채권자가 해당 기업에 대하여 보유하고 있는 금융채권을 제3자에게 양도한 경우, 양수인은 협의회 의결로 달리 정하지 않는 한 이 법에 따른 양도인의 지위를 승계한다'라는 규정에 따라 원고가 승계인으로서 협의회의 채무조정 결의에 구속된다고 주장하였으나 법원은 이러한 피고의 주장을 배척하였다. 법원은 이러한 논거로 변제자 대위권과 구상권은 서로 다른 별개의 권리임을 들고 있다. 즉, 대위변제로 인하여 원고는 법률상 채권자의 지위를 당연히 이전받게 되나(이 경우 기촉법 제9조 제7항에 따라 양도인의 지위를 승계한다고 볼 수 있다) 동시에 원고는 이러한 변제자대위권 이외에 피고에 대하여 고유의 구상권도 가지고 있고, 이러한 구상권을 행사하는 경우에는 당연히 양도인의 지위가 승계되는 것은 아니라는 것이다. 다시 말하면, 연대보증인인 원고가 자신의 출재로 채무자를 대신하여 주채무(중도금 대출 채무)를 변제한 이상, 변제자대위에 의하여 채권자가 다른 연대보증인인 피고에 대하여 갖고 있던 채권은 원고에게 법률상 당연히 이전된다(대법원 2004. 11. 25. 선고 2004다46427 판결). 그러나 동시에 원고는 중도금 대출 채무에 대한 공동 연대보증인으로서 자신의 부담 부분을 넘어 변제한 금원으로 공동 연대보증인인 피고의 부담 부분에 대하여 구상권을 갖고, 이러한 구상권은 자신의 고유한 권리이므로 변제자대위가 적용되지 않는다. 왜냐하면 구상권과 변제자대위권은 원본, 변제기, 이자, 지연손해금의 유무 등에 있어서 내용이 서로 다른 별개의 권리이고(대법원 2015. 11. 12. 선고 2013다214970 판결 등 참조), 자신의 부담 범위를 넘은 주채무를 변제한 연대보증인은 고유의 구상권을 행사하든 채권자를 대위하여 채권자의 권리를 행사하든 자유이며(대법원 1997. 5. 30. 선고 97다1556판결 등 참조), 다만 변제자 대위는 주채무를 변제함으로써 주채무자 및 다른 연대보증인에 대하여 갖게 된 구상권의 효력을 확보하기 위한 제도이므로 대위에 의한 채권 및 담보권의 행사 범위는 구상권의 범위로 한정될 뿐이다(대법원 1999. 10. 22. 선고 98다22451 판결 등 참조).

이 사안에서 제1차 금융채권자협의회는 '신속하고 원활한 공동관리절차의 진행을 위하여 금융업을 영위하지 않는 금융채권자에 대해서는 소집을 제외한다'라고 의결하였다. 원고는 제1차 협의회 의결 당시에는 금융업을 영위하지 않았고, 이에 따라 2016. 6. 29. 협의회가 체결한 약정서의 '금융채권자협의회 구성기관 현황'에는 기재되지 않았다. 이후 원고는 2017. 3. 24.에야 대부업을 사업 목적의 하나로 추가하였으나, 법원은 원고가 사후적으로 대부업을 사업 목적으로 추가하였다고 하여 그동안 협의회의 구성원이 아니어서 공동관리절차에 참여할 가능성이 없었던 원고가 소급하여 공동관리절차의 적용을 받게 된다고 볼 수 없다고 하였다. 즉, 원고는 제1차 협의회 의결로 공동관리절차에 참여하지 않는 적용배제 금융채권자에 해당한다고 할 것이고, 따라서 기촉법 제11조 제3항에 의하여 원고에 대해서는 공동관리절차가 적용되지 않는다.

법원은 '원고는 변제자대위로 인하여 중도금 대출 채권자가 피고에 대하여 가지는 채권을 법률상 당연히 이전받아 그 채권을 행사할 수 있는 지위와 고유의 구상권을 행사할 지위를 모두 가지고 있어 자신의 선택에 따라 변제자대위권과 구상권을 행사할 수 있다. 그런데 원고가 구상권자의 지위에서 고유의 구상권을 행사하는 한도에서는 원고는 적용배제 금융채권자에 해당한다. 이는 원고의 이의에도 불구하고 주채권은행이 일방적으로 원고를 협의회의 구성원으로 취급하였다고 하여 달리 볼 수 없다'라고 하였다.

상기 판례에 따르면 양도인과 양수인 간의 명시적인 채권양수도 계약이 아닌 법률상 이전에 따른 채권양수도의 경우에도 기촉법 제9조 제7항이 적용될 수 있으나, 이 경우 '행사하는 권리가 무엇인가'에 따라 양수인의 양도인 지위 승계 여부가 달라진다. 판례의 사안과 같이 공동 연대보증인 중 1인이 자신의 부담부분을 넘어 변제를 한 경우에는 대위변제에 따라 양수인은 자신의 고유한 구상권을 행사할 수도 있고, 양도인이 채권자로서 가지는 권리를 이전받아 변제자대위권을 행사할 수도 있는바, 이 두 권리는 각각 별개의 권리이므로 어떠한 권리를 행사하는지에 따라 양도인의 지위 승계 여부도 달라진다.

3) 채권양도 통지

이와 관련하여 하급심 판례이기는 하나 법원은 '채권양도의 통지는 채무자에게 도달됨으로써 효력을 발생시키는 것이고, 여기서 도달이란 사회 관념상 채무자가 통지의 내용을 알 수 있는 객관적 상태에 놓여졌다고 인정되는 상태를 지칭한다고 해석되므로, 채무자가 이를 현실적으로 수령하였다거나 그 통지의 내용을 알았을 것까지는 필요로 하지 않는다(대법원 1997. 11. 25. 선고 97다31281 판결 등 참조). 따라서 기촉법상 워크아웃절차와 관련하여 가지고 있거나, 갖게 되는 모든 채권과 권리 등을 유동화자산 양수도계약에 따라 양도하고, 이에 대한 통지를 채무자에게 하였다면 동 통지가 채무자의 사무실 주소에 도달하고 이를 채무자의 대표이사가 전달받았으면 채권양도통지의 내용을 알 수 있는 객관적 상태에 놓여 양도통지의 효력이 발생되었다라고 하였다(서울중앙지방법원 2020. 2. 19. 선고 2019가합517195 판결).

참고로 기촉법 제9조 제7항은 주채권은행 앞 양도인이 채권양도 사실을 통보하여야 한다고 하고 있는바, 이때의 '통보'는 채권양도 자체의 효력에는 영향이 없고, 다만 기촉법상 구조조정 절차를 주재하는 주채권은행에 대하여 채권양도의 사실을 인식하도록 하는 절차로서의 의미가 있다고 보아야 할 것이다. 서울고등법원 2019. 5. 3. 선고 2018나2036159 판결에서 볼 수 있는 바와 같이 법원도 변제자대위 시에는 법률상 당연히 채권자의 지위가 이전된다고 하였다.

마. 자료의 제공

주채권은행은 제1차 협의회 소집을 위하여 필요한 경우 「금융실명거래 및 비밀보장에 관한 법률」, 「신용정보의 이용 및 보호에 관한 법률」 및 「개인정보보호법」의 제한에도 불구하고 한국예탁결제원, 증권금융회사, 투자매매업자 또는 투자중개업자에 대하여 금융채권자의 성명, 주소 및 전화번호와 금융채권자의 금융채권액에 관한 자료를 요청할 수 있다(기촉법 제10조). 이는 기촉법 적용 범위가 확대됨에 따라 사채권자 등에 대한 협의회 소집 통보에 어려움이 발생할 우려가 있을 수 있어 주채권은행이 협의회 소집을 위해 필요한 정보를 제공받을 수 있도록 신설한 규정이다.[49]

주채권은행은 제공받은 정보에 대한 일정한 보호 의무를 부담한다. 먼저 주채권은행은 제1차 협의회 소집에 필요한 최소한의 범위로 한정하여 자료 제공을 요청하여야 하며, 제공받은 자료를 제공받은 목적 외의 용도로 이용하여서는 아니 된다(기촉법 제10조 제2항). 또한 제1차 협의회 소집을 위하여 제공받은 자료의 목적을 달성한 경우, 「신용정보의 이용 및 보호에 관한 법률」에 따라 해당 자료를 관리·삭제하여야 한다(기촉법 제10조 제4항).

주채권은행에게 자료를 제공한 자도 일정한 의무를 부담한다. 즉, 자료를 제공한 자는 제공한 날로부터 10일 이내에 자료를 제공한 사실 및 그 이유를 금융채권자에게 알려 주어야 하고(기촉법 제10조 제3항, 기촉법 시행령 제7조 제3항), 직무상 알게 된 부실징후기업의 공동관리절차 개시 등에 관한 정보를 타인에게 누설하거나 부당한 목적으로 이용해서는 아니 된다(기촉법 제10조 제5항).

---

49 금융위 기촉법 설명자료, p.33.

3. 공동관리절차의 개시

제11조(공동관리절차의 개시) ① 금융채권자는 제9조 제1항에 따른 소집의 통보를 받은 날부터 3개월의 범위에서 대통령령으로 정하는 기간에 개최되는 제1차 협의회에서 다음 각 호의 사항을 의결할 수 있다.

    1. 공동관리절차에 참여할 금융채권자의 구성

    2. 공동관리절차의 개시

    3. 부실징후기업에 대한 채권행사유예 여부 및 유예 기간의 결정

    4. 그 밖에 공동관리절차의 개시를 위하여 필요한 사항

② 제1항 제3호에 따른 유예 기간은 공동관리절차 개시일부터 1개월(제12조에 따른 자산부채의 실사가 필요한 경우에는 3개월)을 초과하지 아니하는 범위로 하되, 1회에 한정하여 1개월의 범위에서 협의회의 의결을 거쳐 연장할 수 있다.

③ 제1항 제1호의 의결에 따라 공동관리절차에 참여하지 아니하는 금융채권자(이하 "적용배제 금융채권자"라 한다)에 대해서는 이 법에 따른 공동관리절차가 적용되지 아니한다.

④ 제1항 제1호에 따른 금융채권자의 구성에 관한 의결은 제24조 제2항에도 불구하고 제1차 협의회의 소집을 통보받은 금융채권자의 총금융채권액 중 4분의 3 이상의 금융채권액을 보유한 금융채권자의 찬성으로 한다.

⑤ 공동관리절차가 개시된 뒤에도 해당 기업 또는 금융채권자는 「채무자 회생 및 파산에 관한 법률」에 따른 회생 절차 또는 파산 절차를 신청할 수 있다. 이 경우, 해당 기업에 대하여 회생 절차의 개시 결정 또는 파산선고가 있으면 공동관리절차는 중단된 것으로 본다.

가. 제1차 협의회의 의결 사항

주채권은행은 부실징후기업으로부터 공동관리절차의 신청을 받은 날부터 14일 이내에 공동관리절차의 개시 여부를 결정하기 위한 협의회 소집을 통보하여야 한다(기촉법 제9조 제1항). 동 소집통보를 받은 날로부터 14일 이내에 금융채권자는 공동관리절차 개시 여부와 채권행사 유예 등 공동관리절차에 개시에 필요한 사항을 결정하게 된다(기촉법 제11조 제1항, 기촉법 시행령 제8조 본문). 제1차 협의회의 의결사항은 공동관리절차에 참여할 금융채권자의 구성, 공동관리절차의 개시, 부실징후기업에 대한 채권행사유예 여부 및 유예 기간의 결정, 그 밖에 공동관리절차의 개시를 위하여 필요한 사항이다(기촉법 제11조 제1항 제1호 내지 제4호).

1) 공동관리절차에 참여할 금융채권자의 구성

제1차 협의회에서는 먼저 공동관리절차에 참여할 금융채권자 구성에 관한 의결을 하게 된다(기촉법 제11조 제1항 제1호). 이러한 의결에 필요한 경우 의결 기한은 주채권은행의 소집통보를 받은 날로부터 28일 이내로 연장할 수 있다(기촉법 제11조 제1항, 기촉법 시행령 제8조 단서). 이때 의결은 제1차 협의회의 소집을 통보받은 금융채권자의 총 금융채권액 중 4분의 3 이상의 금융채권액을 보유한 금융채권자의 찬성으로 한다(기촉법 제11조 제1항 제1호, 동조 제4항). 동 협의회 의결에 따라 공동관리절차에 참여하지 아니하는 금융채권자('적용배제 금융채권자')는 기촉법에 따른 공동관리절차가 적용되지 아니한다(기촉법 제11조 제3항).

<참 고> 제1차 '협의회' 소집을 통보받은 금융채권자의 불참[50]

○ 주채권은행(50억 원)이 A(30억 원), B(20억 원)에게 제1차 '협의회' 소집을 통보했으나, A
  의 불참으로 75% 찬성 의결 불가능 → '협의회' 구성 실패

○ 이 경우, 주채권은행은 다음 3가지 대안 등을 선택할 수 있음

  1) 기촉법상 공동관리절차 무산 → 회생 절차 등 다른 절차 모색
  2) A를 설득한 후, 종전과 동일한 채권단에 제1차 '협의회' 소집 통보
  3) A를 제외한 금융채권자(주채권은행·B·C)로 채권단을 재구성하고, 새로운 채권단에 제
     1차 '협의회' 소집 통보

2) 공동관리절차의 개시

공동관리절차가 개시되기 위해서는 먼저 금융채권자가 부실징후기업이 작성
한 자구계획서를 포함하여 금융채권자의 수 및 금융채권의 규모 등을 평가하여
기업개선의 가능성이 있다고 판단하여야 하고, 이에 대한 협의회의 의결이 있어
야 한다(기촉법 제8조 제1항). 제1차 협의회에서 이러한 공동관리절차의 개시 여
부에 대한 의결을 하게 되는데(기촉법 제11조 제1항 제2호), 이때 의결은 협의회 총
금융채권액 중 4분의 3 이상의 금융채권액을 보유한 금융채권자의 찬성으로 한
다(기촉법 제23조 제1항 제1호, 제24조 제2항 본문). 다만, 단일 금융채권자가 보유한
금융채권액이 협의회 총금융채권액의 4분의 3 이상인 경우에는 해당 금융채권
자를 포함하여 협의회를 구성하는 총금융채권자 수 5분의 2 이상의 찬성으로
의결한다(기촉법 제24조 제2항 단서).

---

50 금융위 기촉법 설명자료, p.36.

3) 부실징후기업에 대한 채권행사유예 여부 및 유예 기간의 결정

제1차 협의회에서는 '부실징후기업에 대한 채권행사유예 여부 및 유예기간의 결정'도 의결하게 된다(기촉법 제11조 제1항 제3호). 이 중 채권행사 유예기간은 공동관리절차 개시일로부터 1개월(기촉법 제12조에 따른 자산부채 실사가 필요한 경우에는 3개월)을 초과하지 않는 범위로 하되, 1회에 한정하여 1개월의 범위 내에서 협의회 의결을 거쳐 연장할 수 있다(기촉법 제11조 제1항 제3호, 동조 제2항). 이에 따른 타임라인을 표로 나타내면 다음과 같다.[51]

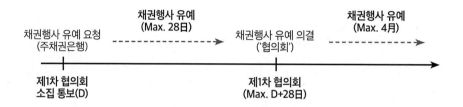

이러한 채권행사유예 여부 및 유예 여부의 결정에 대한 의결도 협의회 총금융채권액 중 4분의 3 이상의 금융채권액을 보유한 금융채권자의 찬성으로 한다(기촉법 제23조 제1항 제2호, 제24조 제2항 본문). 다만, 단일 금융채권자가 보유한 금융채권액이 협의회 총금융채권액의 4분의 3 이상인 경우에는 해당 금융채권자를 포함하여 협의회를 구성하는 총금융채권자 수 5분의 2 이상의 찬성으로 의결한다(기촉법 제24조 제2항 단서).

---

51 금융위 기촉법 설명자료, p.36.

나. 공동관리절차 개시 후 중단

1) 협의회 의결이 필요한 중단 사유

공동관리절차가 개시된 이후에도 협의회는 일정한 사유 발생 시 그 의결에 따라 공동관리절차를 중단할 수 있다. 기촉법 제19조는 이러한 중단 사유를 정하고 있다.

2) 협의회 의결이 필요 없는 중단 사유

공동관리가 개시된 뒤에도 해당 기업 또는 금융채권자는 「채무자 회생 및 파산에 관한 법률」에 따른 회생 절차 또는 파산 절차를 신청할 수 있다. 이 경우 해당 기업에 대하여 회생 절차의 개시 결정 또는 파산선고가 있으면 공동관리절차는 중단된 것으로 본다(기촉법 제11조 제5항).

위와 같은 사유 외에도 기촉법은 개별 규정으로 공동관리절차가 중단되는 사유를 정하고 있다. 가령 채권행사 유예 기간에 기업개선계획을 의결하지 못한 경우(기촉법 제13조 제3항) 또는 협의회가 기업개선계획을 의결한 날로부터 1개월 이내에 기업개선계획의 이행을 위한 약정을 체결하지 못한 경우(기촉법 제14조 제3항)에는 각 사유 발생일 다음 날부터 공동관리절차는 중단된 것으로 본다.

이러한 공동관리절차의 중단에 대해서는 이를 규정하고 있는 기촉법 제19조를 살펴보면서 다시 보기로 한다.

4. 기업실사 및 기업개선계획 작성

제12조(자산부채의 실사) ① 협의회는 공동관리절차가 개시된 기업(이하 "공동관리기업"이라 한다)에 대하여 그 기업과 협의하여 선임한 회계법인 등 외부전문기관으로부터 자산부채실사 및 계속기업으로서의 존속능력평가 등을 받도록 요청할 수 있다.

② 공동관리기업은 제1항에 따른 외부전문기관의 실사 및 평가에 대하여 필요한 자료를 제출하는 등 적극 협조하여야 한다.

제13조(기업개선계획의 작성 등) ① 주채권은행은 공동관리기업에 대한 외부전문기관의 자산부채실사 결과 등을 고려하여 공동관리기업의 기업개선을 위한 계획(이하 "기업개선계획"이라 한다)을 작성하여 협의회에 제출하여야 한다. 이 경우 주채권은행은 기업개선계획에 대하여 사전에 해당 기업과 협의하여야 하며, 기업개선계획에는 해당 기업의 부실에 상당한 책임 있는 자 간의 공평한 손실 분담 방안이 포함되어야 한다.

② 기업개선계획에는 다음 각 호의 사항을 포함할 수 있다.

1. 채무조정
2. 신규 신용공여
3. 공동관리기업의 자구계획
4. 제1호 및 제2호의 사항을 이행하지 아니하는 금융채권자에게 부과하는 위약금
5. 그 밖에 공동관리기업의 기업개선을 위하여 필요한 사항

③ 협의회가 제11조제2항에 따른 채권행사 유예 기간에 기업개선계획을 의결하지 못한 경우 그다음 날부터 공동관리기업에 대한 공동관리절차는 중단된 것으로 본다.

④ 주채권은행은 기업개선계획이 의결된 후에도 공동관리기업의 기업 개선을 위하여 필요하다고 판단하는 경우 협의회의 의결에 따라 기업개선계획을 변경할 수 있다.

가. 자산부채의 실사

자산부채의 실사는 제3자를 통하여 회사 상황을 객관적이고 전문적으로 파악하기 위한 과정이다. 이는 채무자회생법상 회생 절차에서 조사위원이 담당하고 있는 조사보고에 대응하는 절차로 볼 수 있다.[52] 협의회는 공동관리기업에 대하여 외부전문기관으로부터 자산부채실사 및 계속기업으로서의 존속능력평가 등을 받도록 요청할 수 있고, 공동관리기업은 외부전문기관의 실사 및 평가에 대하여 필요한 자료를 제출하는 등 적극적으로 협조하여야 한다(기촉법 제12조). 기업이 정당한 사유 없이 이러한 의무를 협조하지 아니하는 경우, 공동관리절차의 중단 사유가 된다(기촉법 제19조 제2호).

나. 외부전문기관의 실사 및 평가

외부전문기관은 공동관리기업의 자산과 부채를 실사하고, 계속기업으로서의 존속 능력을 평가하여 보고서를 작성한다. 이러한 실사와 평가의 구체적인 방법에 관하여 기촉법은 아무런 규정을 두고 있지 않다.

실사는 자산의 가치와 부채의 규모를 정확히 파악하는 것이다. 실사 결과 파악된 자산가치인 실사 가치는 장부가와 비교되며, 실사 가치를 기준으로 청산 가치를 산정한다. 청산 가치는 공동관리기업이 청산을 통하여 해체·소멸되는

---

[52] 온주 기촉법, 제12조, I. 의의 부분 참조

경우를 가정하여 개별 자산을 분리하여 처분할 때의 가액을 합산하는 방식으로 산정한다. 부채의 경우는 장부상 부채의 규모를 정확히 확인하는 것 외에 부외부채 및 우발채무의 규모까지 파악한다. 계속기업으로서의 존속 능력 평가는 계속기업가치를 산정하여 청산가치와 비교하는 방식으로 이루어지는 것이 일반적이다. 계속기업가치의 산정 방식에는 순자산 가액을 기준으로 하는 자산가치법, 유사한 상장기업 주가를 기준으로 비교하여 가치를 산정하는 상대가치법, 미래 현금 흐름을 현재 가치로 할인하는 현금흐름할인법 등이 있는데, 일반적으로 현금흐름할인법을 사용한다. 계속기업 가치가 청산 가치보다 낮은 경우에는 계속기업으로서의 존속 능력이 없는 것으로 보아 기업개선계획이 만들어지기 어렵고, 그 결과 공동관리절차가 중단될 수 있다(기촉법 제13조 제3항). 이러한 외부전문기관의 실사 및 평가에는 상당한 기간이 소요되므로 법은 이를 위해 채권행사 유예 기간을 3개월로 늘려 정할 수 있도록 하고 있다(기촉법 제11조 제2항).[53]

다. 기업개선계획의 작성

1) 기업개선계획 작성 의무자

기촉법 제11조 제1항 제2호에 의한 공동관리절차의 개시 의결이 있으면 주채

---

[53] 온주 기촉법, 제12조, IV. 외부전문기관의 실사 및 평가 부분 참조

권은행은 공동관리기업에 대한 기업개선계획을 작성하여 협의회에 제출하여야한다(기촉법 제13조 제1항 전단). 이 경우, 주채권은행은 사전에 해당 기업과 기업개선계획을 협의하여야 한다(기촉법 제13조 제1항 후단). 이와 같이 기촉법은 기업개선계획의 작성 및 제출의무자가 주채권은행임을 명시하고 있다.

협의회는 제11조 제2항에 따른 채권행사 유예 기간, 즉 공동관리절차 개시일로부터 최대 4개월 이내에 주채권은행이 제출한 기업개선계획에 대한 의결을 마쳐야 한다(기촉법 제13조 제1항 및 제3항). 이 기간 내에 기업개선계획을 의결하지못한 경우에는 그다음 날부터 공동관리절차는 중단된다(기촉법 제13조 제3항).

기업개선계획에는 채무조정, 신규 신용공여, 공동관리기업의 자구계획, 채무조정과 신규 신용공여 사항을 이행하지 아니하는 금융채권자에게 부과하는 위약금 그 밖에 공동관리기업의 기업 개선을 위하여 필요한 사항이 포함된다(기촉법 제13조 제2항). 또한 해당 기업의 부실에 상당한 책임 있는 자 간의 공평한 손실 분담 방안이 포함되어야 한다(기촉법 제13조 제1항 후단).

<참 고> 제13조 제1항 후단 입법 배경[54]

○ 정우택 의원이 발의한 기촉법 개정안에는 제13조제1항 전단만이 존재하였으나,
○ 정무위 논의 중 채권자·채무기업은 물론, 기업 부실에 책임 있는 자들의 손실 분담 방안도 기업개선계획에 명기되어야만 한다는 주장 제기(야당)
⇒ 입법취지를 감안할 때, **대주주 및 그 친족, 경영진, 노동자** 등이 부실에 상당한 책임이 있는 경우, 기업개선계획에 이들의 손실 분담 방안 마련 필요

---

54 금유위 기촉법 설명자료, p.38.

2) 기업개선계획의 세부 내용

가) 채무조정(제13조 제2항 제1호)

> 제2조(정의) 이 법에서 사용하는 용어의 뜻은 다음과 같다.
>
> :
>
> 9. "채무조정"이란 금융채권자가 보유한 금융채권에 대하여 상환기일 연장, 원리금 감면, 채권의 출자전환 및 그 밖에 이에 준하는 방법으로 채무의 내용을 변경하는 것을 말한다.

채무조정의 방식에는 상환기일 연장, 원리금 감면, 출자전환 등이 있다. 채무조정의 하나로 상환기일을 연장하는 경우, 연장 기간 또한 함께 정하여야 하는데, 이는 일반적으로 기업 개선 계획의 이행을 위하여 필요한 기간으로 정하게 된다. 원리금을 감면하는 경우 이자만을 감면의 대상으로 할지, 원금 또한 감면의 대상으로 할지, 그 감면의 정도를 어떻게 할지 결정하는 것이 필요하며, 이 경우 주채권은행은 대상 기업의 자금 상태에 기초하여 결정하게 된다. 또한 대상 기업이 상장기업인 경우로 관리 종목 지정 또는 상장폐지의 위험이 있는 경우 등 대상 기업의 자본을 증가시킬 필요성이 있는 경우나 대출원금을 감면할 필요성이 있는 경우 등에는 출자전환도 채무조정의 방식으로 고려하게 된다.[55]

나) 신규 신용공여(제13조 제2항 제2호)

주채권은행은 기업 개선을 위하여 필요하다고 판단하는 경우 기업개선계획에 신규 신용공여에 대한 내용을 포함할 수 있다. 이 경우 신규 신용공여 금액은 협의회 의결로 달리 정하지 아니하는 한 기촉법 제26조에 따라 신고된 금융

---

[55] 온주 기촉법, 제13조, II. 2. 기업개선계획의 세부 내용 가. 채무조정 부분 참조

채권액에 비례하여 정한다(기촉법 제18조 제1항). 이와 관련하여서는 신규 신용 공여에 대하여 별도로 규정하고 있는 기촉법 제18조에서 자세히 살펴보기로 한다.

다) 공동관리기업의 자구계획(제13조 제2항 제3호)

기촉법 제5조 제2항에 따라 부실징후기업은 관리절차 개시 신청 시 기업개선을 위한 자구계획을 제출하도록 되어 있고, 이러한 자구계획서를 토대로 금융 채권자는 기업개선의 가능성을 판단하게 된다(기촉법 제8조 제1항). 주채권은행은 동 자구계획서를 기초로 금융채권자들과 협의하고 구체적인 자구계획을 확정하여 기업 개선 계획에 포함하게 된다. 자구계획의 내용에 대하여 기촉법은 구체적으로 정하고 있지는 않으나 실무상 일반적으로 주된 영업에 영향을 미치지 않는 자산의 매각, 계열회사 등에 대한 대여금 회수, 대주주 등의 사재를 통한 지원, 인원 감축을 포함한 비용 절감 등을 포함하게 된다.[56]

라) 채무조정 또는 신규 신용공여 사항을 이행하지 아니하는 금융채권자에게 부과하는 위약금(제13조 제2항 제4호)

기업개선계획에 채무조정 및 신규 신용공여 사항을 포함하는 경우 이를 이행하지 않는 금융채권자에 부과하는 위약금에 관한 사항을 정할 수 있다(기촉법 제13조 제2항 제4호). 한편 기촉법은 채무조정 및 신규 신용공여를 포함한 기업개선계획의 수립을 협의회 의결 사항으로 규정하고 있고(기촉법 제23조 제1항 제4호), 기업개선계획에 포함되는 채무조정 및 신규 신용공여 사항을 이행하지 아니하는 금융채권자에 대한 위약금의 부과도 협의회 의결 사항으로 규정하고 있다(기촉법 제23조 제1항 제9호). 동시에 기촉법은 일반조항으로 금융채권자는 협의회가 의

---

56 온주 기촉법, 제13조, II. 2. 기업개선계획의 세부 내용 다. 공동관리기업의 자구계획 부분 참조

결한 사항을 성실히 이행하여야 한다고 규정하고(기촉법 제28조 제1항), 의결 사항을 이행하지 아니하는 금융채권자에 대하여 그 의결에 따라 위약금을 부과할 수 있다고 하고 있다(기촉법 제28조 제1항 및 제3항). 이와 함께 협의회의 의결 사항을 불이행한 금융채권자는 다른 금융채권자에게 손해배상책임도 부과한다고 하고 있다(기촉법 제28조 제4항). 그리고 협의회는 이러한 의결 사항의 불이행에 따르는 손해배상 예정액을 의결로 정할 수 있다고 하고 있다(기촉법 제28조 제5항).

이에 대하여 금융위 기촉법 설명자료는 이러한 위약금은 손해전보가 아닌 이행강제의 성격을 가지므로, 위약금·손해배상금 병과가 가능하다고 해석하고 있다.[57] 온주 기촉법의 설명도 이와 같다. 즉, 기촉법 제13조 제2항에 따라 기업 개선계획에 포함될 위약금의 성격을 손해배상액의 예정으로 볼 것인지, 위약벌로 볼 것인지가 문제 되는데, 본 조항에 따른 위약금은 협의회에 의해 의결된 채무조정 및 신규 신용공여 등의 이행을 하지 않을 경우 부과하는 위약금에 관한 것으로 결국 기촉법 제28조 제3항에서 요구하는 위약금과 그 성격이 동일할 것이고, 기촉법 제28조 제3항에서 위약금에 대한 내용이 있음에도 불구하고 제5항에서 손해배상 예정액에 관한 내용을 별도로 정하고 있음에 비추어 볼 때, 본 조항에 따른 위약금은 사전에 정하는 손해배상액의 예정이 아닌 위약벌로 보아야 한다고 한다.[58]

마) 그 밖에 공동관리기업의 기업 개선을 위하여 필요한 사항(제13조 제2항 제5호)
여기에는 공동관리기업의 기업 개선을 위하여 필요하다고 주채권은행이 판단하는 사항이 해당될 수 있다. 기촉법 제13조에 의하여 작성되는 기업개선계획은 기촉법 제14조에 따라 공동관리기업과 협의회가 체결하는 기업개선계획의

---

[57] 금융위 기촉법 설명자료, p.65-66.
[58] 온주 기촉법, 제13조, II. 2. 기업개선계획의 세부 내용 라. 금융채권자에 대한 위약금 부분 참조

이행을 위한 약정에 반영되는데, 기촉법 제14조 제2항은 공동관리기업의 기업개선 등을 위하여 포함될 수 있는 사항들을 정하고 있다.

3) 기업개선계획상 채무조정 또는 신규 신용공여 사항 위반과 위약금 부과와 관련한 문제

앞서 살펴본 바와 같이 기업개선계획에는 채무조정 및 신규 신용공여 사항과 이를 이행하지 않는 금융채권자에 부과하는 위약금에 관한 사항을 정할 수 있다(기촉법 제13조 제2항 제4호). 그런데 이때의 위약금 관련 조항에 대해서는 다음과 같은 의문이 있을 수 있다. 먼저 채무조정의 경우 위약금의 발생 근거가 되는 불이행이 있기 어렵다는 점, 다음으로 채무조정 또는 신규 신용공여 사항을 이행하지 아니하는 금융채권자에게 부과하는 위약금 관련 규정은 (그 수립에 있어 협의회의 의결을 요하는) 기업개선계획에 이미 포함되는데, 기촉법은 이러한 기업개선계획에 따른 위약금 부과를 또다시 별개의 협의회 의결 사항으로 규정하고 있어 이를 어떻게 조화롭게 해석할 것인가이다. 이하 차례로 살펴본다.

가) 채무조정의 경우 위약금의 발생 근거가 되는 불이행이 있기 어려움

채무조정은 금융채권자가 보유한 금융채권에 대하여 채무의 내용을 변경하는 것으로, 상환기일 연장, 원리금 감면, 출자전환 및 이에 준하는 방법으로 가능하다(기촉법 제2조 제9호).

① 상환기일 연장과 원리금 감면

상환기일 연장과 원리금 감면은 협의회 의결로 달리 정하지 않는 한 그 의결이 공동관리기업에 통보되는 때부터 효력을 발생하므로(기촉법 제17조 제3항) 이에 대한 불이행이 생길 가능성이 거의 없다.[59]

② 출자전환

채무조정 방법 중 출자전환의 경우에는 이를 포함하는 기업개선계획에 대한 협의회 의결일로부터 1개월 이내에 주채권은행과 공동관리기업 간 기업개선계획의 이행을 위한 약정 체결로 이어지며(기촉법 제14조 제1항), 이러한 약정은 창설적 효력을 가지는 민법상 화해계약과 유사한 성질을 갖는 것으로 판단되므로(대법원 2007. 4. 27. 선고 2004다41996 판결), 동 약정 체결일로부터 효력이 발생한다.

그런데 판례는 채무자인 특정 기업에 대하여 부실 징후가 발생하여 주채권은행이 사전 합의된 바에 따라 관련된 채권금융기관들의 협의회를 소집하여 기업개선작업안을 의결하고, 이어 주채권은행과 당해 기업 사이에 그 의결 사항의 이행을 위한 기업개선작업 약정이 체결되었다면 이는 이러한 사전 합의에 따른 것이어서 그 약정에 따른 채권재조정 등 권리변경의 효력은 채권금융기관협의회의 구성원으로서 결의에 참여하여 기업개선작업에 반대한 채권금융기관에도 당연히 미친다고 하고 있다(대법원 2007. 4. 26. 선고 2004다27600 판결, 2007. 4. 27. 선고 2004다41996 판결). 즉, 협의회의 의결 및 이에 따른 기업개선작업 약정 체결에 따른 채무조정의 효력은 협의회 구성원인 금융채권자 모두에게 미치므로 출자전환의 방법에 의한 채무조정을 이행하지 않는 사유란 공동관리기업과 출자전환을 포함하는 기업개선계획을 의결한 날부터 1개월 이내에 공동관리기업과 기

---

[59] 실무적으로는 각 금융채권자들이 공동관리기업과 개별적으로 변경 약정 등을 체결하나 이는 각 금융채권자들이 이미 효력이 발생한 상환기일 연장 등을 실무적으로 반영 또는 확인하는 것에 불과하기 때문이다.

업개선계획의 이행을 위한 약정을 체결하지 못한 경우이고, 이는 기촉법상 공동관리절차의 중단 사유에 해당한다(기촉법 제14조 제3항).

이와 관련하여 출자전환에 의한 채무조정의 경우 기촉법 제17조 제3항과 같은 특별 규정이 없으므로 일반원칙으로 돌아가 공동관리기업과 이행약정을 체결하거나 해당 공동관리기업과 별도의 약정을 체결하는 경우에 그 효력이 발생하고, 다만 이는 출자전환 '계획'의 효력이 약정 체결 시에 발행한다는 것으로서 출자전환 자체의 효력은 결국 그에 따른 신주발행의 효력이 발생하는 시기, 즉 신주의 발행 및 납입 절차가 이루어진 후인 신주 납입 기일의 익일에 발생한다는 견해가 있다.[60] 이는 채무자회생법이 제206조에서 출자전환에 관한 특별 규정을 두고 있는 것과는 달리 기촉법에서는 출자전환에 대한 명문 규정을 두고 있지 않으므로 기촉법상 공동관리절차에서의 출자전환은 원칙으로 돌아가 상법상의 신주 인수 절차를 거쳐야 한다고 보아야 하며, 따라서 신주에 대한 주금 납입 절차가 필요하다는 것을 근거로 한다.[61] 이러한 견해는 2011. 4. 14. 자로 삭제된 '주주는 납입에 관하여 상계로써 회사에 대항하지 못한다'라는 기존 상법 제334조 및 회사의 자본 충실 측면에서 상계 방식에 따른 납입을 부정하거나 엄격하게 제한하였던 기존 학설에서도 찾아볼 수 있다.[62]

일반적으로 출자전환이라 함은 기업에 대출을 한 채권자가 당해 채권을 회사의 지분으로 전환하는 것을 말한다. 이러한 출자전환의 방식으로는 i) 신주의 제3자 배정 방식, ii) 전환사채의 발행 방식이 있고, 이 중에서 신주의 제3자

---

60 온주 기촉법, 제17조, IV. 채무조정의 효력 1. 효력 발생의 시기 나. 출자전환의 경우 부분 참조

61 온주 기촉법, 제17조, II. 출자전환 2. 법적 성격 부분 참조

62 진상범, 「판례연구: 기업개선작업(Workout)에서의 출자전환과 채무의 소멸 범위 - 대법원 2004. 12. 23. 선고 2004다46601 판결」, BFL 32호, 서울대학교 금융법센터, 2008. 11., p.105-106.

배정 방식에 있어 가능한 유형은 ① 채권의 현물출자 방식, ② 주식대금의 상계 방식, ③ 선출자 후 채무변제 방식이 있다. 이러한 출자전환의 방식들 중 출자전환의 허용성이 문제 되는 경우는 현물출자와 상계의 방식이다. 사채대금을 납입하는 경우에는 전환사채를 인수하는 채권자들이 회사에 대한 채권으로써 사채대금납입채무에 대하여 상계를 하는 것이 가능하고, 선출자 후 채무변제 방식은 실제 현금납입이 이루어지기 때문이다.[63]

즉, 이론적으로 기업개선작업에서 출자전환은 현물출자의 방식으로도 가능하다. 그러나 이 경우 상법 제422조 제1항에 의하여 법원이 선임한 검사인 또는 공인된 감정인에 의하여 상법 제416조 제4호의 사항(현물출자를 하는 자의 성명과 그 목적인 재산의 종류, 수령, 가액과 이에 대하여 부여할 주식의 종류와 수)에 대한 조사를 하여야 하는 제한이 있고, 이때 현물 출자 하는 채권의 가치를 어떻게 평가하여야 하는지에 대하여도 견해의 대립이 있는 데다, 특히 재무 구조가 악화되어 파탄에 처한 회사에 대하여 갖고 있는 채권의 가치를 평가할 기준이 모호하다는 등의 문제가 있다. 또한, 대법원의 등기예규로 상계에 의하여 출자전환을 할 수 있는 길을 열어 놓았기 때문에 기업개선작업에서의 출자전환은 보통 상계 방식으로 진행된다.[64]

이처럼 기업개선작업에서 기존 대출금과 신주 대금을 서로 상계하는 방식으로 이루어지는 출자전환의 경우, 출자전환의 효력은 언제 발생한다고 볼 것인가? 이러한 상계의 의사 표시 또는 상계 합의에 따른 출자전환의 효력은 출자전환을 포함하는 기업개선계획에 대하여 협의회 의결이 있고, 동 의결일로부터 1

---

63 진상범, 전게문, p.103.
64 진상범, 전게문, p.107-108.

개월 이내에 주채권은행과 공동관리기업 간 체결하는 기업개선계획의 이행을 위한 약정을 체결하는 때 있는 것으로 보아야 할 것으로 생각된다. 판례도 이와 같이 판시하고 있다. 즉, 당사자 쌍방이 가지고 있는 같은 종류의 급부를 목적으로 하는 채권을 서로 대등액에서 소멸시키기로 하는 상계계약이 이루어진 경우, 상계계약의 효과로서 각 채권은 당사자들이 그 계약에서 정한 금액만큼 소멸한다. 이러한 법리는 기업개선작업 절차에서 채무자인 기업과 채권자인 금융기관 사이에 채무자가 채권자에게 주식을 발행하여 주고 채권자의 신주인수대금 채무와 채무자의 기존 채무를 같은 금액만큼 소멸시키기로 하는 내용의 상계계약 방식에 의하여 이른 출자전환을 하는 경우에도 마찬가지로 적용된다(대법원 2010. 9. 16. 선고 2008다97218 전원합의체 판결).

대법원 등기예규 제960호는 기업구조조정을 위하여 금융기관이 당해 기업에 대한 대출금을 출자전환하여 신주를 발행하고, 그에 따른 변경등기를 신청하는 경우 비송사건절차법 제205조 제5호에 규정된 '주금을 납입한 은행 기타 금융기관의 납입금 보관에 관한 증명서'에 갈음하여 ① 회사가 주식인수인에 대하여 채무를 부담하고 있다는 사실을 증명하는 서면, ② 그 채무에 대하여 회사로부터 상계의 의사 표시가 있었음을 증명하는 서면 또는 주식인수인의 상계의사표시에 대하여 회사가 이를 승인하였음을 증명하는 서면, ③ 위와 같은 출자전환이 있었음을 증명하는 금감원장의 확인서를 제출할 수 있다고 하여 상계 방식에 의한 출자전환을 전제하고 있다. 이러한 등기예규상의 절차를 이행하지 않는 경우를 기촉법 제13조 제2항 제4호가 말하는 '출자전환에 의한 채무조정을 이행하지 않는 경우'로 볼 수 있을지 의문이 있을 수 있으나, 출자전환에 의한 채무조정은 대법원 판례가 설시하고 있는 바와 같이 상계계약 체결 시에 이미 그 효력이 발생한 것이다. 따라서 등기예규상의 절차는 이미 실체적 효력이 발생한 출자전환을 절차적으로 확인하는 것에 불과하다고 보아야 할 것이다.

③ 신규 신용공여

채무조정 이외에 기촉법은 기업개선계획에 신규 신용공여 및 이를 이행하지 않는 금융채권자에게 부과하는 위약금을 포함할 수 있다고 하고 있다(기촉법 제13조 제2항 제2호 및 제4호).

신규 신용공여는 금융채권자가 공동관리기업과 신규 신용공여에 관한 약정을 체결하는 때에 발생하므로(기촉법 제18조 제5항) 이에 대한 불이행이 생길 수 있다. 판례도 신규 신용공여계획 수립에 관한 채권금융기관협의회의 의결로 채권금융기관이 다른 채권금융기관에 대하여 신용공여 계획의 이행을 청구할 권리를 가지는지가 문제 된 사안에서 '신용공여 계획 수립에 관한 협의회의 의결은 협의회와 부실징후기업 사이의 이행 약정에 포함될 경영정상화계획의 내용을 결정하기 위한 것으로서 특별한 사정이 없는 한 채권금융기관 사이의 신용공여 계획 이행에 관한 청구권을 설정한 것으로 볼 수 없다'라고 하고 있다(대법원 2014. 9. 4자 2013마1998 결정). 따라서 신규 신용공여에 대해서는 불이행하는 금융채권자가 있을 수 있고, 이 경우 적용되는 위약금을 정할 수 있는 것으로 생각된다. 다만 이에 대하여도 위약금의 부과 사유 및 의결권 산정 방식 등에 대한 의문이 있을 수 있다(자세한 사항은 협의회 의결 사항을 규정하고 있는 제23조 제1항 제9호 및 제10호의 설명 부분을 참고 바란다).

나) 채무조정 및 신규 신용공여 사항을 이행하지 아니하는 금융채권자에게 부과하는 위약금과 기촉법의 해석

주채권은행이 채무조정이나 신규 신용공여 및 이를 이행하지 아니하는 금융채권자에게 부과하는 위약금을 포함한 기업개선계획을 협의회에 제출하면 협의회는 이를 심의·의결하게 된다(기촉법 제13조 제2항 제1호, 제2호 및 제4호, 제23조 제

1항 제4호). 그런데 기촉법은 제13조 제2항 제4호에 따른 위약금(기업개선계획에 포함되는 채무조정이나 신규 신용공여 사항을 이행하지 아니하는 금융채권자에게 부과하는 위약금)의 부과를 별도의 협의회 심의·의결 사항으로 규정하고 있다(기촉법 제23조 제1항 제9호). 동시에 기촉법 제28조 제3항은 협의회의 의결 사항을 이행하지 아니하는 금융채권자에 대하여 그 의결에 따라 위약금을 부과할 수 있다고 하고 있다. 이에 대해서는 협의회 의결 사항을 규정한 기촉법 제23조에서 자세히 살펴보기로 한다.

4) 기업개선계획의 변경

기업개선계획이 일단 의결된 후에도 주채권은행은 공동관리기업의 기업 개선을 위하여 필요하다고 판단하는 경우 협의회의 의결에 따라 기업개선계획을 변경할 수 있다(기촉법 제13조 제4항). 기촉법은 이러한 사항이 협의회의 심의·의결 사항임을 명시하고 있다(기촉법 제23조 제1항 제4호).

5. 기업개선계획 이행 약정 및 점검

가. 기업개선계획 이행을 위한 약정 체결

제14조(기업개선계획의 이행을 위한 약정) ① 협의회는 제13조에 따른 기업개선계획을 의결한 날부터 1개월 이내에 공동관리기업과 기업개선계획의 이행을 위한 약정(이하 "약정"이라 한다)을 체결하여야 한다.

② 약정에는 협의회가 의결한 기업개선계획 외에 공동관리기업의 기업 개선 등을 위하여 다음 각 호의 사항을 포함할 수 있다.

1. 매출액·영업 이익 등 해당 기업의 경영 목표 수준
2. 제1호에 따른 목표 수준을 달성하기 위하여 필요한 해당 기업의 인원·조직 및 임금의 조정 등 구조조정계획과 신주의 발행, 자본의 감소 등 재무 구조 개선 계획 등을 포함한 구체적인 이행계획. 이 경우 그 이행 기간은 1년 이내로 하되, 협의회의 의결로 연장할 수 있다.
3. 제1호에 따른 목표 수준을 달성하지 못할 경우 총인건비의 조정 등 해당 기업이 추가적으로 추진할 이행계획
4. 제2호 및 제3호에 따른 사항과 관련하여 해당 기업의 주주 또는 노동조합 등 이해관계인의 동의가 필요한 사항에 대한 동의서
5. 기업의 현금 흐름에 중대한 영향을 미치는 투자 및 중요한 재산의 양수·양도 등에 관한 사항
6. 제3자 매각, 경영위탁 등을 통하여 경영을 정상화할 경우 그 구체적인 계획
7. 이사회의 구성 등 지배 구조의 개선에 관한 사항
8. 기업 개선을 위하여 필요하다고 협의회에서 의결한 사항 및 향후 이행계획
9. 기업이 약정을 미이행한 경우의 조치에 관한 사항
10. 공동관리절차의 중단 및 종료에 관한 사항

11. 그 밖에 기업 개선을 위하여 필요한 사항으로서 협의회와 공동관리기업이 합의한 사항

③ 협의회가 제1항에 따른 기한 이내에 약정을 체결하지 못한 경우, 그다음 날부터 공동관리절차는 중단된 것으로 본다. 이 경우 기업개선계획에 포함된 채무조정 및 신규 신용공여에 관한 사항은 소급적으로 효력을 상실한다.

1) 약정 체결의 기한

협의회는 제13조에 따른 기업개선계획을 의결한 날부터 1개월 이내에 공동관리기업과 기업개선계획의 이행을 위한 약정(이하 '약정'이라 한다)을 체결하여야 한다(기촉법 제14조 제1항). 협의회가 이 기한 이내에 약정을 체결하지 못한 경우, 그다음 날부터 공동관리절차는 중단된 것으로 본다. 기업개선계획에 포함된 채무조정 및 신규 신용공여에 관한 사항은 소급적으로 효력을 상실한다(기촉법 제14조 제3항).

2) 약정의 법적 성질

기촉법 제14조에 따라 체결되는 약정의 법적 성질에 대하여 대법원은 민법상 화해계약과 유사한 성질을 갖는 것으로 판단하고 있다(대법원 2007. 4. 27. 선고 2004다41996 판결). 동 판례는 다음과 같이 설시하고 있다.

'사적 정리 절차에 따른 기업개선작업약정은 민법상 화해계약에 유사한 성질을 갖는 것이어서 채권금융기관들이 양보한 권리는 기업개선작업약정의 효력이 발생한 시점에 소멸하고 당해 기업 등은 그에 갈음하여 그 약정에 따른 새로운

권리를 취득하게 되는 것이므로, 보통 채권금융기관들이 기업개선작업의 성공을 기대하면서 양보를 하기 마련이라고 하더라도, 채권금융기관들과 당해 기업 사이에 기업개선작업의 중단이 기존 양보한 권리에 미치는 효과에 관하여 달리 특별한 합의를 하였던 경우를 제외하고는 기업개선작업이 중단되었다는 사정만으로 채권금융기관들이 종전에 양보한 권리가 당연히 되살아난다고 할 수는 없고, 이처럼 양보한 권리가 되살아나지 아니하여 채권금융기관들이 그만큼 손해를 보게 되어 채권금융기관협의회의 구성원이 아닌 다른 채권자들과의 사이에 불균형이 발생한다고 하더라도 이는 법원이 관여하는 법적 정리 절차 대신 사적 정리 절차를 선택할 때에 이미 감수하기로 한 위험이 현실화된 것에 불과하여 결론을 달리할 만한 사정이 못 된다.

즉, 대법원 판례에 따르면 기촉법 제14조에 따른 기업개선계획의 이행을 위한 약정은 기존의 권리를 소멸시키고 새로운 권리를 취득하는 창설적 효력을 갖는다.

3) 약정의 효력 범위

금융채권자협의회에서 기업개선계획을 의결하고 그에 따라 확정된 기업개선계획 이행을 위한 약정을 체결하게 되면 그 효력은 금융채권자협의회 구성원 전원에게 미친다. 판례는 주채권은행이 사전 합의된 바에 따라 관련된 채권금융기관들의 협의회를 소집하여 기업개선작업안을 의결하고, 이어 주채권은행과 당해 기업 사이에 그 의결 사항의 이행을 위한 기업개선작업약정이 체결되었다면 이는 위와 같은 사전 합의에 따른 것이어서 달리 무효로 볼 만한 특별한 사정이 없는 한 그 약정에 따른 채권재조정 등 권리변경의 효력은 채권금융기관협의회의 구성원으로서 결의에 참여하여 기업개선작업안에 반대한 채권금융기관에도 당연히 미친다고 하고 있다(대법원 2007. 4. 27. 선고 2004다41996 판결, 동지의 판례로 대법원 2007. 4. 26. 선고 2004다27600 판결).

기촉법은 반대채권자의 채권매수청구권과 관련하여 협의회 의결일까지 반대의 의사를 서면으로 표시한 자에 한정하여 매수청구기간에 채권매수를 청구할 수 있고 이러한 매수청구기간에 채권을 매수하도록 청구하지 아니한 자는 해당 협의회 의결에 찬성한 것으로 본다고 하고 있으므로(기촉법 제27조 제1항) 협의회 의결에 반대하였더라도 이러한 매수청구를 하지 않은 자에 대해서는 이행 약정의 효력이 미친다.

4) 약정의 내용

기업개선계획의 이행을 위한 약정에는 공동관리기업의 정상화를 위해 필요한 매출액·영업 이익 등 경영 목표 수준이 포함되고, 이러한 목표 수준을 달성하기 위하여 필요한 해당 기업의 인원·조직 및 임금의 조정 등 구조조정계획과 신주의 발행, 자본의 감소 등 재무구조개선계획 등을 포함한 구체적인 이행계획이 포함된다. 이외에 목표 수준을 달성하지 못할 경우 총인건비의 조정 등 해당 기업이 추가적으로 추진할 이행계획도 들어가게 된다. 이러한 임금 조정 등 구조조정계획과 인건비 조정 등은 노동조합의 동의가 필요할 수 있고, 신주발행, 자본 감소 등은 주주의 동의가 필요할 수 있는바, 이행계획과 관련한 이해관계인의 동의가 필요한 사항에 대해서는 동의서를 받도록 하는 내용도 포함된다(기촉법 제14조 제2항 제1호 내지 제4호). 협의회는 해당 기업의 경영인 및 이러한 동의서를 제출한 이해관계인에 대하여 협의회 심의·의결 시 구두 또는 서면으로 의견을 개진할 수 있는 기회를 부여하여야 하며(기촉법 제23조 제2항), 이러한 의견 개진의 기회를 부여하지 아니한 경우 과태료 부과 처분의 대상이 된다(기촉법 제 36조 제1항 제2호).

이 외에 기업의 현금 흐름에 중대한 영향을 미치는 투자 및 중요한 재산의 양수·양도 등에 관한 사항, 제3자 매각, 경영위탁 등을 통하여 경영을 정상화할 경우 그 구체적인 계획, 이사회의 구성 등 지배 구조의 개선에 관한 사항도 이러한 약정에 포함될 수 있다(기촉법 제14조 제2항 제5호 내지 제7호). 공동관리기업의 경영정상화를 위해서는 회사 영업에 꼭 필요한 기본 재산은 유지되어야 하고, 기업의 재무 구조에 막대한 영향을 미칠 수 있는 신규차입이나 신규사업 추진 등에 대해서는 금융채권자들이 통제할 필요가 있기 때문이다. 따라서, 이러한 사항에 대해서는 주채권은행 또는 협의회의 사전 승인이나 동의를 얻도록 하고 있다. 또한 공동관리기업의 부실화에 책임이 있는 기존 대주주나 임원에 대하여 협의회는 이사회를 새로이 구성하거나 협의회가 직접 이사회 구성에 참여하는 방법 등을 통하여 지배 구조를 개선할 수 있다.[65]

그 밖에 기업이 약정을 미이행한 경우의 조치에 관한 사항, 공동관리절차의 중단 및 종료에 관한 사항 및 그 밖에 기업 개선을 위하여 필요한 사항으로서 협의회와 공동관리기업이 합의한 사항이 포함될 수 있다(기촉법 제14조 제2항 제9호 내지 제11호).

또한 일반적으로 이행 약정에는 그 존속 기한을 정하게 되는데[66], 동 기한의

---

[65] 온주 기촉법, 제14조, Ⅱ. 기업개선계획의 이행을 위한 약정의 내용 3, 4 참조

[66] 기촉법 제16조 제1항에 의하여 기업개선약정을 체결한 날부터 3년이 경과하는 날까지 공동관리절차가 종료되지 아니한 경우 경영평가위원회를 구성하도록 하고 있는 점을 반영하여 통상 기업개선약정의 기한은 3년으로 정하는 것으로 보인다.

변경은 결국 공동관리절차의 연장이나 중단 혹은 기업개선계획의 변경에 해당하므로 협의회의 결의를 요하는바(기촉법 제23조 제1항 제1호 및 제4호), 이러한 사항도 약정에 반영하게 된다

5) 약정의 미체결과 소급효

협의회가 기업개선계획을 의결한 날부터 1개월 이내에 공동관리기업과 약정을 체결하지 못한 경우에는 그 다음 날부터 공동관리절차는 중단된 것으로 본다. 이 경우 기업개선계획에 포함된 채무조정 및 신규 신용공여에 관한 사항은 소급적으로 효력을 상실한다(기촉법 제14조 제3항).

기촉법은 제1차 협의회 개최 → 기업개선계획의 작성 → 기업개선계획의 이행을 위한 약정 체결의 순서로 크게 기업구조조정 절차가 진행되는 것을 전제하고 있다. 이러한 기업개선계획에는 당연히 채무조정이나 신규 신용공여에 관한 사항이 포함될 수 있다(기촉법 제13조 제2항 제1호 및 제2호). 기업개선계획의 작성이 있고 나면 기업개선계획의 이행을 위한 약정을 체결하게 되는데, 실무적으로 이러한 약정은 본문에 약정의 체결 목적, 기업개선계획의 이행, 자구계획의 이행, 경영권에 관한 사항, 금융채권자 사전 승인 및 협의 사항, 약정 내용의 불이행 시 조치, 경영에 관한 사항(경영 목표, 경영계획의 수립과 관리, 경영평가에 관한 사항 등), 공동관리약정의 종결 등에 관한 일반 사항을 담고, 구체적인 금융채권자 구성 현황, 기업개선계획, 경영 목표 및 자구계획 등은 별지로 첨부하는 형식으로 이루어진다.

한편, 기업구조조정 과정에서 필요한 경우에는 당초 기업개선계획에 포함되

어 있지 않았던 사항들이 추가될 수 있고, 이는 기업개선계획의 변경을 불러온다. 기촉법은 이러한 기업개선계획의 변경을 협의회 심의·의결 사항으로 하고 있고(기촉법 제23조 제1항 제4호), 기업개선계획의 변경은 또 다른 협의회 심의·의결 사항인 (변경) 약정 체결로 이어진다(기촉법 제23조 제1항 제5호). 기업구조조정 과정에서 추가적으로 있을 수 있는 채무조정이나 신규 신용공여도 이러한 기업개선계획의 변경 및 변경 약정의 체결을 가져올 수 있는 사항이다.

이와 관련하여 다음과 같은 의문이 생길 수 있다. 먼저, 기촉법은 '기업개선계획을 의결한 날로부터 1개월 이내에 공동관리기업과 기업개선계획의 이행을 위한 약정을 체결하지 않은 경우에는 그다음 날로부터 공동관리절차는 중단된 것으로 본다'라고 하고 있는바(기촉법 제14조 제1항 및 제3항), 이때의 '약정'의 범위가 어디까지인가의 문제이다. 즉, 기업개선계획의 이행을 위하여 체결하는 최초 약정에 한하는지 혹은 최초 체결 약정 이외에 변경 약정도 포함하는지이다. 앞서 언급한 바와 같이 기업 구조조정 절차를 진행하면서 기업개선계획의 변경은 언제든지 있을 수 있고 이러한 기업개선계획의 변경은 당연히 변경 약정을 체결하는 수순을 밟는다.

'협의회가 제1항에 따른 기한 이내에 약정을 체결하지 못한 경우, 그다음 날부터 공동관리절차는 중단된 것으로 본다. 이 경우 기업개선계획에 포함된 채무조정 및 신규 신용공여에 관한 사항은 소급적으로 효력을 상실한다'라는 기촉법 제14조 제3항의 해석과 관련하여 동 규정 및 실무상의 처리를 감안하면 이때의 '약정'은 기업개선계획의 이행을 위하여 체결하는 최초의 약정만을 뜻하는 것으로 보아야 할 것으로 생각된다. 왜냐하면 기촉법 제14조 제3항의 '제1항에 따른 기한'은 '제13조에 따른 기업개선계획을 의결한 날부터 1개월 이내'를 뜻하고, 이때의 '제13조에 따른 기업개선계획'이란 외부전문기관의 자산부채실사 결과 등을 고려하여 작성하게 되는 최초의 기업개선계획을 뜻하는 것이기 때문이다. 실무적으로도 기업 구조조정 과정에서 추가적인 채무조정이나 신규 신용공여가 필요한 경우에는 채무조정이 필요한 때에는 협의회 의결로[67], 신규 신용공여가 필요한 경우에는 협의회 의결과 함께 신규 신용공여를 하게 되는 당해 금융채권자와 해당 기업이 별도로 신용공여에 관한 약정을 체결하는 방식을 사용하고 있는 것으로 보인다.

그러나 기촉법 제14조 제3항의 '약정'을 기업개선계획의 이행을 위하여 체결하는 최초 약정으로 보는 경우에도 다음과 같은 점이 문제 될 수 있다. 먼저, 상환유예나 채무면제의 방식에 의한 채무조정은 공동관리기업에 의결이 통보되는 때부터 효력을 발생하는데, 효력 상실의 소급 시기는 의결일로부터 1개월이 경과한 날 다음날이므로 기술적으로 기간의 불일치가 발생한다. 공동관리기업에 의결이 통보된 때부터 소급효가 발생한 것으로 간주되는 기간인 '의결일로부터 1개월까지의 기간'에는 채무면제나 상환유예의 효력이 존속한다는 것인가? 이는 기촉법 제17조 제3항에서 상환유예나 채무면제의 효력 발생에 대한 규정을 별도로 두었음에도 기촉법 제14조 제3항에서 상환유예나 채무조정을 포함한 기업개선계획 체결 후 약정소급시기에 대한 규정을 별도로 두지 못한 데서 오는 규정의 미비로 보인다.

---

[67] 실무상 기한 연장 등과 같은 채무조정에 대한 협의회 의결이 있으면 금융채권자와 공동관리기업 간 개별적으로 변경 약정 등을 체결하나, 이는 기촉법상 정하여진 채무조정의 효력을 확인하는 것에 불과하다 할 것이다.

나. 약정의 이행점검

제15조(약정의 이행점검) ① 약정의 당사자는 체결된 약정을 성실히 준수하여야 한다.
② 주채권은행은 약정의 이행 실적을 분기별[공동관리기업이 「중소기업기본법」 제2조에
따른 중소기업(이하 "중소기업"이라 한다)인 경우에는 협의회가 정하는 시기별]로 점검
하여 그 결과를 협의회에 보고하여야 하며, 대통령령으로 정하는 바에 따라 기업개선
계획의 진행 상황을 연 1회 이상 공개하여야 한다. 다만, 다음 각 호의 어느 하나에 해
당하는 정보는 공개하지 아니할 수 있다.
  1. 영업 비밀에 해당하거나 자산 가치의 하락 등 원활한 기업 개선의 추진에 어려움이
     발생할 가능성이 있는 것으로 판단되는 정보
  2. 중소기업 중에서 「자본시장과 금융투자업에 관한 법률」 제159조 제1항에 따른 사업
     보고서 제출대상법인이 아닌 기업의 이행점검 결과
③ 주채권은행은 제2항에 따른 점검을 위하여 필요한 업무 또는 재산에 관한 보고, 자료
의 제출, 관계자의 출석 및 진술 등을 공동관리기업에 요청할 수 있으며, 요청받은 기업
은 정당한 사유가 없으면 이에 따라야 한다.
④ 제14조제2항제4호에 따른 동의서를 제출한 자는 약정의 이행 상황 및 계획에 대한 설명
을 대통령령으로 정하는 방법에 따라 공동관리기업을 통하여 주채권은행에 요청할 수
있으며, 주채권은행과 해당 기업은 정당한 사유가 없으면 지체 없이 이에 따라야 한다.

주채권은행은 기업개선계획의 이행을 위한 약정의 이행 실적을 분기별로 점
검하여 그 결과를 협의회에 보고하여야 한다(기촉법 제15조 제2항). 다만 중소기
업법에 따른 중소기업인 경우에는 달리 정할 수 있도록 하였다. 이는 2018. 10.
16. 법률 제15855호로 법 제정 형식으로 기촉법을 개정하면서 중소기업 공동관
리절차 활성화를 위하여 절차를 완화한 것이다(2018. 10. 16. 법률 제15855호 기촉
법 제정 주요 내용 가 참조).

1) 상시평가운영협약에 따른 약정 이행점검

상시평가운영협약은 기촉법 제15조 제2항에 의한 약정의 이행 실적 점검과

관련하여 세부적인 사항을 규정하고 있다. 먼저 주채권은행은 분기별 약정 이행 점검 시 i) 경영계획 달성도(매출액, 영업 이익, 영업 현금 흐름 등 달성율 평가), ii) 자구계획 이행 실적(자산매각, 유상증자 등 자구계획 이행률 평가), iii) 정성적 항목(경영의 투명성, 경영진의 자질 등 정성적 평가) 및 기타(약정 내용 중 점검에 반영할 주요 사항)을 감안한 약정 이행점검 기준을 마련하여야 한다(상시평가운영협약 제19조 제2항).

다음으로 상기와 같이 마련된 약정 이행점검 기준에 따른 약정 이행점검 결과는 다음과 같이 5개의 평가 등급으로 분류된다(상시평가운영협약 제19조 제3항).

---

1. A 등급(우수): 자구계획 등 이행 실적이 우수하고 재무 비율이 개선되고 있으며, 경영진의 자질도 우수하다고 평가되는 경우
2. B 등급(양호): 전반적으로 목표에 대한 달성율이 높고 경영 효율이 개선되고 있으나, 개선의 원인이 주로 외부적인 요인에 기인하는 경우
3. C 등급(보통): 전반적으로 목표 달성율이 저조하나, 목표 미달의 원인이 외부적인 요인에 기인하는 경우
4. D 등급(부진): 약정에 대한 미이행으로 기업개선계획에 차질을 유발한 경우
5. E 등급(불량): 자구계획 등 목표와 중대한 차이로 인하여 기업개선계획의 변경이 요구되는 경우

주채권은행은 점검 결과 D 등급(부진) 이하 기업에 대해서는 경영진 경고, 이행계획서 제출 요구, 경영진 해임 권고, 기업개선계획 수정 등의 사후 조치를 수행해야 한다(상시평가운영협약 제19조 제4항).

2) 이행 상황의 공개

주채권은행은 기업개선계획 점검 결과를 금융채권자 조정위원회 홈페이지

(http://www.cracrv.co.kr)를 통해 매년 1회 이상 일반에 공개하여야 한다(기촉법 제15조 제2항, 기촉법 시행령 제9조 제1항). 이러한 의무를 미이행하는 경우 시정조치의 대상이 된다(기촉법 제35조 제1항 제5호). 또한 기업개선계획과 관련하여 동의서를 제출한 주주나 노동조합 등 이해관계인은 약정의 이행 상황 및 계획에 대한 설명을 요청하는 사유를 적은 서면을 공동관리기업에 제출하고, 이를 통하여 주채권은행에 설명을 요청할 수 있으며, 주채권은행과 해당 기업은 정당한 사유가 없으면 지체 없이 이에 응하여야 한다(기촉법 제15조 제4항, 기촉법 시행령 제9조 제2항). 이러한 의무를 불이행하는 경우에도 기촉법상 시정조치의 대상이 된다(기촉법 제35조 제1항 제6호).

이행 상황을 공개하는 때에는 다음과 같은 서식에 의한다(상시평가운영협약 제19조 제5항).

〈별지 제3호 서식〉

기업개선계획의 진행 상황

대상 회사명:

1. 경영 목표 이행 실적

구분	20XX		달성률(B/A)	비고
	계획(A)	실적(B)		
ex) 매출액				
영업 이익				
당기순이익				

2. 자구계획 이행 실적

자구계획				20×× 말까지 누적 실적(B)	달성률 (B/A)	비고
내용	총계획		20×× 말까지 누적 계획(A)			
	금액	이행 시기				

3. 기타 특기사항

<참 고> 약정의 이행점검 상황에 대한 정보공개 의무 도입 배경[68]

○ 기촉법의 입법취지는 구조조정의 양당사자인 채권단-채무기업의 신속하고 효율적인 기업
  개선작업을 지원하는 데 있음
  - 이러한 입법취지를 감안하여, 최초 개정안은 주채권은행이 약정 이행 상황을 점검하고
    이를 '**협의회**'에만 보고할 것을 의무화
○ 하지만 정무위 논의 중 일반 투자자, 노조 등 기타 주체에 대한 정보제공을 의무화하라는
  주장이 제기되면서, **정보공개 대상 확대**(야당)

---

68 금융위 기촉법 설명자료, p.42.

3) 비공개 사유

다만 영업 비밀에 해당하거나 자산가치의 하락 등 원활한 기업 개선의 추진에 어려움이 발생할 가능성이 있는 것으로 판단되는 정보 또는 「자본시장과 금융투자업에 관한 법률」상 사업보고서 제출대상법인이 아닌 중소기업의 이행점검 결과는 공개하지 아니할 수 있다(기촉법 제15조 제2항). 이러한 중소기업에 대한 예외는 2018. 10. 16. 법률 제15855호로 법 제정 형식으로 기촉법을 개정하면서 중소기업 공동관리절차 활성화를 위하여 절차 완화 차원에서 반영된 것이다(2018. 10. 16. 법률 제15855호 기촉법 제정 주요 내용 가. 1) 참조).

6. 공동관리절차의 평가 및 공개

제16조(공동관리절차의 평가 및 공개) ① 공동관리기업과 약정을 체결한 날부터 3년이 경과하는 날까지 공동관리절차가 종료되지 아니한 경우 주채권은행은 대통령령으로 정하는 바에 따라 경영평가위원회를 구성하여 공동관리절차의 효율성, 해당 기업의 기업 개선 가능성, 공동관리절차의 지속 필요성 등을 평가하고 그 결과를 협의회에 보고하여야 한다.
② 주채권은행은 제1항의 보고일부터 7일 이내에 그 평가 결과를 대통령령으로 정하는 방법에 따라 공개하여야 한다. 다만, 다음 각 호의 어느 하나에 해당하는 정보는 공개하지 아니할 수 있다.
  1. 영업 비밀에 해당하거나 자산 가치의 하락 등 원활한 기업 개선의 추진에 어려움이 발생할 가능성이 있는 것으로 판단되는 정보
  2. 중소기업 중에서 「자본시장과 금융투자업에 관한 법률」 제159조 제1항에 따른 사업 보고서 제출대상법인이 아닌 기업의 평가 결과

가. 공동관리절차의 평가

공동관리기업과 약정을 체결한 날부터 3년이 경과하는 날까지 공동관리절차가 종료되지 아니한 경우 주채권은행은 대통령령으로 정하는 바에 따라 경영평가위원회를 구성하여 공동관리절차의 효율성, 해당 기업의 기업 개선 가능성,

공동관리절차의 지속 필요성 등을 평가하고 그 결과를 협의회에 보고하여야 한다(기촉법 제16조 제1항). 이는 구조조정 지연을 방지하기 위해 장기화된 구조조정에 대한 외부 평가 의무를 도입한 것이다.[69]

상시평가운영협약은 경영평가위원회의 공동관리절차 평가와 관련하여 세부사항을 정하고 있다. 이에 따르면 공동관리기업과 약정을 체결한 날부터 3년이 경과하는 날(이하 '평가기준일'이라 한다)까지 공동관리절차가 종료되지 아니한 경우, 주채권은행은 기촉법 제16조 제1항에 따른 평가(이하 '공동관리절차의 평가라고 한다)와 관련하여 아래 서식에 의한 평가보고서(이하 '평가보고서'라 한다)를 작성하여 약정 이행점검 결과와 함께 경영평가위원회에 제출한다(상시평가운영협약 제19조의2 제1항).

〈별지 제5호 서식〉

공동관리절차 지속 필요성 등 평가보고서

1. 자산부채 및 손익에 대한 실사
  (1) 회사 제시 재무제표
  (2) 실사 조정 내역
  (3) 실사 후 재무제표

2. 공동관리절차의 효율성
  (1) 기업개선계획 이행약정(MOU)의 이행 실적
    (1.1) 경영 목표의 달성도
    (1.2) 자구계획의 이행 실적
    - 상기 경영 목표 및 자구계획에 대하여 각 항목별로 달성 여부, 이행률 등을 평가

---

69 금융위 기촉법 설명자료, p.43.

기업개선계획 항목	달성 여부	이행률	종합평가

(2) 공동관리절차 성과 분석
    (2.1) 재무 구조 개선 여부
    - 워크아웃 개시 전후 연도별 재무 분석(예: 부채비율, 차입금의존도, 이자보상배율, DSR 등)
    (2.2) 사업 구조의 효율성
    - 자산매각, 인적구조조정, 신규 사업 투자 등을 통한 사업구조의 효율화 분석(예: 영업이익률, ROA, 종업원 증감률, 매출구조 다변화 등)
    (2.3) 지배구조의 변동 및 경영의 투명성
    - PEF 등 외부투자자의 신규 투자 유치 등 지배구조 변동 분석
    (예: 자본 대비 외부 투자 금액 비율, CEO 등 임원의 변동 등)

3. 기업 개선 가능성

(1) 기업의 외부 환경 및 내부 역량 분석
    (1.1) 산업 현황 및 중장기 전망
    - 거시경제 전망
    - 동종업종의 시장 전망
    (1.2) 공동관리기업의 개선 노력 및 경쟁력
(2) 공동관리기업 자체적인 개선 가능성
    (2.1) 수익성 및 현금 흐름의 개선 가능성
    - 회사의 미래 손익, 현금 흐름 등 추정
    - 계속기업가치 산정
    - 청산 가치 산정
    - 기업 개선 가능성 평가: 과거 자산부채 및 손익에 대한 실사, 공동관리절차의 효율성, 기업의 외부 환경 및 내부 역량 분석, 회사의 미래 손익, 추정 현금흐름 등을 종합적으로 검토하여 기업 개선 가능성 평가

(3) 채권자의 추가 지원 필요성
    (3.1) 채권자의 추가 지원 필요성
    - 채권단의 자금지원 계획 등

(4) 자본시장 연계 방안
   (4.1) 자본시장을 통한 경영정상화 가능성
   - 유사한 기업의 매각사례 및 자본시장의 투자 유치 방안 검토
   - 펀드 투자 등 수요 조사
   - 채권매각에 따른 효과 및 문제점 검토

4. 공동관리절차의 종료 가능성
(1) 부실화 원인에 대한 해소
(2) 자체적인 자금조달 가능성
(3) 잔여채무에 대한 상환 일정 제시
   - 상기 3가지 지표 외에 경영 목표의 달성도, 자구계획의 이행 실적, 재무구조 개선 여부, 수익성 및 현금흐름의 개선 가능성의 4가지 지표를 종합적으로 고려하여 종료 가능성 여부를 평가함

5. 공동관리절차의 지속 필요성
   - 상기의 평가 결과를 토대로 공동관리절차 진행 방향(지속·중단·종료) 결정
   - 매각, 자본시장 연계, 기업회생 등 기타 구조조정 방법과 관련된 구체적인 의견은 부대의견으로 제시할 수 있음

6. 공동관리절차의 지속 필요성에 대한 공동관리기업의 의견

7. 직전 경영평가위원회에서 제기된 기업 개선 관련 주요 지적 사항에 대한 기업의 이행 실적

지적 요지	이행 여부	세부 이행 내역

다만, 약정의 만기가 3년 미만인 경우로서 동 만기까지 공동관리절차가 종료되지 아니한 경우 주채권은행은 평가보고서를 작성하여 협의회에 보고하여야 하는데(상시평가운영협약 제19조의2 제2항), 이와 같이 평가보고서를 작성하여 협의회에 보고한 경우, 동 평가보고서에 기업개선계획의 정상적 이행 여부와 중대한 변동 사항만을 추가하여 평가보고서를 작성할 수 있다(상시평가운영협약 제19조의2 제1항 단서).

또한 기촉법 제16조 제1항에 따라 협의회가 공동관리절차를 지속하기로 결정한 경우, 주채권은행은 그 후 1년마다 평가보고서와 최근 1년간 약정 이행점검 결과를 경영평가위원회에 제출한다. 이 경우 주채권은행은 경영평가위원회에 직전 제출한 평가보고서에 기업개선계획의 정상적 이행 여부와 중대한 변동사항만 추가하여 작성할 수 있다(상시평가운영협약 제19조의2 제3항).

나. 경영평가위원회의 구성

공동관리절차의 평가 주체는 해당 구조조정 건에 대한 전문성을 갖춘 5인의 위원으로 구성된 경영평가위원회로, 동 위원회는 전문성과 함께 평가 결과의 중립성을 담보할 수 있도록 기촉법 제29조에 따른 금융채권자조정위원회(이하 '조정위원회'라 한다) 위원장이 소속 위원 중에서 지명하는 사람 1명, 「자본시장과 금융투자업에 관한 법률 시행령」 제176조의5 제9항 제2호 또는 제3호에 따른 외부 평가기관에 근무한 경험이 있는 사람 중 기업구조조정에 관한 전문성이 있는 사람으로서 조정위원회의 위원장이 위촉하는 사람 1명, 변호사, 공인회계사 또는 세무사 자격을 가진 사람 중 기업구조조정에 관한 전문성이 있는 사람으로서 조정위원회의 위원장이 위촉하는 사람 1명, 「자본시장과 금융투자업에 관한 법률」 제159조 제1항 본문에 따른 사업보고서 제출대상법인에 근무한 사람으로서 조정위원회의 위원장이 위촉하는 사람 1명, 기업구조조정에 관한 전문성이 있는 사람 중 조정위원회의 의결을 거쳐 조정위원회의 위원장이 위촉하는 사람 1명으로 구성된다(기촉법 제16조 제1항, 기촉법 시행령 제10조 제1항). 위원장은 위원 중에서 호선하며, 이외 경영평가위원회의 구성 및 운영에 필요한 세부 사항은 경영평가위원회가 정한다(기촉법 시행령 제10조 제2항 및 제3항). 이러한 경영평가위원회는 필요시 소집되는 비상설기구이다(상시평가운영협약 제19조의3 제6항).

상시평가운영협약은 경영평가위원회의 구성과 관련하여 세부 사항을 정하고 있다. 먼저 주채권은행은 상시평가운영협약 제19조의2에 따른 공동관리절차의 평가를 위하여 평가기준일로부터 10영업일 이내에 경영평가위원회 구성을 위한 위원의 지명·위촉을 조정위원회 위원장에 요청하여야 하며, 조정위원회 위원장은 요청을 받은 날로부터 10영업일 이내에 경영평가위원회 위원을 지명·위촉하여야 한다(상시평가운영협약 제19조의3 제1항). 주채권은행은 지명·위촉일로부터 5영업일 이내에 조정위원회 위원장이 지명·위촉하는 위원으로 경영평가위원회를 구성한다(상시평가운영협약 제19조의3 제2항 본문).

1) 위원 부적격자

일정한 결격 사유가 있거나, 특정한 거래 관계에 있어 이해 상충의 소지가 있는 경우에는 경영평가위원회의 위원이 될 수 없다.

먼저, 결격 사유로는 i) 미성년자·피성년 후견인·피한정인 후견인, ii) 파산 선고를 받은 자로서 복권되지 아니한 자, iii) 금고 이상의 실형의 선고를 받고 그 집행이 종료(집행이 종료된 것으로 보는 경우를 포함한다)되거나 집행이 면제된 날부터 5년이 경과하지 아니한 자, iv) 법 또는 법 시행령으로 정하는 금융 관계 법령에 따라 벌금 이상의 형의 선고를 받고 그 집행이 종료(집행이 종료된 것으로 보는 경우를 포함한다)되거나 집행이 면제된 날부터 5년이 경과하지 아니한 자, v) 금고 이상의 형의 집행유예의 선고를 받고 그 유예 기간 중에 있는 자, vi) 법 또는 법 시행령으로 정하는 금융 관계 법령에 따라 해임되거나 징계면직된 자로서 해임 또는 징계면직된 날부터 5년이 경과하지 아니한 자, vii) 정부·금융감독기관에 종사하고 있거나 최근 2년 이내에 종사하였던 자가 해당된다(상시평가운영협약 제19조의3 제4항).

다음으로 특정한 거래 관계에 있어 이해 상충의 소지가 있는 경우로는 i) 공동관리기업의 임원, 주주 또는 금융채권자인 경우, ii) 소속된 법인이 주채권은행 또는 공동관리기업인 경우, iii) 공인회계사로서 본인 또는 본인이 소속된 법인이 주채권은행 또는 공동관리기업과 감사계약을 체결하고 있는 경우, iv) 공인회계사로서 본인 또는 본인이 소속된 법인이 공동관리기업에 대하여 기촉법 제12조에 따른 실사 및 평가 업무를 수행하고 있는 경우, v) 변호사로서 주채권은행 또는 공동관리기업과 자문·고문계약을 체결하고 있는 경우, vi) 신용평가회사에 근무하고 있는 자로서 주채권은행 또는 공동관리기업에 대한 신용 평가 또는 가치 평가 업무를 수행하고 있는 경우, vii) 기타 위원의 업무를 수행함에 있어 변호사법, 공인회계사법 등 관련 법령에 저촉이 되거나 객관성과 공정성을 현저히 의심할 수 있는 거래 관계가 있는 경우가 해당된다(상시평가운영협약 제19조의3 제5항).

2) 기피신청 시 처리

조정위원회 위원장이 지명·위촉하는 위원 중 상기와 같은 결격 사유가 있거나 이해 상충의 소지가 있는 자가 포함되어 있는 때에는 주채권은행은 적합한 사람으로 교체하기 위한 기피신청을 할 수 있다(상시평가운영협약 제19조의3 제2항 단서). 조정위원회 위원장은 이러한 기피신청이 타당하다고 인정하는 때에는 기피신청일로부터 5영업일 이내에 새로운 위원을 지명·위촉하며, 주채권은행은 최종 위촉일로부터 5영업일 이내에 경영평가위원회를 구성한다(상시평가운영협약 제19조의3 제3항).

다. 공동관리절차 평가를 위한 세부 절차

주채권은행은 경영평가위원회의 구성이 완료된 날로부터 10영업일 이내에 평가보고서와 약정 이행점검 결과를 경영평가위원회에 제출한다. 다만, 주채권은행은 평가보고서와 약정 이행점검 결과 제출기한의 연장이 필요한 경우 5영업일의 범위 내에서 연장할 수 있다(상시평가운영협약 제19조의4 제1항). 주채권은행은 평가보고서 작성 시 외부전문기관에 평가 관련 업무를 의뢰할 수 있다(상시평가운영협약 제19조의4 제2항).

주채권은행은 평가보고서와 약정 이행점검 결과를 경영평가위원회에 제출한 날로부터 10영업일 이내에 경영평가위원회 회의를 소집하여야 한다. 다만, 주채권은행은 회의 소집 기한의 연장이 필요한 경우 5영업일의 범위 내에서 연장할 수 있으며, 회의에 참석한 위원의 수가 3인 미만인 경우 다른 날짜를 정하여 회의를 소집하여야 한다(상시평가운영협약 제19조의4 제3항). 주채권은행은 이와 같이 소집된 회의에 참석하여 경영평가위원회를 대상으로 평가보고서에 대한 설명을 하여야 한다(상시평가운영협약 제19조의4 제4항). 이때 주채권은행은 공동관리기업에게 경영평가위원회 회의에 참석하여 공동관리절차의 지속 필요성에 대한 의견을 진술할 의사가 있는지 확인하여야 하며, 공동관리기업이 요청하는 경우 회의에서 의견을 진술할 수 있도록 하여야 한다(상시평가운영협약 제19조의4 제6항).

경영평가위원회가 주채권은행이 제출한 평가보고서와 약정 이행점검 결과를 심의한 결과, 주채권은행이 제시한 평가보고서에 미비점이 존재하여 해당 부분의 보완을 요구한 경우, 주채권은행은 해당 부분을 보완한 평가보고서를 경영평가위원회에 제출한다(상시평가운영협약 제19조의4 제5항). 주채권은행은 경영평가위원회가 제출한 평가 결과를 평가기준일로부터 3개월 이내에 협의회에 대면 또는 서면으로 보고한다. 다만, 필요하다고 판단하는 경우 보고 기한을 1개월 이내의 범위에서 연장할 수 있다(상시평가운영협약 제19조의4 제7항). 이외 공동관리절차의 평가에 필요한 세부 사항은 경영평가위원회가 정한다(상시평가운영협약 제19조의4 제8항).

라. 평가 결과의 공개

주채권은행은 협의회에 공동관리절차의 평가 결과를 보고하고(기촉법 제16조 제1항), 동 보고일로부터 7일 이내에 금융채권자 조정위원회 홈페이지를 통해 그 평가 결과를 일반에 공개하여야 한다(기촉법 제16조 제2항, 기촉법 시행령 제11조). 주채권은행은 협의회 보고일로부터 7일 이내에 주요 기업개선계획의 이행 현황, 주요 재무 현황 등을 공개하여야 하며, 공개 시 서식은 다음과 같다(상시평가운영협약 제19조의5 제1항).

<별지 제4호 서식>

공동관리절차의 평가

대상 회사명:

1. 경영 목표 이행 실적(3개년간)

구분	20××~20××		달성률 (B/A)	비고
	계획(A)	실적(B)		
ex) 매출액				
영업 이익				
당기순이익				

2. 자구계획 이행 실적(3개년간)

내용	자구계획		20×× 말까지 누적 계획(A)	20×× 말까지 누적 실적(B)	달성률 (B/A)	비고
	총계획					
	금액	이행 시기				

3. 주요 재무 상황

재무 상태(20××년 말)				손익 상황(20××년도)			
자산	부채	자기 자본	차입금	매출액	영업 이익	이자 비용	당기 순이익

4. 공동관리절차의 지속 필요성 등

　　다만, 이 경우에도 영업 비밀에 해당하거나 자산 가치의 하락 등 원활한 기업
개선의 추진에 어려움이 발생할 가능성이 있는 것으로 판단되는 정보 또는 「자
본시장과 금융투자업에 관한 법률」상 사업보고서 제출대상법인이 아닌 중소기
업의 평가 결과는 공개하지 아니할 수 있다(기촉법 제16조 제2항). 이러한 중소기
업에 대한 예외는 2018. 10. 16. 법률 제15855호로 법 제정 형식으로 기촉법을
개정하면서 중소기업 공동관리절차 활성화를 위하여 절차 완화 차원에서 반영
된 것이다(2018. 10. 16. 법률 제15855호 기촉법 제정 주요 내용 가. 2) 참조).

마. 사전적으로 운영되는 경영평가위원회와 고려할 점

　　위에서 본 바와 같이 기촉법상 경영평가위원회는 구성의 시기 및 사유, 위원
의 자격이나 수를 엄격하게 정하고 있고, 상시평가운영협약을 통하여 그 역할과
운영 방법 등을 구체화하고 있다. 그런데 실무적으로는 공동관리기업과 약정을
체결한 날로부터 3년이 경과하는 날까지 기다리지 않고, 공동관리기업과 약정
을 체결하면서 곧바로 경영평가위원회를 구성하는 경우가 많다.

이처럼 자율적으로 구성하는 경영평가위원회의 구성이나 운영 등에 있어서 기촉법이나 상시평가운영협약상 정하여진 위원의 자격과 구성, 운영 등을 그대로 따라야 할 것인가? 사전적으로 운영되는 경영평가위원회의 경우 기촉법의 규정을 엄격하게 적용하지 않고, 대부분 협의회를 이루는 금융채권자 중심으로 경영평가위원회를 구성하고, 그 운영을 자율적으로 정하는 것을 왕왕 볼 수 있다. 이에 대해서는 이러한 사전적인 경영평가위원회의 구성 및 운영은 기촉법이 아닌 공동관리기업과의 상호 합의에 기한 것이므로 기촉법과 상시평가운영협약상의 규정을 그대로 적용하지 않을 수도 있다는 주장도 있을 수 있으나, 공동관리절차 평가 기준의 확정, 평가 기준에 의거한 경영성과의 평가, 금융채권자협의회 앞 평가 결과 보고 등 경영평가위원회의 업무를 고려하면 기촉법 및 상시평가운영협약의 규정을 따르는 것이 좋을 것으로 생각된다. 특히 평가의 객관성과 공정성을 위하여 상시평가운영협약은 다음과 같이 경영평가위원회의 자격을 제한하고 있는바, 이러한 사항은 엄격하게 지켜져야 필요가 있을 것으로 생각된다.

> 【상시평가운영협약 제19조의3 제5항】 다음 각 호의 거래 관계에 있는 사람은 경영평가위원회의 위원이 될 수 없다.
> 1. 공동관리기업의 임원, 주주 또는 금융채권자인 경우
> 2. 소속된 법인이 주채권은행 또는 공동관리기업인 경우
> 3. 공인회계사로서 본인 또는 본인이 소속된 법인이 주채권은행 또는 공동관리기업과 감사계약을 체결하고 있는 경우
> 4. 공인회계사로서 본인 또는 본인이 소속된 법인이 공동관리기업에 대하여 법 제12조 및 협약 제14조에 따른 실사 및 평가 업무를 수행하고 있는 경우
> 5. 변호사로서 주채권은행 또는 공동관리기업과 자문·고문 계약을 체결하고 있는 경우
> 6. 신용평가회사에 근무하고 있는 자로서 주채권은행 또는 공동관리기업에 대한 신용평가 또는 가치평가 업무를 수행하고 있는 경우
> 7. 기타 위원의 업무를 수행함에 있어 변호사법, 공인회계사법 등 관련 법령에 저촉이 되거나 객관성과 공정성을 현저히 의심할 수 있는 거래 관계가 있는 경우

7. 채무조정

제17조(채무조정) ① 금융채권자는 공동관리기업의 기업 개선을 위하여 필요하다고 판단하는 경우 협의회의 의결에 따라 해당 기업에 대한 채무조정을 할 수 있다. 이 경우 채무조정에 관한 협의회의 의결은 권리의 순위를 고려하여 공정하고 형평에 맞게 이루어져야 한다.

② 제1항에 따른 채무조정에 관한 협의회의 의결은 금융채권자의 담보채권(해당 자산의 청산 가치 범위에서 유효담보가액에 해당하는 채권을 말한다. 이하 같다.) 총액 중 4분의 3 이상의 담보채권을 보유한 금융채권자가 찬성하여야 그 효력이 있다.

③ 채무조정 중 금융채권의 상환기일 연장 및 원리금 감면은 협의회 의결로 달리 정하지 아니하는 한 그 의결이 공동관리기업에 통보되는 때부터 효력을 발생한다.

가. 채무조정의 유형

제2조(용어의 정의) 이 법에서 사용하는 용어의 뜻은 다음과 같다.
:
9. "채무조정"이란 금융채권자가 보유한 금융채권에 대하여 상환기일 연장, 원리금 감면, 채권의 출자전환 및 그 밖에 이에 준하는 방법으로 채무의 내용을 변경하는 것을 말한다.

금융채권자는 공동관리기업의 기업 개선을 위하여 필요하다고 판단하는 경우, 협의회의 의결에 따라 해당 기업에 대한 채무조정을 할 수 있다(기촉법 제17조 제1항). 이러한 채무조정은 상환기일 연장, 원리금 감면, 출자전환 등의 방식으로 이루어진다(기촉법 제2조 제9호).[70]

1) 상환기일 연장 및 원리금 감면

상환기일 연장이 결의되면 금융채권자는 만기일 연장 또는 대환 등의 방식으로 상환기일을 연장하여야 한다. 연장 기간은 협의회의 결의에 따라 정해진다. 원리금 감면의 경우 일반적으로 원금 감면은 흔치 않으며, 주로 이율 조정 및 이자 지급일의 조정 등의 방식으로 감면이 이루어진다.

가) 사례
아래는 상환기일 연장 및 이자율 조정을 통한 채무조정 사례의 예이다.

---

1. 기존채권의 상환청구 유예

   (1) 대상채권: 제1호 의안에서 정한 의결권 산정 대상채권으로 한다.
   (2) 유예 기간: 20○○년 ○월 ○일까지

2. 기존채권의 원리금 처리 방법
   (1) 원금의 처리: 상환유예기한까지 만기 연장
     ① 일반대출금(운전, 시설)
      기간 연장, 대환, 재약정, 재대출 등 각 금융채권자의 실행 가능한 방법으로 유예
      만기일까지 상환 유예하기로 한다.

---

70 이에 대해서는 앞의 제13조 설명 부분을 참고하기 바란다.

단, 신용카드 이용대금의 경우 각 채권기관의 내규에 따르기로 한다.
② 지급보증 담보여신
　보증기금의 보증서는 기발급된 보증서 조건(유예 대상 채권의 보증 비율)대로 보증서를 재발급 또는 기한 연장(조건 변경), 대환보증의 방법으로 처리한다.
③ **** 보증보험 보유채권
　의결권 한도 내 정상 보증(보험)을 회전운용 유지하도록 하되, 대지급 발생되는 금액은 해당 금액만큼 회전 한도에서 차감하고, 상기 『①일반대출금(운전, 시설)』의 처리 방법에 따라 유예하기로 한다.
④ 한도성여신 [구매자금대출, 외담대, 당좌대출, 지급보증] 등
　채권신고 기준일의 한도 약정 금액으로 회전운용하기로 하되, 필요한 경우 회사와 해당 금융기관이 협의하여 일반대출 등으로 전환할 수 있기로 한다.

(2) 이자 등의 처리
① 금리 및 수취 방법: 연 금리 ○.○%(보증 및 보험료 ○.○%) 상한 적용

구분	적용금리 (보증료)	상환 방법	
		대상 기간	처리 방법
경과이자 (유예이자)	약정 금리	최종이자수입일 ~'24.○.○. (연체이자 정상 수취)	'24.○.○. 전액 납부
	2.7% (0.8%)	'24.○.○.~ '24.○.○. (연체이자 면제)	
발생이자		'24.○.○. ~ '26.○.○. (연체이자 정상 수취)	기관별 내부 규정에 따라 수취

② 외국환수수료의 경우 각 금융기관 내규에 따른다.
③ 정부 또는 지자체 대리지원 정책자금과 구매기업과 별도 약정금리가 체결된 B2B 등 결제성 여신의 경우 별도 금리와 수수료를 적용한다.
④ 1차 협의회 부의일까지 기수취한 이자 및 보증료는 환급하지 아니하되, 부의일 이후 각 채권기관의 내규 및 채권관리 필요에 따라 수취한 이자 및 보증료가 있는 경우 상기 방법에 의거 환출하기로 한다.
⑤ 당초 보증료, 약정금리(보장수익률) 등이 상기 상한선 미만인 경우에는 당초 약정 금리(보장수익률) 및 보증료 등을 적용하고, 당해기업의 공동관리절차에 편입 등의 사유로 별도 가산금리(요율)를 적용하지 않기로 한다.

2) 출자전환

기촉법은 제2조 제9호에서 출자전환의 방식에 의한 채무조정을 인정하고 있다. 이러한 출자전환에 의한 채무조정의 경우 실무적으로는 채권액과 주금의 상계방식에 의한 출자전환이 이루어지고 있다. 대법원도 등기예규 제960호를 통하여 기업구조조정을 위하여 금융기관이 당해 기업에 대한 대출금을 출자전환하여 신주를 발행하고, 그에 따른 변경등기를 신청하는 경우 비송사건절차법 제205조 제5호에 규정된 '주금을 납입한 은행 기타 금융기관의 납입금 보관에 관한 증명서'에 갈음하여 ① 회사가 주식인수인에 대하여 채무를 부담하고 있다는 사실을 증명하는 서면, ② 그 채무에 대하여 회사로부터 상계의 의사 표시가 있었음을 증명하는 서면 또는 주식인수인의 상계의사표시에 대하여 회사가 이를 승인하였음을 증명하는 서면, ③ 위와 같은 출자전환이 있었음을 증명하는 금감원장의 확인서를 제출할 수 있다고 하여 상계방식에 의한 출자전환을 전제하고 있다.

가) 사례

아래는 출자전환 방식에 의한 채무조정 사례의 예이다.

□ 의안 내용

1. 출자전환 대상채권: 무담보채권의 ○%
   - <붙임> 「금융채권자별 출자전환 배분표」 참고

2. 출자전환 시기: 주채권은행 별도 통보

3. 출자전환 주식 발행에 관한 사항
   (1) 주식 종류: 의결권부 보통주

---

(2) 발행가액: 「증권의 발행 및 공시 등에 관한 규정」에 의거
        주채권은행이 결정하여 별도 통보함
(3) 발행 규모: 주채권은행 별도 통보
        (= 출자전환 대상채권/발행가액)
(4) 보호예수의무: 출자전환 실행일부터 1년간 보호예수의무가 있음

나) 상계방식에 따른 출자전환과 채무의 소멸 범위

채무조정의 일환으로 상계방식에 의한 출자전환이 이루어지는 경우, 이러한 행위로 인한 채무의 소멸 범위가 어디까지인가가 문제 된다. 이는 출자전환 시 출자전환으로 인한 대상채권의 소멸 여부, 소멸 범위 및 주채무자에 대한 출자전환이 보증인에게 미치는 효력과 연관되는 문제이다. 참고로 이러한 문제는 채무자회생법상 회생계획안에서 회생채권을 출자전환 하기로 한 경우에도 발생하므로 함께 비교하면서 보기로 한다.

① 출자전환으로 인한 대상채권의 소멸 여부

이에 대해서는 기존에 견해의 대립이 있었으나, 대법원은 정리계획의 인가결정이 있으면 정리채권자 등의 권리는 정리계획의 조항에 따라 채무의 전부 또는 일부의 면제 효과가 생기고, 기한 유예의 정함이 있으면 그에 따라 채무의 기한이 연장되며 정리채권이나 정리담보권을 출자전환하는 경우에는 정리채권 또는 정리담보권은 정리계획인가결정시 또는 정리계획에서 정하는 시점에서 소멸한다고 하였다(2003. 8. 22. 선고 2001다64073 판결, 2003. 3. 14. 선고 2002다20964 판결).[71]

기업개선작업약정에 따른 출자전환의 경우 실무상 대부분 상계방식을 취하

---

71   서울회생법원 재판실무연구회, 『회생사건실무(상)(제5판)』, 박영사, 2019. 7., p.836.

고 있고, 대법원은 이처럼 기업개선작업절차에서 채무자인 기업과 채권자인 금융기관 사이에 채무자가 채권자에게 주식을 발행하여 주고, 채권자의 신주인수대금채무와 채무자의 기존 채무를 같은 금액만큼 소멸시키기로 하는 내용의 상계계약 방식에 의하여 출자전환을 하는 경우, 상계계약의 효과로서 각 채권은 당사자들이 그 계약에서 정한 만큼 소멸한다고 보았다(대법원 2010. 9. 16. 선고 2008다97218 판결).

② 출자전환으로 인한 대상채권의 소멸 범위와 보증채무에 미치는 효과

출자전환으로 인하여 대상채권이 소멸한다고 보더라도, 이때 소멸 범위는 어디까지인가. 이는 출자전환으로 인하여 상계하기로 한 금액만큼 대출채권이 소멸하였다고 볼 것인지, 아니면 출자전환으로 인하여 발행되는 신주의 시가평가액만큼만 채무가 변제되고, 나머지는 면제되었다고 볼 것인지의 문제이다.

회생 절차의 경우, 대법원은 '출자전환으로 변제에 갈음하기로 한 경우에는 신주발행의 효력 발생일 당시를 기준으로 하여 채권자가 인수한 신주의 시가를 평가하여 그 평가액을 공제한 잔액이 채권액이 되는 것이고, 신주의 액면가액을 공제한 잔액이 채권액이 된다고 볼 수는 없다'고 판시한 이래(2002. 1. 11. 선고 2001다64035 판결), '주채무자인 회생채무자의 회생계획에서 회생채권의 변제에 갈음하여 출자전환을 하기로 한 경우, 회생채무자의 보증인의 보증채무는 출자전환에 의한 신주발행의 효력발생일 당시를 기준으로 회생채권자가 인수한 신주의 시가를 평가하여 그 평가액에 상당하는 채무액이 변제된 것으로 보아야 한다'고 판시하여 오고 있다(2005. 1. 27. 선고 2004다27143 판결, 2012. 6. 14. 선고 2010다28383 판결 등). 결국 판례는 회생계획에서 회생채권을 주식으로 출자전환하도록 규정한 경우 회생채무는 원칙적으로 회생계획인가결정 시 또는 회생계획에

서 정하는 시점에 소멸하지만, 보증인이 있는 경우에는 신주발행의 효력발생일 당시를 기준으로 하여 회생채권자가 인수한 신주의 시가 상당액에 한하여 채무 소멸의 효과가 보증인에게 미치는 것으로 보아 회생채권자는 나머지 회생채무에 대하여 보증인을 상대로 채권을 행사할 수 있다는 이른바 '시가평가액 소멸설'을 취하고 있는 것으로 평가된다.[72][73]

기업개선작업에 따른 출자전환의 경우에는 그간 하급심 판례가 일치되지 않았다. 즉, 위 대법원 판례와 마찬가지로 신주효력발생일 당시 신주시가평가액만큼 소멸한다고 보는 판례도 있었고(서울고등법원 2004. 10. 22. 선고 2003나80743 판결), 출자전환된 채권액만큼의 채무가 소멸한다고 본 판례도 있었다(서울중앙지방법원 2007. 7. 20. 선고 2004가합34238 판결).

그러나 대법원은 2010. 9. 16. 전원합의체 판결을 통하여 '당사자 쌍방이 가지고 있는 같은 종류의 급부를 목적으로 하는 채권을 서로 대등액에서 소멸시키기로 하는 상계계약이 이루어진 경우, 상계계약의 효과로서 각 채권은 당사자들이 그 계약에서 정한 금액만큼 소멸한다. 이러한 법리는 기업개선작업절차에서 채무자인 기업과 채권자인 금융기관 사이에 채무자가 채권자에게 주식을 발행하여 주고 채권자의 신주인수대금채무와 채무자의 기존 채무를 같은 금액만큼 소멸시키기로 하는 내용의 상계계약 방식에 의하여 출자전환을 하는 경우에도 마찬가지로 적용되며, 이와 달리 주식의 시가를 평가해서 그 시가평가액만큼만

---

72 서울회생법원 재판실무연구회, 전게서, p.836.

73 이에 대해서는 채무자회생법 제250조 제2항을 충실히 따르면 회생 계획에서 정한 출자전환에 의하여 기존 회생채권이 소멸되더라도 보증채무에는 아무런 영향이 없다고 해야 하지만, 경제적 실질을 본다면 신주의 시가 상당액만큼 채무자가 만족을 얻은 것으로 볼 수 있으므로 변제 또는 대물변제와 마찬가지로 그 범위 내에서 보증채무도 소멸한다고 보아 구체적 타당성을 추구한 것이라고 평가하는 견해가 있다고 한다(서울회생법원 재판실무연구회, 전게서, p.836-837(주석 335번 참조).

기존 채무가 변제되고 나머지 금액은 면제된 것으로 볼 것은 아니다'라고 판시하였다(대법원 2010. 9. 16. 선고 2008다97218 판결).

　　이와 같이 기업개선작업에 따른 출자전환의 경우 대상 기업의 주채무는 기업개선작업약정에 의하여 출자전환하기로 사전에 정해진 범위 내에서 회사의 상계의사표시 또는 상계합의에 의하여 주식인수대금납입채무와 대등액에서 소멸한다. 그리고 보증채무의 경우 특별한 사정이 없는 한 민법의 일반원칙에 따라 그소멸 범위가 정해질 것이다.[74] 대법원은 2004. 12. 23. 선고 2004다46601 판결을 통하여 다음과 같이 판시하였다. 즉, 채권금융기관들과 재무적 곤경에 처한주채무자인 기업 사이에 기업의 경영정상화를 도모하고, 채권금융기관들의 자산건전성을 제고하기 위하여 일부 채권을 포기하거나 채무를 면제하는 등 채무조건을 완화하여 주채무를 축소, 감경하는 기업개선작업약정을 체결한 경우, 이를 규율하는 기촉법에서 보증채무의 부종성에 관한 예외 규정을 두고 있지 아니할 뿐만 아니라, 기업개선작업 약정은 법원의 관여 없이 일부 채권자들인 채권금융기관들과 기업 사이의 사적 합의에 의하여 이루어지고 그러한 합의의 내용에 따른 효력을 갖는 것으로써, 법원의 관여하에 전체 채권자들을 대상으로하여 진행되고 법에서 정해진 바에 따른 효력을 갖는 화의법상의 화의와 동일시할 수 없어 여기에 보증채무의 부종성에 대한 예외를 정한 화의법 제61조, 파산법 제298조 제2항의 규정이 유추 적용된다고 할 수도 없으므로 보증인으로서는 원래의 채무 전액에 대하여 보증채무를 부담한다는 의사 표시를 하거나 채권금융기관들과 사이에 그러한 내용의 약정을 하는 등의 특별한 사정이 없는한 보증채무의 부종성에 의하여 기업개선작업약정에 의하여 축소, 감경된 주채무의 내용에 따라 보증채무를 부담한다.[75]

74　진상범, 전게문, p.114.
75　이러한 부종성의 법리가 그대로 인정되는 것이 채무자회생법에 의한 회생 절차와의 큰 차이라 할 것이다.

나아가 대법원은 부진정연대채무자 중 1인이 자신의 채권자에 대한 반대채권으로 상계를 한 경우에도 채권은 변제, 대물변제 또는 공탁이 행하여진 경우와 동일하게 현실적으로 만족을 얻어 그 목적을 달성하는 것이므로, 그 상계로 인한 채무소멸의 효력은 소멸한 채무 전액에 관하여 다른 부진정채무자에 대하여도 미치고, 이러한 법리는 채권자가 상계 또는 상계계약이 이루어질 당시 다른 부진정 연대채무자의 존재를 알았는지에 여부에 의하여 좌우되지 아니한다고 하였다. 이 판례로 인하여 부진정연대채무자 중 1인이 자신의 채권자에 대한 반대채권으로 상계하더라도 그 상계의 효력이 다른 부진정연대채무자에 대하여 미치지 아니한다는 기존 대법원 판례는 변경되었다. 즉, 대법원 2010. 9. 16. 선고 2008다97218 전원합의체 판결에 따라 상계방식에 의한 출자전환의 경우 상계 합의에 따라 출자전환 대상이 되는 채권액과 신주 주금은 상계 처리되고, 상계처리된 만큼 대출금 채권도 소멸하며, 이러한 금액만큼 부진정연대채무자의 채무도 소멸한다.

다) 출자전환의 대상채권

기촉법에 따른 채무조정에 관한 협의회의 의결은 권리의 순위를 고려하여 공정하고 형평에 맞게 이루어져야 한다(기촉법 제17조 제1항 후단). 이처럼 '권리의 순위'를 고려하면 출자전환이 되는 대상채권은 주로 무담보채권이 된다. 물론 기촉법상 구조조정은 사적 구조조정 절차이므로 협의회의 의결이 이루어진다면 출자전환의 대상채권에 제한이 없는 것은 사실이나, 이러한 의결이 없는 경우 담보물을 통하여 변제받을 수 있는 담보채권을 무담보채권과 동일하게 출자전환하는 것은 '권리의 순위를 고려하여 공정하고 형평에 맞게' 채무조정을 하는 것으로 보기는 어려울 것으로 판단된다.

나. 의결정족수

통상 협의회의 의결은 협의회 총금융채권액 중 4분의 3 이상의 금융채권액을 보유한 금융채권자의 찬성으로 의결한다. 다만, 단일 금융채권자가 보유한 금융채권액이 협의회 총금융채권액의 4분의 3 이상인 경우에는 해당 금융채권자를 포함하여 협의회를 구성하는 총금융채권자 수의 5분의 2 이상의 찬성으로 의결한다(기촉법 제24조 제2항).

그러나 채무조정에 관한 협의회의 의결은 금융채권자의 담보채권(해당 자산의 청산 가치 범위에서 유효담보가액에 해당하는 채권을 말한다. 이하 같다) 총액 중 4분의 3 이상의 담보채권을 보유한 금융채권자가 찬성하여야 그 효력이 있다(기촉법 제17조 제2항). 채무조정은 기존 권리관계에 대한 중대한 변경을 초래하므로, 의결정족수를 엄격하게 적용하는 것이다.[76] 이러한 엄격한 의결정족수 규정은 협의회 의결 방법을 규정한 기촉법 제24조 제2항의 '이 법에서 달리 정하는 경우를 제외하고'에 해당되는 경우로 볼 수 있다.

협의회 의결로 출자전환의 의결정족수를 달리 정할 수 있는가? 기촉법 제24조 제4항은 협의회는 그 의결로 구체적인 사안의 범위를 정하여 제2항에 따른 의결 방법을 다르게 정할 수 있다고 하고 있다. 그러나 출자전환 의결정족수와 같이 엄격하게 가중된 요건을 부여한 경우에는 협의회 의결로도 이를 달리 정할 수 없다고 보아야 한다. 이와 같이 해석하지 않을 경우, 협의회 의결에 관한 제24조 제4항은 의결정족수를 개별적으로 규정한 기촉법 규정이 몰각될 수 있기 때문이다. 이와 관련하여서는 협의회 의결 방법을 규정한 제24조에서 자세히 살펴보기로 한다.

---

[76] 금융위 기촉법 설명자료, p.45.

다. 채무조정의 효력 발생 시기

1) 상환기일 연장 및 원리금 감면

채무조정 중 금융채권의 상환기일 연장 및 원리금 감면은 협의회 의결로 달리 정하지 아니하는 한 그 의결이 공동관리기업에 통보되는 때부터 효력이 발생한다(제17조 제3항).

동 규정을 기촉법상 다른 조문과 어떻게 조화롭게 해석할 것인가? 채무조정은 주채권은행이 마련하여야 할 기업개선계획에 포함되고(기촉법 제13조 제2항 제1호), 이러한 기업개선계획은 협의회의 의결을 거쳐 의결일로부터 1개월 이내에 공동관리기업과 기업개선계획의 이행을 위한 약정 체결로 이어지며(기촉법 제14조 제1항), 동 기한 내에 약정을 체결하지 못한 경우에는 그다음 날부터 공동관리절차는 중단된 것으로 보고, 기업개선계획에 포함된 채무조정에 관한 사항은 소급적으로 효력을 상실한다(기촉법 제14조 제3항).

그런데 기촉법 제17조 제3항은 상환기일 연장과 원리금 감면 방식의 채무조정은 공동관리기업에 그 의결을 통보하는 때로부터 효력이 발생한다고 하여 그 효력 발생 시기를 달리 정하고 있다. 이는 금융채권자들의 상환유예 및 원리금 감면의 경우 금융채권자 간의 합의에 따른 협의회 결의로 결정되는 것이고, 해당 공동관리기업과의 협의 필요성이 낮기 때문에 이러한 특별 규정을 둔 것으로 이해된다.[77]

---

[77] 온주 기촉법, 제17조, IV. 채무조정의 효력, 1. 효력 발생의 시기, 가. 상환유예 및 원리금 감면의 경우 부분 참조.

상환기일 연장이나 원리금 감면이 공동관리기업과 협의를 요하지 않고, 협의회 의결 통보만으로 효력이 발생하는 것은 그 법적 성격이 상환유예나 채무면제에 해당하고, 이는 금융채권자의 단독 행위이기 때문인 것으로 생각된다. 상환기일 연장, 즉 상환유예는 채권자가 채무자에게 기한의 이익을 재부여하는 것으로 볼 수 있고, 원리금 감면, 즉 채무면제의 경우 민법은 채권자가 채무자에게 채무를 면제하는 의사를 표시한 때에 채권이 소멸한다고 하고 있는바(민법 제506조), 이러한 상환기일 연장이나 원리금 감면을 하기로 하는 협의회의 의결을 공동관리기업에 통보하는 것은 금융채권자가 채무자인 공동관리기업에 이러한 의사를 표시한 것으로 볼 수 있는 것이다.

2) 출자전환의 효력 발생 시기

출자전환의 경우에는 이를 포함한 기업개선계획은 협의회의 의결을 거쳐 의결일로부터 1개월 이내에 공동관리기업과 기업개선계획의 이행을 위한 약정 체결로 이어지며(기촉법 제14조 제1항), 앞서 살펴본 바와 같이 이러한 약정은 창설적 효력을 가지는 민법상 화해계약과 유사한 성질을 갖는 것으로 판단되므로(대법원 2007. 4. 27. 선고 2004다41996 판결), 동 약정 체결일로부터 효력이 발생한다.

라. 효력의 범위

협의회의 의결에 따른 채무조정의 효력은 협의회 구성원인 금융채권자 모두에게 미친다. 판례도 채무자인 특정 기업에 대하여 부실 징후가 발생하여 주채권은행이 사전 합의된 바에 따라 관련된 채권금융기관들의 협의회를 소집하여 기업개선작업안을 의결하고 이어 주채권은행과 당해 기업 사이에 그 의결 사항의 이행을 위한 기업개선작업 약정이 체결되었다면 이는 이러한 사전 합의에 따른 것이어서 그 약정에 따른 채권재조정 등 권리변경의 효력은 채권금융기관협의회의 구성원으로서 결의에 참여하여 기업개선작업에 반대한 채권금융기관에도 당연히 미친다고 하고 있다(대법원 2007. 4. 26. 선고 2004다27600 판결).

8. 신규 신용공여

제18조(신규 신용공여) ① 금융채권자는 공동관리기업의 기업 개선을 위하여 필요하다고 판단하는 경우 협의회의 의결에 따라 해당 기업에 대하여 신규 신용공여(기존 신용공여조건의 변경은 제외한다. 이하 같다.)를 할 수 있다. 이 경우 신규 신용공여 금액은 협의회 의결로 달리 정하지 아니하는 한 제26조에 따라 신고된 금융채권액에 비례하여 정한다.

② 협의회는 공동관리기업의 기업 개선을 위하여 필요하다고 판단하는 경우, 해당 기업의 요청에 따라 금융채권자가 아닌 자가 해당 기업에 대하여 신규 신용공여를 하는 것을 의결할 수 있다.

③ 제1항 또는 제2항에 따른 신규 신용공여로 인한 금융채권은 법정담보권 다음으로 협의회를 구성하는 다른 금융채권자(제11조에 따라 공동관리절차에 참여하는 금융채권자를 말한다)의 금융채권에 우선하여 변제받을 권리를 가진다.

④ 제1항에 따라 협의회가 공동관리기업에 대한 신규 신용공여를 의결하는 때에는 신규 신용공여를 하지 아니하는 금융채권자가 신규 신용공여를 하는 금융채권자에 대하여 부담하는 손실 분담에 관한 사항을 정할 수 있다. 이 경우 신규 신용공여에 따른 손실 분담은 공정하고 형평에 맞게 이루어져야 한다.

⑤ 금융채권자가 공동관리기업에 대하여 신규 신용공여를 할 의무는 금융채권자가 해당 기업과 신규 신용공여에 관한 약정을 체결하는 때에 발생한다.

가. 신규 신용공여의 자율성 명문화

공동관리기업의 기업 개선을 위하여 필요한 경우 협의회 의결에 따라 해당 기업에 대하여 신규 신용공여를 할 수 있다. 기촉법 제18조는 신규 신용공여의 침익적 성격을 감안하여 그 실시 여부를 자율적으로 결정할 수 있음을 명문화한 것이다.[78]

이는 2016년 기촉법 개정 전 구법 제10조에서는 '채권금융기관은 부실징후기업에 경영정상화를 위하여 필요하다고 판단하는 경우에는 신규 신용공여를 할 수 있다'고 하여 신규 신용공여 여부를 자율적으로 결정할 수 있다고 규정하면서도 동시에 제8조 제2항 제5호에서는 '경영정상화계획을 위한 약정에 해당 기업의 경영정상화에 필요한 유동성을 지원하기 위하여 수립되는 신용공여 계획이 포함되어야 한다'라고 하여 신규 신용공여의 법적 성격이 불분명하였던 것을 2016년 기촉법 개정 시 이를 명확히 한 것이다.[79]

나. 손실 분담

신규 신용공여 금액은 협의회 의결로 달리 정하지 않는 한 신고된 금융채권액에 비례하여 정한다(기촉법 제18조 제1항 후단). 이때 신고된 금융채권액이란 제1

---

78 금융위 기촉법 설명자료, p.46.
79 금융위 기촉법 설명자료, p.46.

차 협의회 소집 통보일 직전일을 기준으로 금융채권자가 해당 기업에 대하여 보유하고 있다고 신고한 금융채권액을 말한다(기촉법 제26조 제1항).

협의회가 공동관리기업에 대한 신규 신용공여를 의결하는 때 신규 신용공여를 하지 아니하는 금융채권자가 신규 신용공여를 하는 금융채권자에 대하여 부담하는 손실 분담에 관한 사항을 정할 수 있다(기촉법 제18조 제4항). 이는 보증기관과 같이 신규여신을 직접 제공할 수 없는 채권자가 있는 경우, 이들이 신규여신 제공 채권자에 대해 부담하는 손실 분담을 규정할 수 있음을 명시한 것이다.[80]

다. 신규 신용공여의 효력 발생 시기

금융채권자가 공동관리기업에 대하여 신규 신용공여를 할 의무는 금융채권자가 해당 기업과 신규 신용공여에 관한 약정을 체결하는 때에 발생한다(기촉법 제18조 제5항).

상기 규정은 신규 신용공여계획 수립에 관한 채권금융기관협의회의 의결로 채권금융기관이 다른 채권금융기관에 대하여 신용공여 계획의 이행을 청구할 권리를 가지는지가 문제 된 사안에서 대법원이 '신용공여 계획 수립에 관한 협의회의 의결은 협의회와 부실징후기업 사이의 이행약정에 포함될 경영정상화계획

---

80 금융위 기촉법 설명자료, p.46.

의 내용을 결정하기 위한 것으로써, 특별한 사정이 없는 한 채권금융기관 사이의 신용공여 계획 이행에 관한 청구권을 설정한 것으로 볼 수 없다'라고 판단한 것을 명문화한 것으로 볼 수 있다(대법원 2014. 9. 4.자 2013마1998 결정). 동 사안에서 법원은 채권재조정과 같이 이행 약정 자체로서 권리, 의무를 설정하거나 변경 또는 소멸시키는 것에 해당하지 아니하고 대출 계약이나 지급보증계약의 체결에 의한 신용공여와 같이 별도의 계약 체결을 예정한 계획에 해당하는 경우에는 특별한 사정이 없는 한 이행 약정의 당사자 사이에서 이행 약정만으로 경영정상화계획으로 예정된 별도의 계약이 체결된 것이나 다름없는 법적 구속력을 부여하려는 의사가 있었다고 볼 수 없으므로, 부실징후기업이나 채권금융기관이 이행 약정에 기하여 다른 채권금융기관에 대하여 신용공여계획의 이행으로서 대출 계약 등을 체결하거나 그에 관한 의사 표시를 하도록 청구할 권리를 갖는다고 할 수 없다고 보았다.

참고로 신규 신용공여에 관한 협의회 의결의 효력을 규정한 기촉법 제28조는 각 금융채권자(반대매수청구권을 행사한 채권자는 제외한다)가 협의회 의결한 사항을 성실히 이행할 의무를 규정하고 있으나, 이는 선언적 의미에 불과하다.[81]

[판례평석][82]

대상 결정(대법원 2014. 9. 4. 자 2013마1998 결정 사실관계의 요지

주채권은행인 우리은행의 신용위험평가 결과 부실징후기업으로 판정된 진흥기업에 관하여 2011. 2. 24. 기촉법상의 채권금융기관 공동관리절차가 개시되고, 우리은행은 2011.

81　금융위도 마찬가지로 해석한다; 금융위 기촉법 설명자료, p.65.
82　이하는 최효종, 「기촉법상 신규 신용공여 결의 직접이행청구권 인정여부에 관한 소고 - 대법원 2014. 9. 4. 선고 2013마1998 결정, 법조 〈64-6〉」, 법조협회, 2015. 6.의 글을 요약한 것이다.

4. 29. 협의회를 소집하여 진흥기업에 대한 합계 900억 원 규모의 집단적 신규 신용공여 안건을 의결하였고, 이는 경영정상화계획의 내용에 포함되었다. 위 신규 신용공여 안건에는 보증기관인 신용보증기금이 진흥기업에게 100.9억 원 상당의 신용보증서를 발급하여야 한다는 내용이 포함되어 있었는바, 이에 대하여 의결권 11.2%를 보유하고 있던 신용보증기금은 부동의하였으나, 협의회에서 전체 채권액 중 75% 이상의 동의를 얻어 가결되었다. 한편 신용보증기금은 협의회의 의결일로부터 7일 이내에 행사하여야 하는 반대채권자의 채권매수청구권을 행사하지 아니하여 위 협의회 의결 사항에 찬성한 것으로 간주되었고, 이후 2011. 5. 19. 주채권은행인 우리은행은 협의회 대표채권자 및 주채권은행의 자격으로 진흥기업, 대주주 등과 위 경영정상화계획의 성실한 이행을 결의하는 취지의 '경영정상화계획의 이행을 위탁 특별약정'을 체결하였다.

이후 진흥기업은 협의회 의결에 기해 신용보증기금 앞 주채권은행 우리은행으로부터 100.9억 원의 신규 대출을 받기 위한 전제조건이었던 신용보증서 발급을 청구하였으나, 신용보증기금은 대규모 기업집단 계열사에 대한 보증을 제한한 내규 등을 근거로 신용보증서 발급을 거부하였고, 이에 진흥기업과 우리은행은 채권금융기관 조정위원회에 조정을 신청하여 조정위원회로부터 "신용보증기금은 협의회 의결 사항에 따라 보증서 발급 의무를 이행하라"는 취지의 조정결정을 받았으나, 여전히 신용보증기금은 이에 응하지 않았다. 이에 진흥기업과 우리은행은 공동원고로서 피고 신용보증기금을 상대로 보증의 의사표지통지 및 보증서발급을 구하는 취지의 가처분을 신청하고 곧이어 본안소송도 제기하였다.[83]

기촉법의 집단적 신규 신용공여 관련 규정의 위헌성 논의

기촉법의 집단적 신규 신용공여는 각 채권금융기관의 보유채권액에 비례하여 이루어지는바, 다른 법정 도산 절차인 채무자회생법에서는 회생기업에 대하여 신규자금 차입에 대한 최우선변제권을 규정하는 등 "유도적"인 방법을 규정한 데 비해, 기촉법은 채권금융기관 채권액 75% 이상의 찬성이 있으면 (의결일로부터 7일 이내에 채권매수청구권을 행사하지 않은) 반대채권자에 대하여도 신규 신용공여 의무를 "강제적"으로 부여하였다는 차이가 있다.

기촉법은 두 가지 특징이 있다. 첫 번째는 법원이나 insolvency practitioner 등 중립적 제3자의 관여 없이 금융기관 채권자 다수결에 따라 금융채권의 재조정을 할 수 있다는 점이고, 두 번째는 위와 같은 법원 등 제3자의 관여 없는 다수결에 따라 역시 채권금융기관들

---

83 최효종, 전게문, p.178-179.

이 채권액의 비율에 따라 집단적 신규 신용공여를 할 수 있다는 점이다. 이 중 두 번째 특징은 세계적으로도 유례를 찾기 어려운 한국 워크아웃 절차만의 독특한 규정이며, 지속적으로 문제가 되고 있는 기촉법 위헌논란에서의 핵심이라고도 할 수 있다.[84]

금융기관 채권자들의 집단적 신규 신용공여를 채권액 75%의 다수결로 결정할 수 있다는 점은 재산권 침해라는 헌법 이론적인 문제는 물론이고, 실무적으로도 이에 따른 다수의 소송이 발생하고 있는 상황이다. 일반적으로 구조조정절차가 개시된 부실기업의 신규 운영자금 마련이라는 과제가 무엇보다 중요하지만, 각국의 도산법 체계에서 이 문제는 이른바 DIP Financing에 대한 super-priority의 혜택 제공 등의 방법에 그치고 있을 뿐, 이를 한국의 기촉법처럼 강제적 다수결 방법으로 규정하고 있는 선진 외국은 없는 것으로 보이며, 이를 입법과제로 하는 국가 역시 없는 것으로 보인다.[85]

대법원 결정 이유

대법원은 "신규 신용공여 의결이 이행 약정 자체로서 권리·의무를 설정하거나 변경 또는 소멸시키는 것에 해당하지 아니하고 대출 약정이나 보증계약과 같이 별도의 계약 체결이 예정된 경우에는 구속력을 인정할 수 없다"고 하였다. 대법원은 이러한 이유로 일반적으로 민법상 채권(급부)의 목적으로 확정성, 실현 가능성, 적법성, 사회적 타당성을 필요로 하는데, 대출 약정이나 보증 약정은 협의회의 집단적 의결 내용과 별도로 당사자 간의 새로운 계약 체결이 필요하며, 이 과정에서 대출액(보증액), 만기(보증 기간), 이율(보증료), 계약 해지 사유 등 여러 세부 사항이 논의되어야 한다. 그런데 위 내용 중 매우 개략적인 일부 사항만을 규정하고 있는 협의회 결의 사항 자체를 채권의 목적 그 자체로 보아 강제 이행을 청구할 수 있다고 보는 것은 채권의 목적 요건인 확정성이 불비되어 어렵다는 것을 들고 있다.[86]

---

84 최효종, 전게문, p.186. 진흥기업 사건의 경우 표면적으로는 주채권은행인 우리은행이 대출을 하여 신규 신용공여 책임을 부담하는 것으로 보이나, 실질적으로 이는 신용보증기금의 보증서를 100% 담보로 취득하는 것을 전제한다는 점에서 실질적으로는 신용보증기금이 대출금에 대한 리스크 전체를 부담하는 것이다. 이러한 이유로 신용보증기금은 협의회 의결에 반대한 것으로 보인다. 이처럼 중립적 제3자의 개입이 없는 주채권은행 주도의 워크아웃은 실질적으로 형평에 반하는 구조조정 계획을 가결시키고 이를 강제한다는 점에서 큰 문제가 있는 것으로 생각된다.

85 최효종, 전게문, p.188. 이는 한국의 금융당국 주도의 기업구조조정에서 오는 특징으로 보이는바, 이는 자칫 관치금융으로 왜곡될 가능성이 있을 수 있다. 또한 이러한 채권금융기관 간의 분쟁은 결국 소송을 통한 법원의 사법적 판단으로 해결된다는 점에서 금융기관 주도의 신속한 기업구조조정이라는 기촉법 자체의 목적도 달성하기 어렵다는 한계를 보이는 것으로 생각된다.

86 최효종, 전게문, p.192.

그렇다면 협의회 의결사항에서 신규 신용공여의 방법으로 구체적인 권리 의무를 세부적으로 정하여 '신규 대출'을 규정하였을 경우에는 미이행 금융기관에 대하여 직접적인 청구가 가능한 것으로 볼 수 있을까?

형성적 법률관계에 가까운 '보증계약의 체결'에 비하여 협의회 의결 사항에서 구체적인 권리 의무를 세부적으로 정하여 대출 의무를 부과하였다면 이는 이행의 의미를 가진 법률관계에 해당할 수 있어 이는 단순한 '계획'이 아니라 계약법상의 권리의무관계로 격상될 수도 있기 때문이다. 그러나 대상 결정의 취지를 좀 더 검토하면 대상 결정은 협의회 신규 신용공여 의결의 특수성에 비추어 보아 신규 신용공여 결의에 일반 계약법의 법리를 그대로 적용하기 어렵다는 측면이 반영된 것으로 보인다. 즉, 기업구조조정은 공익적 견지에서 채권금융기관들에게 일종의 희생과 양보를 강조하는 제도이고, 의결정족수도 만장일치가 아니며, 특히 신규 신용공여는 개인의 재산권 처분의 자유를 상당 부분 제약하는 것이므로 협의회 신규 신용공여 의결의 효과를 사적자치가 폭넓게 적용되는 일반 민사 분야와 동일하게 판단하기는 어렵다는 점을 감안할 것으로 보인다. 나아가 상기 판결에서 대법원은 "채권재조정과 같이 이행 약정 자체로서 권리·의무를 설정하거나 변경 또는 소멸시키는 것에 해당하지 아니하고 대출계약이나 지급보증계약의 체결에 의한 신용공여와 같이 향후 별도의 계약 체결을 예정한 계획에 해당하는 경우에는 이행 약정의 당사자 사이에서 이행 약정만으로 경영정상화계획으로 예정된 별도의 계약이 체결된 것이나 다름없는 법적 구속력을 부여하려는 의사가 있었다고 볼 수 없으므로…"라고 판시하여 사전에 협의회 의결로 구체적인 권리의무사항을 규정하였는지의 여부를 묻지 않고 대출과 보증의 경우를 같이 보고 있다고 판단된다.[87]

라. 우선변제순위

신규 신용공여로 인한 금융채권은 법정담보권 다음으로 협의회를 구성하는 다른 금융채권자(제11조에 따라 공동관리절차에 참여하는 금융채권자를 말한다)의 금

---

87   최효종, 전게문, p.193-194.

융채권에 우선하여 변제받을 권리를 가진다(기촉법 제18조 제3항).

참고로 신규 신용공여의 우선변제순위와 관련하여 국회에서 논의가 있었다. 기촉법상 공동관리절차 진행 중 발생한 신규 신용공여 채권은 회생 절차 진입 이후에도 공동관리절차 참여 채권자들 사이에서 법정담보권 다음의 우선순위를 갖도록 하기 위한 취지의 개정안이 발의되었고 정무위원회 수석전문위원은 동 개정안을 지지하였으나, 관계부처 이견으로 최종안에서는 해당 내용이 삭제되었다. 다만, 채무자회생법 제193조 제3항은 '전부 또는 일부의 채권자들 사이에 그들이 가진 채권의 변제순위에 관한 합의가 되어 있는 때에는 회생계획안 중 다른 채권자를 해하지 아니하는 범위 안에서 변제순위에 관한 합의가 되어 있는 채권에 관한 한 그에 반하는 규정을 정하여서는 아니 된다'라는 규정이 있으므로, 이를 활용하면 회생 절차에서도 일정 수준 우선변제권을 인정받을 수 있을 것이다.[88]

마. 금융채권자가 아닌 자의 신규 신용공여

2023. 12. 26. 법률 제19852호로 제정(이 역시 법적 형식은 제정이나 실질은 기존 기촉법의 개정으로 보아야 할 것이다)된 기촉법은 금융채권자협의회로 하여금 공동관리기업의 기업 개선을 위하여 필요하다고 판단되는 경우, 해당 기업의 요청에 따라 금융채권자가 아닌 자가 해당 기업에 대하여 신규 신용공여를 하는 것을

---

88 금융위 기촉법 설명자료, p.46.

의결할 수 있도록 하는 조항을 신설하였다(기촉법 제18조 제2항, 법률 제19852호 기촉법 제정 이유 주요 내용 가. 참조).

그러나 이와 관련하여 금융채권자가 아닌 자의 신규 신용공여가 법정담보권 다음으로 다른 협의회 구성 금융채권자의 금융채권에 우선한다는 조항(기촉법 제18조 제3항) 외에는 어떠한 조항도 두고 있지 않아 운영상 혼란이 있을 것으로 생각된다. 예를 들면, 이러한 신규 신용공여를 한 금융채권자 아닌 자에게 의결 권은 부여되는 것인지, 부여된다면 어떠한 기준으로 부여되는 것인지, 이러한 금융채권자 아닌 자의 신규 신용공여가 있은 후 협의회의 의결 방법은 달라지 는 것인지, 이러한 신규 신용공여에 대해서도 반대매수청구권을 인정할 것인지, 신규 신용공여를 제공한 금융채권자 아닌 자에 대해서는 협의회 의결 취소의 소 제기가 허용되지 않는 것인지 등이 불분명하다.

9. 공동관리절차의 중단과 종료

제19조(공동관리절차의 중단) 협의회는 다음 각 호의 어느 하나에 해당하는 경우 그 의결에 따라 공동관리절차를 중단할 수 있다.
1. 공동관리기업이 제출한 금융채권자의 목록이나 자구계획서에 중요한 사항에 관하여 고의적인 누락이나 허위 기재가 있는 경우
2. 공동관리기업이 정당한 사유 없이 제12조에 따른 외부전문기관의 실사 및 평가에 협조하지 아니하는 경우
3. 공동관리기업이 정당한 사유 없이 약정의 중요한 사항을 이행하지 아니하였거나 약정이 이행되기 어렵다고 판단되는 경우
4. 제15조 제2항 본문에 따른 점검 또는 제16조 제1항에 따른 평가의 결과 공동관리절차를 지속하는 것이 적절하지 아니하다고 판단되거나 공동관리기업의 부실 징후가 해소될 가망이 없다고 판단되는 경우
5. 공동관리기업이 중단을 요청하는 경우
6. 그 밖에 약정에서 정한 공동관리절차의 중단 사유가 발생한 경우

제20조(공동관리절차의 종료) 협의회는 다음 각 호의 어느 하나에 해당하는 경우, 그 의결에 따라 공동관리절차를 종료할 수 있다.
1. 공동관리기업의 부실이 해소되었다고 판단한 경우
2. 약정이 계획대로 이행된 경우
3. 공동관리기업이 종료를 요청하는 경우
4. 그 밖에 약정에서 정한 공동관리절차의 종료 사유가 발생한 경우

기촉법은 최초 제정 시에는 공동관리절차의 중단 사유만 정하였으나, 2016.

3. 18. 법률 제14075호 제정 시 공동관리절차의 종료 사유를 추가하였다. 이에 대하여 금융위 기촉법 설명자료는 공동관리절차의 종기를 명확히 하기 위하여 종료 사유를 명시하였다고 하고 있다.[89] 그러나 기촉법 제19조의 중단이나 기촉법 제20조의 종료는 모두 공동관리절차를 확정적으로 끝내는 것을 의미하고, 다만 중단의 경우에는 구조조정절차의 진행이 어렵다고 해석되는 사유가 주를 이루는 반면, 종료의 경우에는 공동관리절차의 목표 달성 또는 이에 준하는 사유의 발생으로 공동관리절차를 끝낸다는 점에 차이가 있는 것으로 생각된다.

참고로 최초 기촉법인 2001. 8. 14. 법률 제6504호로 제정된 기촉법은 이행 약정의 점검 결과 당해 기업이 정당한 사유 없이 경영정상화계획의 중요한 사항을 이행하지 아니하였거나 경영정상화계획이 이행되기 어렵다고 판단되는 경우와 공동관리를 지속하는 것이 적절하지 아니하다고 판단되거나 경영정상화 가능성이 없다고 판단되는 경우에는 공동관리절차를 중단하여야 한다고만 규정하였다(동 기촉법 제19조). 이후 2011. 5. 19. 법률 제10684호 기촉법 개정 시 '해당 기업이 공동관리절차의 중단을 요청하는 경우'를 중단 사유로 추가하였다(동 기촉법 제12조 제3호).

가. 공동관리절차의 중단

기촉법 제19조에서 정하는 공동관리절차 중단 사유 중 공동관리기업의 귀책

---

[89] 금융위 기촉법 설명자료, p.47.

사유로 인한 중단 사유로는 공동관리기업이 제출한 금융채권자의 목록이나 자구계획서에 중요한 사항에 관하여 고의적인 누락이나 허위 기재가 있는 경우, 공동관리기업이 정당한 사유 없이 제12조에 따른 외부전문기관의 실사 및 평가에 협조하지 아니하는 경우, 공동관리기업이 정당한 사유 없이 약정의 중요한 사항을 이행하지 아니하였거나 약정이 이행되기 어렵다고 판단되는 경우가 있다(기촉법 제19조 제1호 내지 제3호).

한편, 공동관리절차 자체가 지속 불가능하다고 판단되는 경우가 있다. 여기에는 기촉법 제15조 제2항에 따른 기업개선계획의 이행을 위한 약정의 이행 실적 점검 또는 제16조 제1항에 따른 공동관리절차의 평가 결과 공동관리절차를 지속하는 것이 적절하지 아니하다고 판단되거나 공동관리기업의 부실 징후가 해소될 가망이 없다고 판단되는 경우가 해당된다(기촉법 제19조 제4호). 이외에 공동관리기업이 중단을 요청하거나 그 밖에 약정에서 정한 공동관리절차의 중단 사유가 발생한 경우도 중단사유가 된다(기촉법 제19조 제5호 및 제6호).

제19조에 의한 공동관리절차 중단은 사유가 발생한 것만으로는 충분하지 않고 중단에 관한 협의회의 의결이 있어야 한다(기촉법 제19조, 제23조 제1항 제1호). 이때의 의결정족수는 협의회 총 금융채권액 중 4분의 3 이상의 금융채권액을 보유한 금융채권자의 찬성이다(기촉법 제24조 제2항).

한편 기촉법 제19조 제5호는 '공동관리기업이 중단을 요청하는 경우'를 공동관리절차의 중단 사유로 정하고 있는데, 이는 기촉법 제20조 제3호의 '공동관리기업이 종료를 요청하는 경우'와 대응하여 마련한 규정으로 보인다. 마찬가지로 기촉법 제19조 제6호의 '그 밖에 약정에서 정한 공동관리절차의 중단 사유가 발생한 경우'는 기촉법 제20조 제4호의 '그 밖에 약정에서 정한 공동관리절차의 중단 사유가 발생한 경우'에 대응하여 마련한 규정으로 생각된다. 그러나 앞서 살펴본 바와 같이 기촉법상 공동관리절차의 중단과 종료는 모두 공동관리절차를 확정적으로 끝내는 것으로, 중단은 공동관리절차 자체가 부실징후기업의 귀책사유나 여하한 사유로 목적 달성이 불가능한 경우이고, 종료는 그 목적을 달성한 것으로 볼 수 있어 공동관리절차를 끝낸다는 차이만 있다. 이를 고려하면 기촉법 제19조 제5호의 '공동관리기업이 중단을 요청하는 경우'는 기촉법 제19조 제1호 내지 제4호에서 정한 중단 사유와는 다소 통일성이 떨어지는 것으로 보인다. 이는 실무상 기업개선계획의 이행을 위한 약정에 반영하는 공동관리절차의 중단 사유가 기촉법 제19조 제3호 또는 제4호와 유사하게 부실징후기업의 귀책사유를 기반으로 하고 있음을 감안하면 더욱 그렇다고 할 것이다.

기촉법 제19조에 따른 중단 이외에도 기촉법의 개별 규정에 따른 중단이 있을 수 있다. 예를 들면 채권행사 유예 기간에 기업개선계획을 의결하지 못한 경우(기촉법 제13조 제3항)와 협의회가 기업개선계획을 의결한 날부터 1개월 이내에 기업개선계획의 이행을 위한 약정을 체결하지 못한 경우를 들 수 있다(기촉법 제14조 제3항). 이때의 중단은 별도의 협의회 의결이 필요하지 않다. 왜냐하면 중단 사유가 발생하면 그다음 날로부터 공동관리절차는 중단된 것으로 보기 때문이다.[90]

---

90 금융위 기촉법 설명자료는 이러한 중단의제 사유 발생 시에도 '협의회 의결'이 필요하다고 하고 있으나(금융위 기촉법 설명자료 p.47), 법상 중단한 것으로 본다는 간주 내지 의제 규정이 있음에도 불구하고 또다시 이에 대한 협의회 의결이 필요하다고 하는 것이 옳은지는 의문이다. 왜냐하면 기촉법상 '그다음 날부터 공동관리절차가 중단된 것으로 본다'라고 규정하고 있음에도 이에 대한 별도의 협의회 의결이 있어야 한다고 하면 협의회 의결이 있기 전까지는 기촉법의 정함과 달리 중단이 되지 않는다고 보아야 하는데, 이는 법 규정과 상충되기 때문이다.

나. 공동관리절차의 종료

협의회는 공동관리기업의 부실이 해소되었다고 판단한 경우, 약정이 계획대로 이행된 경우, 공동관리기업이 종료를 요청하는 경우 또는 그 밖에 약정에서 정한 공동관리절차의 종료사유가 발생한 경우에 의결로써 공동관리절차를 종료할 수 있다(기촉법 제20조). 이때의 의결정족수도 협의회 총 금융채권액 중 4분의 3 이상의 금융채권액을 보유한 금융채권자의 찬성이다(기촉법 제24조 제2항).

10. 주채권은행 관리 절차

제21조(주채권은행 관리 절차) ① 주채권은행은 부실징후기업으로부터 주채권은행 관리 절차의 신청이 있어 자구계획서 등을 평가하여 기업 개선의 가능성이 있다고 판단하는 경우 단독으로 해당 기업에 대한 관리 절차를 개시할 수 있다.
② 제1항에 따라 주채권은행 관리 절차가 개시되는 경우에는 제11조 제5항, 제12조부터 제15조까지, 제17조부터 제20조까지를 준용한다. 이 경우 "협의회"는 "주채권은행"으로 본다.

주채권은행은 부실징후기업으로부터 주채권은행 관리 절차의 신청이 있어 자구계획서 등을 평가하여 기업 개선의 가능성이 있다고 판단하는 경우, 단독으로 해당 기업에 대한 관리 절차를 개시할 수 있다(기촉법 제21조 제1항). 이 경우 주채권은행은 제1차 협의회 소집 통보를 하지 않을 수 있다(기촉법 제9조 제1항 제1호). 주채권은행 단독으로 진행하는 관리 절차이므로 '협의회'가 필요하지 않기 때문이다.

제3장

금융채권자협의회 등

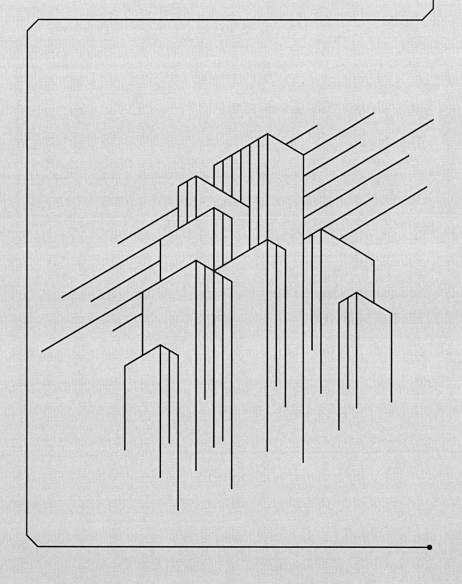

1. 금융채권자협의회

제22조(금융채권자협의회) ① 부실징후기업의 원활한 기업 개선을 도모하기 위하여 해당 기업의 금융채권자로 구성된 금융채권자협의회를 둔다.

② 주채권은행은 협의회의 소집 및 운영을 주관하며, 협의회가 의결한 사항에 관하여 협의회를 대표한다.

③ 주채권은행은 제23조 제1항 각 호의 사항을 심의·의결하기 위하여 협의회를 소집할 수 있다. 주채권은행이 아닌 금융채권자는 단독 또는 다른 금융채권자와 합하여 공동관리 기업에 대한 금융채권액이 협의회를 구성하는 금융채권자가 보유한 총 금융채권액(이 법에 따른 공동관리절차에서 출자전환된 채권액을 포함하며, 이하 "협의회 총금융채권액"이라 한다)의 4분의 1을 초과하는 경우 주채권은행에 대하여 협의회의 소집을 요청할 수 있으며, 요청을 받은 주채권은행은 지체 없이 협의회 소집에 필요한 조치를 하여야 한다.

④ 이 법에서 정한 것 외에 협의회의 운영과 관련하여 필요한 사항은 대통령령으로 정하는 범위에서 협의회가 정한다.

2016년 개정 전 기촉법은 채권금융기관만이 기촉법의 참여 대상이었으므로 채권금융기관협의회를 두었으나(개정 전 2015. 12. 22. 법률 제13613호로 시행된 기촉법 제15조), 2016년 법 개정으로 금융채권자협의회로 명칭이 변경되었다(기촉법 제22조 제1항).

가. 금융채권자협의회의 의의와 법적 성격

금융채권자협의회란 부실징후기업의 원활한 기업 개선을 도모하기 위하여 해당 기업의 금융채권자로 구성된 협의기구를 말한다(기촉법 제22조 제1항). 협의회는 공동관리절차의 개시, 연장, 중단 및 종료 등 기촉법상 정하여진 사항을 심의·의결한다(기촉법 제23조 제1항).

금융채권자협의회의 법적 성격이 무엇인지에 대하여 하급심 판례에서 다룬 적이 있었다. 동 협의회가 금융채권자로 구성된 의결기구인지, 아니면 여기서 더 나아가 독립적인 권리의무의 주체가 될 수 있는지가 해석상 이견이 있을 수 있었는데, 이는 과거 2011. 5. 19. 법률 제10684호로 개정되기 전 구 기촉법이 제24조 제1항에서 '협의회의 의결에 반대한 채권금융기관은 협의회의 의결일로부터 7일 이내에 협의회에 대하여 자기의 채권을 매수할 수 있도록 청구할 수 있다'라고 하여 반대채권자가 채권매수청구권을 행사하는 상대방이 협의회인 것처럼 규정하고 있었기 때문이었다. 이와 관련하여 서울고등법원은 '일종의 의결기구인 채권금융기관협의회가 독립된 권리·의무의 주체로서 채권매수의무 또는 매매대금지급의무를 부담하지 않음은 물론이다'라고 판시하여 협의회의 법적 성격은 의결기구임을 분명히 하였다(서울고등법원 2014. 10. 8. 선고 2013나2026140 판결). 이후 2011. 5. 19. 법률 제10684호 기촉법 개정을 통하여 제20조에서 '협의회의 의결에 반대한 채권금융기관은 … 협의회의 의결에 찬성한 채권금융기관에 대하여 자기의 채권을 매수하도록 청구할 수 있다'라고 하여 법 규정상으로도 이를 분명히 하였다(동 기촉법 제20조 제1항).

나. 금융채권자협의회의 소집

1) 주채권은행에 의한 소집

주채권은행은 제23조 제1항 각 호의 사항을 심의·의결하기 위하여 협의회를 소집할 수 있다(기촉법 제22조 제3항 전단). 이 경우 주채권은행은 회의 일시, 장소 및 목적 등에 관한 사항을 회의 개최 예정일의 5일 전까지 해당 금융채권자, 해당 부실징후기업 및 조정위원회에 알려 주어야 한다(기촉법 시행령 제12조 제1항 본문). 다만 안건이 기업개선계획의 수립 및 변경에 해당하거나 채무조정 또는 신규 신용공여 계획의 수립에 해당하는 경우에는 10일 전까지 알려 주어야 한다(기촉법 제23조 제1항 제4호, 8호, 기촉법 시행령 제12조 제1항). 이러한 통보를 받은 해당 부실징후기업은 주채권은행을 통하여 협의회에 구두 또는 서면으로 의견을 제출할 수 있다(기촉법 시행령 제12조 제3항).

2) 주채권은행이 아닌 금융채권자에 의한 소집

주채권은행이 아닌 금융채권자는 단독 또는 다른 금융채권자와 합하여 공동관리기업에 대한 금융채권액이 협의회를 구성하는 금융채권자가 보유한 총금융채권액(이 법에 따른 공동관리절차에서 출자전환된 채권액을 포함한다)의 4분의 1을 초과하는 경우 주채권은행에 대하여 협의회의 소집을 요청할 수 있으며, 요청을 받은 주채권은행은 지체 없이 협의회 소집에 필요한 조치를 하여야 한다(기촉법 제22조 제3항 후단). 기촉법 제22조 제3항 후단에 따라 주채권은행이 아닌 금융채권자가 주채권은행에 대하여 협의회의 소집을 요청하는 경우에는 협의회 소집 목적 및 금융채권자별 신용공여액 현황 등 협의회의 소집에 필요한 사항을 적은 서면을 주채권은행에 제출하여야 한다(기촉법 시행령 제12조 제2항).

다. 금융채권자협의회의 운영

주채권은행은 협의회의 소집 및 운영을 주관하며, 협의회가 의결한 사항에 관하여 협의회를 대표한다(기촉법 제22조 제2항).

채권은행이 아닌 채권금융기관이 최대 채권금융기관인 경우 주채권은행은 공동관리절차를 진행함에 있어 기업구조조정이 원활하게 추진될 수 있도록 최대 채권금융기관과 긴밀히 협조하여야 한다(기촉법 시행령 제12조 제4항). 이 조항은 기촉법이 은행 중심의 기업구조조정 패러다임에 기초한 법률이기 때문에 기촉법 절차를 주도하는 주채권은행 적격이 은행에 한정되어 있다는 문제를 고려하여 신설된 것이다. 즉, 기업자금조달이 다변화되면서 회사채·CP 등 직접금융 비중이 커짐에 따라 비채권은행이 최대 채권금융기관임에도 불구하고 주채권은행 기능을 수행할 수 없는 상황이 발생할 수 있으므로, 주채권은행과 최대 채권금융기관이 상이한 경우, 양 기관이 긴밀히 협조할 것을 선언적으로 규정하였다.[91]

---

[91] 금융위 기촉법 설명자료, p.51-52.

2. 협의회의 업무

제23조(협의회의 업무 등) ① 협의회는 다음 각 호의 사항을 심의·의결한다.
1. 공동관리절차의 개시·연장·중단 및 종료
2. 채권행사 유예기간의 결정·연장 및 중단
3. 적용배제 금융채권자의 선정
4. 기업개선계획의 수립 및 변경
5. 약정의 체결
6. 약정 이행 실적에 대한 점검 및 조치
7. 해당 기업의 경영정상화 가능성에 대한 점검·평가 및 조치
8. 채무조정 또는 신규 신용공여 계획의 수립
9. 제13조 제2항 제4호에 따른 위약금의 부과
10. 제14조 제1항에 따라 체결된 약정의 미이행으로 인한 손해배상 예정액의 책정
11. 협의회 운영 규정의 제정·개정
12. 제1호부터 제11호까지의 규정과 관련된 사항
13. 그 밖에 이 법에 따라 협의회의 의결이 필요한 사항

② 협의회는 제1항에 따라 심의·의결하는 경우 사전에 해당 기업의 경영인 및 제14조 제2항 제4호에 따른 동의서를 제출한 자에게 구두 또는 서면으로 의견을 개진할 수 있는 기회를 부여하여야 한다.

③ 협의회는 공동관리기업에 대한 효율적인 기업 개선을 위하여 필요한 경우 그 의결로 제1항 각 호에 따른 업무의 전부 또는 일부를 협의회를 구성하는 금융채권자의 대표로 구성되는 운영위원회 또는 주채권은행에 위임할 수 있다.

기촉법 제23조는 협의회의 심의·의결 사항을 정하고 있다. 이하 주요한 사항으로 생각되는 제1호부터 제10호까지 차례대로 살펴본다.

가. 공동관리절차의 개시·연장·중단 및 종료(제1호)

1) 공동관리절차의 개시

기촉법상 주채권은행은 부실징후기업으로부터 공동관리절차의 신청을 받은 날로부터 14일 이내에 공동관리절차의 개시 여부를 결정하기 위한 협의회를 소집하여야 하고(기촉법 제9조 제1항), 이러한 소집 통보를 받은 날로부터 14일 이내에 제1차 협의회를 소집하여 공동관리절차의 개시에 대한 의결을 하여야 한다(기촉법 제11조 제1항 제2호).

2) 공동관리절차의 연장

기촉법은 공동관리절차에 대한 정의 규정을 별도로 두고 있지는 않으나, 이때의 공동관리절차란 부실징후기업이 공동관리절차를 신청하면(기촉법 제8조) 해당 기업에 대한 기업개선계획을 작성하고(기촉법 제13조), 그 이행을 위한 약정을 체결하여(기촉법 제14조) 구조조정절차를 이끌어 가는 과정 전반을 말하는 것으로 볼 수 있다. 따라서 공동관리절차의 연장이란 결국 기업개선계획의 이행 기간 연장 및 그에 따른 약정의 연장 등 부실징후기업에 대한 금융채권자 공동의 관리 절차를 연장하는 것을 말한다.

특히 기촉법 제16조 제1항은 공동관리기업과 약정을 체결한 날부터 3년이 경과하는 날까지 공동관리절차가 종료되지 아니한 경우, 경영평가위원회를 구성하여 공동관리절차를 평가하여야 한다고 하여 공동관리절차의 이행 기간이 기본적으로 3년임을 전제하고 있다고 볼 수 있고, 실무적으로도 기업개선계획의 이행을 위한 약정 기간을 3년으로 하되 합의에 의하여 변경할 수 있는 것으로 하는 경우가 많다.

공동관리절차의 연장 및 이와 관련한 기업개선계획의 이행을 위한 약정의 연장은 다양한 사유로 발생할 수 있다. 가령 기촉법 제14조 제2항 제2호는 매출액·영업 이익 등 해당 기업의 경영 목표 수준을 달성하기 위하여 필요한 구조조정 계획과 재무구조 개선 계획 등을 포함한 구체적인 이행 계획의 이행 기간을 1년으로 하되, 협의회 의결로 연장할 수 있다고 하고 있는바(기촉법 제14조 제2항 제1호 및 제2호) 이러한 사유도 기촉법 제23조 제1항 제1호에서 말하는 공동관리절차의 연장 사유에 포함된다고 할 것이다.[92]

---

[92] 기촉법은 전체적인 조문 체계의 정합성이 다소 미흡한 것으로 보이는데, 예를 들면 기촉법 제14조 제2항 제2호는 경영 목표 수준 달성을 위한 구조조정 계획과 재무구조 개선 계획 등을 포함한 구체적인 이행 계획의 이행 기간을 1년 이내로 하되, 협의회 의결로 연장할 수 있다고 규정하고 있으나, i) 이때 말하는 '등'의 범위가 어디까지인지가 불분명하고(동조가 병렬적으로 나열하고 있는 제3호 내지 제8호의 사유도 이러한 '등'에 포함될 수 있으므로), ii) 경영 목표 수준을 달성하지 못할 경우, 기업이 추가적으로 추진할 이행계획(기촉법 제14조 제2항 제3호), 제3자 매각, 경영위탁 등의 방식에 의한 경영정상화 계획(기촉법 제14조 제2항 제6호), 지배구조 개선 계획(기촉법 제14조 제2항 제7호), 기타 기업 개선을 위하여 필요하다고 협의회가 의결한 사항 및 그 이행계획(기촉법 제14조 제2항 제8호)도 얼마든지 연장할 필요성이 있을 수 있으므로 굳이 제14조 제2항 제2호에서 한정하여 협의회의 의결로 이행 기간을 연장할 수 있다고 규정할 필요는 없기 때문이다. 제23조의 협의회 심의·의결 사항에 '공동관리절차의 연장'이라고 규정하고 있으므로 제14조 제2항 제2호의 후단 부분을 삭제하여도 무방할 것으로 생각된다.

3) 공동관리절차의 중단

가) 중단의제 사유

기촉법에는 공동관리절차 중단이 의제되는 사유가 개별적으로 규정되어 있다. 먼저 공동관리절차 개시 후에 회생 절차 또는 파산 절차의 신청이 있고, 이에 따라 회생 절차 개시결정 또는 파산선고가 있는 때(기촉법 제11조 제5항), 채권 행사 유예 기간에 기업개선계획을 의결하지 못한 경우에는 그다음 날로부터(기촉법 제13조 제3항), 그리고 기업개선계획의 이행을 위한 약정 체결을 하여야 하는 기간 내에 약정을 체결하지 못한 경우 그다음 날부터 공동관리절차가 중단된 것으로 본다(기촉법 제14조 제3항). 이러한 사유가 발생하는 경우 공동관리절차는 중단된 것으로 의제 또는 간주되므로, 이러한 사유 발생에 의한 중단은 사유가 발생하였다는 사실만으로 족하고 중단에 대한 별도의 협의회 의결은 필요하지 않다고 할 것이다.

나) 협의회 의결이 필요한 중단

이와 달리 기촉법 제23조 제1항 제1호에서 말하는 공동관리절차의 중단이란 기촉법상 정하여진 중단 의제 사유 이외의 사유가 발생하고, 이에 따라 협의회 의결로써 공동관리절차를 중단하는 것을 말한다. 이러한 사유의 예로는 금융채권자의 목록 등에 중요한 사항에 관한 고의적 누락이나 허위 기재 등과 같은 기촉법 제19조 제1호 내지 제5호에 의한 사유를 들 수 있다. 이외에도 기업개선계획의 이행을 위한 약정에 공동관리절차의 중단 사유를 정할 수 있는바(기촉법 제14조 제2항 제10호), 이는 약정에서 정한 공동관리절차의 중단 사유가 발생한 경우에 해당하며, 이 역시 중단에 대한 협의회 의결이 필요하다(기촉법 제19조 제6호).

4) 공동관리절차의 종료

기촉법 제23조 제1항 제1호에서 말하는 공동관리절차의 종료란 공동관리기업의 부실 해소 등 기촉법 제20조에 의한 사유가 발생하고, 이에 따라 협의회의결로써 종료하는 것을 말한다. 기업개선계획의 이행을 위한 약정에 공동관리절차 종료 사유를 정한 경우에도 중단과 마찬가지로 종료에 관한 의결이 필요하다(기촉법 제14조 제2항 제10호, 제20조 제4호).

나. 채권행사 유예 기간의 결정·연장 및 중단(제2호)

1) 채권행사 유예 기간의 결정 및 연장

기촉법은 공동관리절차의 개시 시 부실징후기업에 대한 채권행사유예 여부 및 유예 기간의 결정을 제1차 협의회에서 의결할 수 있다고 하고(기촉법 제11조 제1항 제3호), 이러한 유예 기간은 1회에 한정하여 1개월의 범위에서 협의회의 의결을 거쳐 연장할 수 있다고 하고 있다(기촉법 제11조 제2항).

2) 채권행사 유예 기간의 중단

채권행사 유예 기간의 중단은 2016. 3. 18. 법률 제14075호 제정 형식으로 개정된 기촉법에서 처음으로 추가된 것으로, 그전에는 채권행사 유예 기간의 결정 및 연장으로만 문구가 표현되었다. 이와 관련하여 채권행사 유예 기간의 중단이란 기촉법상 공동관리절차 중단이 의제되거나 공동관리절차 중단이 결의되는 상황 이외에 별도의 객관적인 사정에 의해서 채권행사 유예 기간을 중단할 필요가 있는 경우에 활용 가능하다고 해석하는 견해가 있다.[93]

기촉법 제11조에서 말하는 채권행사 유예 기간은 공동관리절차 개시를 위한 제1차 협의회 소집 시 정하는 최초의 채권행사 유예 기간을 의미한다. 그리고 이러한 최초의 채권행사 유예는 연장까지 포함하여 최대 4개월까지만 가능하다(기촉법 제11조 제2항). 그러나 이러한 채권행사 유예 기간 외에도 기업구조조정 절차를 진행하면서 필요에 의하여 추가적으로 채권행사 유예 기간을 부여하는 것도 가능하다 할 것이다. 어떠한 경우든 일단 부여한 채권행사 유예 기간을 중단하는 것은 기업구조조정 과정에서 더 이상 유예 기간을 유지할 실익이 없는 상황이 발생한 것으로 생각할 수 있다. 그리고 이러한 채권행사 유예 기간의 중단은 2016년 법 개정 전에도 가능하였을 것으로 생각된다. 왜냐하면 채권행사 유예 기간의 '결정'은 그 중단이나 연장 등 기간의 변경을 포함한다고 할 것이고, 기촉법상 협의회의 의결 사항에는 채권행사 유예 기간과 관련된 사항도 포함되기 때문이다(기촉법 제23조 제1항 제12호). 따라서 '중단'이라는 문구가 추가되기 전에도 협의회의 의결로 채권행사 유예 기간을 중단할 수 있었을 것이고, 2016년 법 개정을 통해서 이러한 사항이 좀 더 명확해졌다고 보아야 할 것이다.[94]

---

[93] 온주 기촉법 제23조, Ⅰ. 2. 채권행사 유예 기간의 결정·연장 및 중단 부분 참조

[94] 2016년 기촉법 개정 이전에도 채권행사의 유예 기간 결정 및 연장을 포함, 이와 관련된 사항을 협의회 심의·의결 사항으로 하고 있었다(2016년 개정 전 2015. 12. 22. 시행 법률 제13613호 기촉법 제17조 제1항 제3호 및 제10호).

다. 적용배제 금융채권자의 선정(제3호)

2016년 기촉법 개정으로 기촉법 적용 대상 금융채권자의 범위가 확대되었음은 앞서 본 바와 같다. 이와 관련하여 기촉법은 신속하고 원활한 공동관리절차의 진행을 위하여 제9조에서 일정한 금융채권자에 대해서는 협의회 소집 통보를 하지 않을 수 있다고 하고 있다. 여기에는 금융업을 영위하지 아니하는 금융채권자, 소액금융채권자 및 그 밖에 공동관리절차에 참여할 필요성 등을 고려하여 협의회의 구성에서 배제할 필요가 있다고 판단하는 금융채권자가 해당된다(기촉법 제9조 제5항, 기촉법 시행령 제7조 제2항).

그런데 이러한 주채권은행의 금융채권자 적용배제와 관련하여 다시 기촉법 제23조에 의한 협의회의 의결이 필요한가? 이에 대하여 금융위의 기촉법 설명자료는 「특히 적용배제 금융채권자를 '협의회'가 최종적으로 심의·의결하도록 함으로써, 주채권은행의 자의적인 채권단 구성 가능성을 최소화」하였다고 하여 이와 같이 해석할 여지를 주고 있다.

그러나 이와 같이 해석하는 경우, i) 주채권은행이 일정한 금융채권자를 적용배제할 수 있도록 한 기촉법 제9조의 규정이 유명무실해지고, ii) 주채권은행의 자의적인 채권단 구성 가능성에 대해서는 협의회 소집을 통보받지 못한 금융채권자가 협의회에 참여를 원하는 경우 주채권은행은 해당 금융채권자를 협의회에서 배제할 수 없도록 함으로써(기촉법 제9조 제6항) 이에 대한 대책을 마련하고 있으므로 기촉법 제9조에 따른 주채권은행의 적용배제에 대해서는 별도의 협의회의 심의·의결이 불필요하다고 보아야 할 것이다.[95]

이는 기촉법상 규정의 해석을 통하여도 다시 한번 확인할 수 있다. 즉, 주채권은행은 제9조 제5항에 따라 소집 통보를 하지 않을 수 있는 금융채권자 이외의 금융채권자에 대해서는 반드시 제1차 협의회 소집 통보를 하여야 하고(기촉법 제9조 제2항), 이와 같이 소집 통보를 받은 금융채권자는 이후 개최되는 제1차 협의회에서 공동관리절차에 참여할 금융채권자의 구성에 대한 사항을 의결할 수 있으며(기촉법 제11조 제1항 제1호), 이러한 제1차 협의회의 의결에 따라 공동관리절차에 참여하지 아니하는 금융채권자가 '적용배제 금융채권자'가 된다(기촉법 제11조 제3항). 다시 말하면, 기촉법 제9조 제5항의 금융채권자 이외에 주채권은행이 자의적으로 적용배제 금융채권자를 선정할 수는 없는 것이다. 따라서 기촉법 제23조 제1항 제3호에서 협의회의 심의·의결 사항으로 규정하는 적용배제 금융채권자의 선정은 제11조에 따른 제1차 협의회의 금융채권자 구성과 관련한 적용배제 금융채권자 선정을 말하는 것으로 보아야 할 것이다.

한편, 적용배제 금융채권자의 선정을 금융채권자협의회의 최종적인 의결 사항의 하나로 규정하고 있는 이상 제9조 제5항에 따른 주채권은행의 결정을 금융채권자협의회에서 변경하여 다시 특정 금융채권자를 공동관리절차 및 금융채권자협의회의 대상으로 포함하는 것은 가능하고, 이 경우 위 금융채권자에 대해서도 소집 통보를 진행하여 금융채권자협의회를 소집하는 것이 필요하다고 해석하는 것이 합리적이라고 하는 견해가 있다.[96]

---

95 온주 기촉법도 「법상 주채권은행이 금융채권자협의회 이전에 특정 금융채권자를 소집 통보에서 배제할 수 있도록 하고 이에 대해서 별도로 금융채권자협의회 승인을 받도록 규정하고 있지 않은 이상 주채권은행의 위와 같은 결정에 대해서 금융채권자협의회의 승인이 필요하다고 해석하기는 어렵다고 본다」고 하여 비슷한 취지로 설명하고 있다(온주 기촉법, 제23조, I. 금융채권자협의회의 심의·의결 사항 3. 적용배제 금융채권자의 선정(제3호) 부분 참조).

96 온주 기촉법, 제23조, I. 금융채권자협의회의 심의·의결 사항 3. 적용배제 금융채권자의 선정(제3호) 부분 참조

그러나 이와 같이 해석하면 주채권은행이 일정한 금융채권자를 적용배제할 수 있도록 한 기촉법 제9조 제5항의 규정 및 주채권은행의 적용배제에 따라 협의회 소집을 통보받지 못한 금융채권자가 협의회 참여를 원하는 경우, 주채권은행은 해당 금융채권자를 협의회에서 배제할 수 없도록 하는 기촉법 제9조 제6항의 규정이 유명무실해진다. 또한 주채권은행의 적용배제 결정에 이의를 제기하지도 않고, 별도로 협의회에 참여를 원한다고 하지도 않은 금융채권자에 대하여 협의회 의결을 통하여 금융채권자협의회의 대상으로 포함시킬 수 있다고 보는 것은 타당하지 않다고 생각된다.

적용배제 금융채권자의 선정은 통상의 협의회 의결인 '협의회 총 금융채권액 중 4분의 3 이상의 금융채권액을 보유한 금융채권자'의 찬성이 아니고, '제1차 협의회 소집을 통보받은 총 금융채권액 중 4분의 3 이상의 금융채권액을 보유한 금융채권자'의 찬성으로 한다(기촉법 제11조 제4항). 적용배제 금융채권자에 대해서는 기촉법에 따른 공동관리절차가 적용되지 아니한다(기촉법 제11조 제3항).

라. 기업개선계획의 수립 및 변경(제4호)

주채권은행은 기업개선계획을 작성하여 협의회에 제출하여야 하는바(기촉법 제13조 제1항), 이러한 기업개선계획에는 채무조정이나 신규 신용공여에 대한 사항, 그리고 이를 이행하지 아니하는 금융채권자에게 부과하는 위약금에 대한 사항, 공동관리기업의 자구계획을 포함할 수 있다(기촉법 제13조 제2항).

기촉법은 협의회가 채권행사 유예 기간에 기업개선계획을 의결하지 못한 경우, 그다음 날부터 공동관리절차가 중단되는 것으로 본다고 하여 주채권은행이 제출한 기업개선계획이 협의회의 의결 대상임을 분명히 하고 있다(기촉법 제13조 제3항). 또한 기업개선계획이 의결된 후에도 주채권은행이 공동관리기업의 기업개선을 위하여 필요하다고 판단하는 경우 협의회의 의결에 따라 기업개선계획을 변경할 수 있다고 하고 있다(기촉법 제13조 제4항).

기촉법 제23조 제1항 제4호에서 말하는 '기업개선계획의 수립 및 변경'은 기촉법 제13조 제3항 및 제4항에 따른 기업개선계획의 수립 및 변경을 의미하는 것으로 해석된다.

마. 약정의 체결, 약정 이행 실적에 대한 점검 및 조치(제5호 및 제6호)

협의회는 기업개선계획을 의결한 날부터 1개월 이내에 공동관리기업과 기업개선계획의 이행을 위한 약정을 체결하여야 한다(기촉법 제14조 제1항). 통상 기업개선계획의 이행을 위한 약정 체결도 협의회의 심의·의결 사항이다(기촉법 제23조 제1항 제5호). 주채권은행은 약정의 이행 실적을 분기별로 점검하여 그 결과를 협의회에 보고하여야 한다(기촉법 제15조 제2항). 공동관리기업이 정당한 사유 없이 약정의 중요한 사항을 이행하지 아니하였거나 약정이 이행되기 어렵다고 판단되는 경우, 이는 공동관리절차의 중단 사유가 된다(기촉법 제19조 제3호).

기촉법은 약정 이행 실적에 대한 점검을 협의회의 심의·의결 사항으로 하고 있으나, 엄밀히 말하면 협의회는 주채권은행으로부터 이행 실적 점검 결과를 보고받는 것이고, 그 결과 조치를 취하는 경우에도 기촉법은 중단, 종료 등의 조치에 대한 개별 규정을 두고 있으므로 '이행 실적에 대한 점검 및 조치'를 별도로 협의회의 심의·의결 사항으로 규정할 필요성은 낮은 것으로 생각된다.

바. 해당 기업의 경영정상화 가능성에 대한 점검·평가 및 조치(제7호)

해당 기업의 경영정상화 가능성에 대한 점검·평가도 경영평가위원회가 평가하고 이를 협의회에 보고하도록 되어 있으므로(기촉법 제16조 제2항), 엄밀히 말하면 이는 협의회의 심의·의결 대상은 아니다. 또한 경영정상화 가능성에 대한 조치는 결국 공동관리절차의 중단, 종료 등으로 기촉법상 개별 규정을 두고 있으므로 이 역시 협의회의 심의·의결 사항으로 규정할 필요성은 낮은 것으로 생각된다.

사. 채무조정 또는 신규 신용공여 계획의 수립(제8호)

기촉법은 채무조정과 신규 신용공여에 관하여 각각 별도의 조문을 두어 협의회의 의결로 이를 허용함을 명시하고 있다(기촉법 제17조 및 제18조). 기촉법 제23조 제1항 제8호도 '채무조정 또는 신규 신용공여 계획의 수립'이 협의회의 심의·의결 사항임을 규정하고 있다.

그런데 기촉법 제13조는 기업개선계획에 채무조정과 신규 신용공여 사항을 포함시킬 수 있다고 규정한다(기촉법 제13조 제2항 제1호 및 제2호). 이외에 채무조정과 신규 신용공여 사항을 이행하지 아니하는 금융채권자에게 부과하는 위약금도 기업개선계획에 포함할 수 있다(기촉법 제13조 제2항 제4호). 이러한 경우, 기업개선계획의 수립에 대해서는 기촉법 제23조 제1항 제4호와 함께 제8호, 제9호 등도 함께 적용된다고 보아야 할 것이다.

아. 제13조 제2항 제4호에 따른 위약금의 부과(제9호)

기업개선계획에는 채무조정 또는 신규 신용공여에 관한 사항 및 이를 이행하지 아니하는 금융채권자에게 부과하는 위약금에 대한 사항을 포함할 수 있다(기촉법 제13조 제2항 제4호). 협의회는 이러한 위약금의 부과에 대한 심의·의결권을 가진다(기촉법 제23조 제1항 제9호). 참고로 기촉법은 협의회의 의결 사항을 이행하지 아니하는 금융채권자에 대하여 그 의결에 따라 위약금을 부과할 수 있다고 하고 있는바(기촉법 제28조 제3항), 채무조정 또는 신규 신용공여 사항을 포함한 기업개선계획 의결이든 별도 규정에 의한 채무조정 또는 신규 신용공여 의결이든 모두 '협의회의 의결'에 포함되는 것으로 해석할 수 있다.

자. 제14조 제1항에 따라 체결된 약정의 미이행으로 인한 손해배상예정 액의 책정(제10호)

협의회가 공동관리기업과 체결한 기업개선계획의 이행을 위한 약정을 체결하여야 하는데(기촉법 제14조 제1항), 이러한 약정의 미이행으로 인한 손해배상 예정액의 책정도 협의회의 심의·의결 사항에 속한다(기촉법 제23조 제1항 제10호).

위약금과 마찬가지로 기촉법은 협의회의 의결 사항의 불이행에 따르는 손해배상예정액을 의결로 정할 수 있다고 하고 있는바(기촉법 제28조 제5항), 기업개선계획의 이행을 위한 약정 체결은 협의회 의결 사항이므로(기촉법 제23조 제1항 제5호) 이러한 약정을 불이행하는 것 또한 기촉법 제28조 제5항으로 포섭되는 것으로 해석할 수 있다.

차. 위약금 및 손해배상예정액과 관련한 문제

1) 2016년 기촉법 개정 전·후의 비교

2016년 법 제정 형식으로 기촉법이 개정되기 전에는 위약금과 손해배상책임에 대한 기촉법의 규정은 다음과 같았다. 먼저, 채권금융기관이 협의회의 의결을 이행하지 아니한 경우 또는 채권금융기관이 채권금융기관 외의 자에게 채권을 매각하거나 관리권을 위탁하면서 당해 채권의 매수인 또는 수탁자로부터 기촉법의 규정을 따르겠다는 확약서를 협의회에 제출하지 아니한 경우 당해 채권금융기관은 다른 채권금융기관이 받은 손해를 배상할 책임이 있었다(2015. 12. 22. 법률 제13613호 기촉법 제21조 제1항). 이러한 손해배상책임이 있는 채권금융기관은 위약금을 협의회에 납부할 수 있었으며, 이 경우 손해배상책임은 면제되었다(동 기촉법 제21조 제2항). 이러한 위약금의 가액 및 납부받은 위약금의 배분은 협의회가 결정하며, 협의가 이루어지지 않는 경우 조정위원회의 조정에 따르는 것으로 되어 있었다(동 기촉법 제21조 제3항).

그런데 2016년 기촉법을 개정하면서 현행 기촉법과 같이 위약금의 부과 및 손해배상예정액의 책정을 협의회 의결 사항으로 명시하고 위약금과 손해배상금을 병과 가능한 것으로 규정하였다(기촉법 제28조 제3항 및 제4항). 금융위 기촉법 설명자료는 이를 협의회 의결의 구속력을 제고하기 위한 조치로 설명하고 있다.[97]

2) 위약금의 부과 사유 및 손해배상예정액의 책정 사유에 대한 해석의 문제

기촉법 제23조 제1항 제9호는 '제13조 제2항 제4호에 따른 위약금의 부과'를 협의회 심의·의결 사항으로 규정하고 있는바, 이는 기업개선계획에 포함된 채무조정 또는 신규 신용공여 사항을 이행하지 아니하는 금융채권자에게 부과하는 위약금이다. 기촉법 제23조 제1항 제10호도 '제14조 제1항에 따라 체결된 약정의 미이행으로 인한 손해배상 예정액의 책정'을 협의회 심의·의결 사항으로 규정

---

97 금융위 기촉법 설명자료, p.65-66.

하고 있는바, 이는 기업개선계획의 이행을 위한 약정을 미이행하는 경우 적용되는 손해배상 예정액을 말한다. 이처럼 기촉법 제23조 제1항 제9호 및 제10호에 따르는 위약금과 손해배상 예정액은 그 부과 사유를 한정하고 있는 것으로 해석될 수 있다.

그러나 동시에 기촉법은 제28조 제3항으로 '협의회의 의결 사항을 이행하지 아니하는 금융채권자에 대하여 그 의결에 따라 위약금을 부과할 수 있다'라고 하고 있고, 제28조 제5항으로 '협의회는 의결 사항의 불이행에 따르는 손해배상 예정액을 의결로 정할 수 있다'라고 규정하고 있다. 기촉법 제23조 제1항 제9호 및 제10호에 따른 위약금과 손해배상예정액 이외에도 협의회 운영 규정의 제정·개정 등 기촉법 제23조 제1항 제1호부터 제11호까지와 관련된 사항 등이 모두 기촉법상 협의회의 의결 사항임을 감안하면 위약금과 손해배상예정액의 부과 사유는 그 범위와 대상이 매우 포괄적인 것으로도 해석될 수 있다.

이러한 기촉법의 규정은 서로 상충하는 것인가? 아니면 기촉법 제28조 제3항과 제5항으로 위약금과 손해배상예정액 부과가 광범위하고 포괄적으로 인정되고, 단지 기촉법 제23조 제1항 제9호와 제10호가 각각 위약금과 손해배상예정액 부과를 규정하고 있는 것은 확인적 의미에 불과한가? 또 이미 기업개선계획 수립 시 위약금에 대한 사항을 포함하는 것으로 하여 협의회 의결을 받았는데, 기촉법 제23조 제9호는 위약금의 '부과'라고 표현하고 있는바, 그렇다면 기업개선계획에 위약금 내용을 포함하였더라도 이에 기하여 위약금을 부과하기 위해서는 또다시 협의회 의결을 받아야 하는가?

이에 대해서는 다음과 같은 해석이 가능할 것으로 생각된다. 기촉법 제28조 제3항과 제5항은 위약금과 손해배상예정액의 부과를 일반적으로 인정하는 것처럼 보이나, 조문의 체계상 이는 금융채권자의 협의회 의결 사항에 대한 성실 이행 의무(기촉법 제28조 제1항) 및 협의회의 금융채권자에 대한 의결 사항 이행요구권(기촉법 제28조 제2항)을 전제로 하는 것이다. 그러나 이러한 이는 실체적인 권리가 없는 단순한 선언적 규정에 불과하다. 기촉법의 주무부처인 금융위원회도 이와 같이 해석하고 있다.[98]

따라서 기촉법상 위약금과 손해배상예정액은 모든 협의회 의결 사항을 불이행하였다고 하여 바로 부과할 수는 없고, 기촉법에서 구체적으로 사유를 한정한 때 한하여 가능하다는, 즉 기촉법 제23조 제1항 제9호 및 제10호에 기한 사유의 발생 시에만 부과 가능하다는 해석이 가능하다.[99] 이와 같이 해석하는 경우에는 기업개선계획에 위약금에 대한 사항을 포함하여 협의회 의결을 받았다고 하더라도 실제로 위약금을 부과하는 때에는 또다시 이에 대한 협의회의 의결이 있어야 할 것으로 생각된다. 이와 같이 한정적으로 해석하는 경우 채무조정이나 신규 신용공여에 대한 불이행에 대해서는 위약금이나 손해배상 예정액을 부과할 수 없는 것인가 하는 의문이 있을 수 있으나, 앞서 기촉법 제13조를 살펴볼 때 본 바와 같이 채무조정의 경우에는 불이행이 있기 어려우므로 이에 대한 위약금이나 손해배상예정액을 논의할 실익은 낮은 것으로 생각된다. 다만, 신규 신용공여의 경우에는 위약금이나 손해배상예정액을 부과할 수는 있을 것으로 보이나, 이 역시 손해배상의 청구인 적격 등에 대한 논란이 발생한다(자세한 사항은 기촉법 제28조 설명 부분을 참고하기 바란다).

---

98 금융위 기촉법 설명자료, p.65.

99 앞서 살펴본 바와 같이 기촉법 제13조 제2항에 따라 기업개선계획에 포함될 위약금의 성격은 협의회에 의해 의결된 채무조정 및 신규 신용공여 등의 이행을 하지 않을 경우 부과하는 위약금에 관한 것으로, 기촉법 제28조 제3항에서 요구하는 위약금과 그 성격이 동일하다(온주 기촉법, 제13조, II. 2. 기업개선계획의 세부 내용 라. 금융채권자에 대한 위약금 부분 참조).

이와 관련하여 금융채권자협의회 결의 그 자체를 근거로 채무조정, 출자전환 혹은 신규 신용공여에 대한 형성적 효력이 발생하는 것은 아니고 금융채권자의 개별적인 의사 표시가 필요하므로 금융채권자협의회 결의의 규범력을 확보하기 위해서는 그 결의에 이미 미이행과 관련한 위약금 및 손해배상액의 예정액을 정해 둠으로써 간접적으로 그 이행을 강제하는 것이 중요하다고 해석하는 견해가 있다. 이 견해는 이러한 취지로 기촉법이 제13조 제2항 제4호에서 기업개선계획에 채무조정 또는 신규 신용공여를 이행하지 아니한 금융기관에게 부과하는 위약금을 포함시킬 수 있도록 하고, 기촉법 제23조 제1항 제9호 및 제10호에 협의회의 심의·의결 사항으로서 기촉법 제13조 제2항 제4호에 따른 위약금의 부과 및 기업개선계획의 이행을 위한 약정의 미이행으로 인한 손해배상예정액의 책정 등을 규정하며 기촉법 제28조 제3항 내지 제5항에서 협의회 의결 사항 불이행에 대하여 위약금의 부과, 손해배상에 관한 연대책임, 손해배상예정액의 의결 등을 규정하고 있다고 한다.[100]

3) 의결권 산정과 관련한 문제

그러나 상기와 같이 해석하는 경우에도 의결권 산정과 관련한 의문은 여전히 발생한다. 기촉법 제24조 제2항은 협의회 의결의 일반 정족수를 규정하고 있다. 즉, 협의회는 기촉법 또는 협의회의 의결에 다른 정함이 있는 경우를 제외하고는 협의회 총 금융채권액 중 4분의 3 이상의 금융채권액을 보유한 금융채권자의 찬성으로 의결하는 것이 원칙이다. 그런데 기촉법 제24조 제3항은 '협의회

---

[100] 온주 기촉법, 제28조, III. 금융채권자의 금융채권자협의회 결의불이행에 따른 위약금 및 손해배상 청구 부분 참조

가 제23조 제1항 제9호의 사항을 의결하는 경우에는 위약금 부과의 대상이 되는 금융채권자 및 그가 보유하는 금융채권은 제2항의 각 비율을 산정함에 있어서 포함되지 아니한다'라고 규정하고 있다. 이때의 제23조 제1항 제9호의 사항이란 '기업개선계획에 포함된 채무조정 또는 신규 신용공여 사항을 이행하지 아니하는 금융채권자에게 부과하는 위약금의 부과'를 말한다.

위약금과 손해배상예정액의 책정이 기촉법 제28조의 일반 조항이 아닌 개별·구체적 근거가 있는 경우에만 가능하다고 보더라도, 위에서 본 바와 같이 협의회 의결 정족수를 규정한 제24조는 동조 제3항에서 기업개선계획에 포함된 채무조정 또는 신규 신용공여 사항을 이행하지 아니하는 금융채권자에게 부과하는 위약금의 부과에 대해서만 예외적인 의결권 산정 기준을 규정하고 있다. 그러나, 기촉법 제24조 제3항이 위약금의 부과 대상이 되는 채권자 및 그가 보유하는 금융채권을 위약금 의결권 산정 시 제외하는 이유는 위반자에 대한 제재를 정함에 있어 위반행위자의 의결권을 인정하기 어렵다는 것이 이유일 것으로 생각된다. 그렇다면 이러한 의결권 제외의 이유는 기촉법 제23조 제1항 제10호의 개선개선계획의 이행을 위한 약정의 미이행으로 인한 손해배상예정액의 책정에도 동일하게 적용되어야 할 것이다. 나아가 기업구조조정 과정에서 추가적인 채무조정이나 신규 신용공여를 의결할 필요가 있고, 이러한 결의의 규범력을 확보하기 위해 그 결의 시 미이행과 관련한 위약금 및 또는 손해배상예정액을 정해 두려는 경우에도 이러한 위반행위자의 의결권 제외의 필요성은 여전히 필요하다 할 수 있다. 그러나 기촉법은 '기업개선계획에 포함된 채무조정 또는 신규 신용공여 사항을 이행하지 아니하는 금융채권자에게 부과하는 위약금의 부과' 이외에는 의결권 제한에 대한 어떠한 규정도 두고 있지 않아 조문의 체계 및 해석상 일관되지 못하고, 불명확하다는 문제가 있다.

이러한 사항은 다음의 경우에도 발생한다. 즉, 채무조정이나 신규 신용공여 사항을 포함시키는 기업개선계획을 수립하는 경우 의결정족수는 어떻게 되는가?

기촉법은 기업개선계획의 수립 및 변경, 채무조정 또는 신규 신용공여 계획의 수립을 각각 별도로 협의회 의결 사항으로 규정하고 있다(기촉법 제23조 제1항 제4호 및 제8호). 한편 협의회 의결 시 의결 방법은 기촉법상 달리 정하는 경우를 제외하고는 협의회 총 금융채권액 중 4분의 3 이상의 금융채권액을 보유한 금융채권자의 찬성으로 의결한다(기촉법 제24조 제2항). 그런데 신규 신용공여의 경우에는 기촉법 제18조 제1항에서 '신규 신용공여 금액은 협의회 의결로 달리 정하지 아니하는 한 제26조에 따라 신고된 금융채권액에 비례하여 정한다'라고 할 뿐 별도의 의결정족수를 정하고 있지 않으나, 채무조정의 경우에는 기촉법 제17조 제2항에서 '채무조정에 관한 협의회의 의결은 금융채권자의 담보채권 총액 중 4분의 3 이상의 담보채권을 보유한 금융채권자가 찬성하여야 그 효력이 있다'라고 하여 별도의 의결정족수를 정하고 있다(기촉법 제17조 제2항).

그렇다면, 채무조정이나 신규 신용공여 사항을 포함하는 기업개선계획을 의결하는 경우 의결정족수는 어떻게 정해야 하는가? 즉, 기촉법 제23조 제1항 제4호 및 기촉법 제24조 제2항에 따라 협의회 총 금융채권액 중 4분의 3 이상의 금융채권액을 보유한 금융채권자의 찬성으로 의결한다고 볼 것인가? 아니면 기촉법 제23조 제1항 제4호 외에도 제8호가 적용되고, 이에 따라 특히 채무조정이 있는 경우에는 기촉법 제17조 제2항에 따른 별도의 의결정족수 조항이 적용되는가? 생각건대 이 경우에는 후자와 같이 해석하여야 한다고 할 것이다. 따라서 기업개선계획 수립 자체는 기촉법 제24조 제2항에 의한 의결정족수, 즉 협의회 총 금융채권액 중 4분의 3 이상의 금융채권액을 보유한 금융채권자의 찬성으로 의결하면 족하나, 기업개선계획 중 채무조정에 대해서는 채무조정에 관한 기촉법 제17조 제2항에 의한 의결, 즉 금융채권자의 담보채권 총액 중 4분의 3 이상의 담보채권을 보유한 금융채권자의 찬성이 있어야 할 것이다. 이는 기촉법 제24조 제2항에서 말하는 '이 법에서 달리 정하는 경우'에 해당하기 때문이다. 또, 이와 같이 해석하지 않는 경우 기촉법이 별도 규정으로 특별 의결정족수를 규정한 조항의 취지 자체가 몰각될 수 있기 때문이다.

의결정족수에 관한 판례는 아니나, 대법원은 채권재조정 내지 신규 신용공여를 실행하도록 하는 채권금융기관협의회의 의결은 엄격하게 해석하여야 한다고 판시하고 있다(대법원 2023. 11. 2. 선고 2018다208376 판결). 동 판례에서 대법원의 입장은 다음과 같다. 채권재조정 내지 신규 신용공여에 관한 의결은 채권금융기관에 중대한 책임을 부과하거나 재산권의 중요한 부분을 침해 내지 제한하는 것이므로 채권금융기관이 의결 내용을 받아들여서 계속 공동관리절차에 참여할 것인지 아니면 채권매수청구권을 행사하여 공동관리절차에서 탈퇴할 것인지를 신속하게 결정할 수 있도록 채권재조정 또는 신규 신용공여에 관한 의결 내용은 명확하게 정해져야 하고, 만일 의결 내용이 그 자체로 명확하지 않다면 의결된 사항의 의미를 엄격하게 해석하여야 한다.

이러한 견지에서 대법원은 갑 주식회사에 대한 채권금융기관 공동관리절차에서 채권금융기관협의회가 채권금융기관의 갑 회사에 대한 무담보채권 98.08%를 출자전환하는 내용의 의결을 하였는데, 갑 회사가 체결한 도급계약 등과 관련한 보증보험계약 등을 체결함으로써 지급보증의 신용공여를 한 채권금융기관인 을 보험회사가 주채권은행인 병 은행을 상대로 위 의결 이후 보증보험계약에 따른 채무이행으로 취득한 구상금 채권 등의 매수를 구한 사안에서, 제반 사정에 비추어 위 의결에 따라 출자전환 대상이 되는 채권에는 의결 당시

보증채무를 이행하지 않아 대상 기업에 대한 구상권의 발생 여부와 금액 등이 확정되지 않았던 채권은 포함되지 않았다고 해석할 여지가 많은데도 이와 달리 본 원심 판단에 법리 오해 등의 잘못이 있다고 하였다.

상기 판례에서 대법원은 지급보증의 신용공여를 하였지만 의결 당시 보증채무를 이행하지 않아 대상 기업에 대한 구상권의 발생 여부와 금액 등이 확정되지 않았던 채권(이하 '지급보증으로 인한 장래 구상권'이라 한다)은 구상권이 현실화되지 않아서 미발생·미확정인 상황이었으므로, 다른 확정 채권과 같이 의결 직후에 실행되는 출자전환의 대상이 될 수 없었던 점, 의결 당시 미발생·미확정 상태인 장래 구상권에 대한 사후적인 권리 확정의 가능성을 고려하여 적당한 조치를 함께 정하지 않은 점, 회사의 실제 출재일보다 훨씬 이전 시점을 기준으로 산정한 발행 가격으로 출자전환을 실행하게 하는 것은 채권금융기관 간 형평에 부합하지 않는 점, 지급보증으로 인한 장래 구상권을 출자전환 대상에 포함시키더라도 갑 회사의 재무구조 개선이라는 목적 달성에 직접적인 도움이 되지 않았던 점, 의결 당시 출자전환과 관련하여 작성된 '채권금융기관별 출자전환 분담표' 등에 지급보증으로 인한 장래 구상권에 관해서는 아무런 내용이 기재되어 있지 않은 점 등에 비추어 보아 채권금융기관 협의회의 의결에 따라 출자전환 대상이 되는 채권에는 지급보증으로 인한 장래 구상권은 포함되지 않았다고 해석할 여지가 많다고 보았다.

카. 기타

협의회의 심의·의결 시 기업의 경영인은 물론 주주·노조 등에게도 의견 개진 기회를 보장함으로써, 상대적 약자에 대한 보호를 강화하고 있다(기촉법 제23조 제2항).[101]

협의회는 공동관리기업에 대한 효율적인 기업 개선을 위하여 필요한 경우 그 의결로 제23조 제1항 각 호에 따른 업무의 전부 또는 일부를 협의회를 구성하는 금융채권자의 대표로 구성되는 운영위원회 또는 주채권은행에 위임할 수 있다(기촉법 제23조 제3항). 이는 실무적으로 금융채권자가 다수이므로 협의회 운영에 대하여 주채권은행 앞 업무를 위임할 수 있도록 한 것이다.

---

[101] 금융위 기촉법 설명자료, p.54.

3. 협의회의 의결 방법

제24조(협의회의 의결 방법) ① 협의회는 서면으로 의결할 수 있다.
② 협의회는 이 법 또는 협의회의 의결에 다른 정함이 있는 경우를 제외하고 협의회 총 금
　융채권액 중 4분의 3 이상의 금융채권액을 보유한 금융채권자의 찬성으로 의결한다.
　다만, 단일 금융채권자가 보유한 금융채권액이 협의회 총 금융채권액의 4분의 3 이상
　인 경우에는 해당 금융채권자를 포함하여 협의회를 구성하는 총금융채권자 수의 5분
　의 2 이상의 찬성으로 의결한다.
③ 협의회가 제23조 제1항 제9호의 사항을 의결하는 경우에는 위약금 부과의 대상이 되
　는 금융채권자 및 그가 보유하는 금융채권은 제2항의 각 비율을 산정함에 있어서 포함
　되지 아니한다.
④ 협의회는 그 의결로 구체적인 사안의 범위를 정하여 제2항에 따른 의결 방법을 다르게
　정할 수 있다.

가. 서면 결의 허용

　기촉법 제24조 제1항은 협의회의 서면의결이 허용됨을 규정하고 있는바, 이
는 협의회 의결이 주로 서면으로 진행되는 실무관행을 반영하여 기존 시행령에
서 규정했던 서면의결 허용 조항을 법률로 상향한 것이다.[102] 즉, 2016년 기촉법

개정 전에는 기촉법 시행령 제4조 제3항에서 '협의회는 협의회의 원활한 운영을 위하여 필요하면 협의회의 의결로 미리 정한 사항에 대해서는 서면으로 의결할 수 있다'라고 규정하였는데(대통령령 제25945호 기촉법 시행령), 2016년 개정 시 이를 기촉법에 반영하였다.

나. 서면 의결과 단체의사 형성에 대한 엄격성

이러한 서면 의결과 관련하여 판례는 다음과 같이 판시하고 있어 주의를 요한다. 즉, 대법원은 채권금융기관으로 하여금 신규 신용공여를 하도록 하기 위해 협의회를 소집하면서 해당 채권금융기관에 대하여 회의 개최 예정일의 7일 전까지[103] 회의 일시, 장소 및 목적 등에 관한 사항을 통지하지 않았다면 그러한 협의회의 의결은 해당 채권금융기관의 참석권과 의결권의 적정한 행사가 방해받지 않았다고 볼 만한 특별한 사정이 없는 한 기촉법을 위반한 것으로 하자가 있어 해당 채권금융기관에 대하여 효력을 미치지 않는다고 하였다(대법원 2019. 4. 3. 선고 2016다40910 판결).

이처럼 법원은 협의회 의결과 관련하여 단체 의사의 형성에 관한 판단을 엄격하게 하고 있다. 하급심 판례이기는 하나 법원은 '구 기촉법상 기업구조조정의 성공은 채권금융기관협의회의 주도적 역할을 담당하는 주채권은행 및 구조조정

---

102 금융위 기촉법 설명자료, p.55.
103 현행 기촉법상으로는 10일 전이다(기촉법 제22조 제3항, 기촉법 시행령 제12조 제1항).

대상 기업에 대한 관련 채권금융기관들의 신뢰에 달려 있으므로, 주채권은행은 채권금융기관협의회가 객관적이고 투명한 절차에 의하여 운용될 수 있도록 운영 절차의 투명성을 확보하여야 하고, 공정하고 객관적인 입장을 견지하여야 한다. 또한 채권금융기관협의회와 같은 회의체에서 표결에 의하여 의사를 결정하는 경우, 그 구성원은 모두 결의된 사항에 구속되는 이해관계를 갖게 되므로 이러한 단체 의사의 형성은 명확하고 엄정하게 이루어져야 한다. … 서면의 제출 기한 또는 기준일 등을 명시적으로 정한 경우에는 단체 의사 형성이 명확하고 엄정하게 이루어져야 한다는 측면에서 제출 기한 또는 기준일 내에 서면에 의해 최종적으로 표시된 구성원들의 의사(철회·변경된 의사표시 포함)에 따라 의결정족수를 산정하여야 한다'라고 하여 결의기준일을 2013. 12. 24.로 정한 경우, 동 결의기준일을 경과하여 제출된 서면결의서는 동의 의결권 수를 산정함에 있어 제외되어야 한다고 판시하였다(2016. 4. 1. 선고 2015나2038543 판결).

같은 취지에서 법원은 '부실징후기업에 대한 채권금융기관 공동관리절차에서 협의회의 결의는 그 구성원인 다수 채권금융채권자 모두가 그 결의 사항에 구속되는 이해관계를 갖고 있으므로, 이러한 단체 의사의 형성은 객관적으로 명확하게 이루어져야 한다. 한편 일반적으로 단체의 의사가 서면결의에 의하여 이루어지는 때에는 총회가 개최되는 경우와 같은 출석이 필요 없으므로 결의 성립의 시기는 미리 정한 의결정족수를 충족하는 다수의 찬성이 있는 때라 할 것이어서 소정의 기간 내에 결의 성립에 필요한 수에 해당하는 의안 찬성의 서면이 도달할 때 결의가 성립된다고 볼 것이나, 서면의 제출 기한 또는 기준일 등을 명시적으로 정한 경우에는 단체 의사 형성이 객관적으로 명확하게 이루어져야 한다는 측면에서 위 제출 기한 또는 기준일 내에 도착한 서면에 의해 최종적으로 표시된 구성원들의 의사에 따라 의결정족수를 산정하여야 한다'라고 하였다 (2021. 1. 14. 선고 2020나2012361 판결).

다. 의결 요건

1) 의결정족수[104]

협의회 의결정족수는 이 법 또는 협의회의 의결에 다른 정함이 있는 경우를 제외하고 협의회 총 금융채권액 중 4분의 3 이상의 금융채권액을 보유한 금융채권자의 찬성으로 의결한다(기촉법 제24조 제2항 전단). 기촉법에 의결정족수를 달리 정하고 있는 예로는 공동관리절차에 참여할 금융채권자 구성에 관한 의결(기촉법 제11조 제4항), 채무조정에 관한 의결(기촉법 제17조 제2항), 금융채권자에 대한 위약금 부과에 관한 의결(기촉법 제24조 제3항) 등이 있다.

이와 같이 협의회의 의결은 금융채권액을 기준으로 하므로 소액채권자 의사 반영에 한계가 있을 수 있고, 특히 기촉법 적용 대상이 중소기업으로 확대됨에 따라 단일 채권자의 금융채권액 비중이 3/4을 초과할 가능성이 커지는 것을 반영하여 2016년 개정 기촉법에서는 단일 채권자의 금융채권액 비중이 3/4 이상인 경우, 채권자 "수"를 기준으로 5분의 2 이상의 찬성으로 의결한다는 조항을 추가하였다(기촉법 제24조 제2항 단서).[105]

2) 협의회 의결에 따른 의결 방법 변경

기촉법 제24조 제4항은 '협의회는 그 의결로 구체적인 사안의 범위를 정하여

---

104 의결정족수와 관련하여 제23조를 살펴보면서 본 위약금 및 손해배상예정액의 책정, 채무조정 또는 신규 신용공여 사항에 관한 의결정족수의 문제는 이미 논의한 사항으로 제24조에서는 다시 보지 않는 것으로 한다.

105 금융위 기촉법 설명자료, p.55.

제2항에 따른 의결 방법을 다르게 정할 수 있다'라고 하고 있다. 이와 관련하여 먼저 협의회의 의결로 기촉법상 정하여진 특별 의결정족수를 변경할 수 있는지, 다음으로 협의회의 의결로 기촉법 제24조 제2항에서 정한 일반적 의결 요건을 완화할 수 있는지가 문제 될 수 있다.

우선 기촉법 제24조 제2항의 일반 의결정족수와 달리 기촉법에서 의결정족수를 정하고 있는 예는 앞서 본 바와 같이 공동관리절차에 참여할 금융채권자 구성에 관한 의결(기촉법 제11조 제4항), 채무조정에 관한 의결(기촉법 제17조 제2항), 금융채권자에 대한 위약금 부과에 관한 의결(기촉법 제24조 제3항) 등이 있다. 이들은 모두 각자 정한 상황에 맞게 특별한 의결정족수를 정하고 있는바, 제24조 제2항은 '이 법 또는 협의회의 의결에 다른 정함이 있는 경우'라고 하여 이 둘을 대등적으로 연결하고 있고, 법에서 정한 협의회 의결 요건을 협의회의 의결로 변경할 수 있다고 하면 개별 조항으로 별도로 정한 협의회 의결 규정의 취지 자체가 몰각될 수 있으므로, 법에 다른 정함이 있는 경우는 협의회의 의결로 변경할 수 없다고 해석하는 것이 타당할 것이다.

다음 협의회의 의결로 기촉법 제24조 제2항에서 정한 일반적 의결정족수보다 완화하여 의결정족수를 정할 수 있는지를 살펴본다. 협의회의 의결이 원칙적으로 협의회를 구성하는 금융채권자 전체에 미친다는 점에서 기촉법 제24조 제2항은 다수결에 의한 단체결의 효력이 단체 전체에 미치기 위한 의결정족수의 최소한도를 정한 것으로 보아야 할 것이다.[106]

---

[106] 온주 기업구조조정촉진법도 '법에 의한 금융채권자협의회 결의의 경우 채권재조정이나 신규 신용공여에 관한 내용의 결의도 포함하고 있어 현재의 의결정족수 규정하에서도 다수결로 위와 같은 의사 결정을 진행하여 반대채권자의 동의 없이도 그 재산권에 대해서 중대한 제한을 가하는 것에 대한 위헌 논란이 있고, 이러한 점을 감안하여 금융채권자협의회 결의의 의결 요건을 강화하는 추세에 있다는 점 등을 감안하면 금융채권자협의회의 결의로 법 제24조 제2항의 결의 요건을 감경하여 완화하는 것은 허용되지 않는다고 해석하는 것이 보다 합리적이라고 생각된다'라고 설명하고 있다(온주 기촉법, 제24조, Ⅱ. 금융채권자협의회 결의의 의결 요건, 1. 금융채권자협의회 결의의 의결정족수 부분 참조).

라. 다수결의 원칙에 따른 협의회 의결 규정에 대한 위헌성 논란

앞서 집단적 신규공여에 관한 기촉법 규정의 위헌성 논의에서 살펴본 바와 같이 전원 동의가 아닌 다수결의 원칙으로 구조조정 절차를 진행하는 기촉법의 규정은 여러 번 위헌 여부가 문제 되었다. 실제로 법원이 다수결 원칙에 따른 의결 방법을 정한 기촉법 조항에 직권으로 위헌법률심판을 제청한 경우도 있었다. 이하 자세히 살펴본다(아래는 서울고등법원 2005. 4. 26. 자 2004나68399 결정의 내용을 발췌한 것이다).

【서울고등법원 2005. 4. 26. 선고 2004나68399 결정】

1. 위헌으로 의심되는 법률 조항

동 사안에서 법원은 아래 조항(2005. 3. 31. 법률 제7428호로 개정된 기촉법의 조항을 말한다)에 대하여 위헌이 의심된다고 보았다.

가. 기촉법 제17조(채권재조정 등) 제1항: 채권금융기관은 부실징후기업의 경영정상화를 위하여 필요하다고 판단되는 경우 협의회 의결에 따라 당해 기업에 대하여 채권재조정 또는 신규 신용공여(기존 신용공여조건의 변경은 제외한다)를 할 수 있다. 이 경우, 채권재조정은 권리의 순위를 고려하여 공정하고 형평에 맞게 이루어져야 한다.

나. 기촉법 제27조(협의회의 의결 방법 등) 제1항: 협의회는 채권금융기관 총 신용공여액(경영정상화 계획에 따라 출자전환한 채권액을 포함한다) 중 4분의 3 이상의 신용공여액을 보유한 채권금융기관의 찬성으로 의결한다. 다만, 협의회는 그 의결로써 구체적인 사안의 범위를 정하여 의결 방법을 다르게 정할 수 있다.

다. 기촉법 제27조 제2항: 채권금융기관은 제1항의 규정에 의하여 의결한 사항을 성실히 이행하여야 한다.

---

2. 법원의 위헌심판 제청 사유[107]

부실기업에 대한 구조조정은 기본적으로 시장경제의 원리에 따라 금융채권자와 채무자 기업 간 또는 금융채권자 상호 간의 이해관계가 조절되어야 하는 사적자치의 지배 영역으로써 그 과정에서 재산권이 침해될 우려가 있으므로 원칙적으로 이해관계인의 자발적인 참여와 협의, 공평과 적법한 절차의 보장이 전제되어야 한다. 그러나 현행 기촉법은 아래에서 보는 바와 같이 채무자의 입장을 거의 배제한 채 금융채권자 중심의 절차를 강제하고 있을 뿐만 아니라, 사적 자치의 영역에 속하는 금융기관의 행동을 법률의 형식으로 획일적으로 규제한 결과, 우리 헌법이 채택하고 있는 민주적 기본 질서의 내용인 재산권 침해에 대한 사법적 구제 수단의 보장, 실질적 평등, 사유재산권의 보장과 소급입법에 의한 재산권 침해 배제 등 제 원칙에 부합하지 아니하는 위헌적 요소를 내포하고 있다는 의심이 든다.

가. 자본주의적 시장경제질서 및 사적 자치의 원칙과 관련하여

부실기업에 대한 구조조정을 신속히 추진함으로써 기업경영의 투명성과 기업의 경쟁력을 제고할 필요성이 있었다고 하더라도 정부로서는 당시 시행 중인 워크아웃 제도상의 문제점을 분석하여 그 절차에 참여하는 이해관계인에게 실질적인 결과의 공평과 공정하고 합리적인 적법절차의 운영이 보장될 수 있도록 하여야 하고, 만일 이에서 더 나아가 법률로써 당사자 간의 사적 자치를 근본적으로 훼손하거나 다수결의 이름으로 재산권의 침해를 용인하게 한다면, 이는 자율적 판단과 그에 따른 책임을 기본 원리로 하는 시장경제적 기본 질서에 부합하지 아니하는 것이다.
기업구조조정을 위한 제도운영의 측면에서 볼 때에도 기촉법은 금융감독위원회가 지정한 주채권은행의 주도로 구조조정을 추진하도록 제도화하고 있어서 공정하고 중립적인 절차의 진행이 보장될 것인가에 관하여 상당한 의문의 여지가 있다.

나. 적법절차와 사법적 구제 수단의 보장과 관련하여

금융채권자가 신용공여를 한 결과로 가지게 되는 채무자 기업에 대한 채권은 당해 금융기관의 재산권으로서 개별적인 금융기관의 동의가 없으면 원리금의 액수와 지급 기한 등을 임의로 변경할 수 없는 것이 원칙이고, 다만 예외적으로 회사정리법, 화의법 및 기촉법에서 개별적인 채권자의 동의가 없더라도 다수 채권자의 동의로 이를 허용하고 있다. 그런데

---

107 이하는 동 판례를 부분적으로 발췌한 것으로 법원은 면밀하고도 다각적으로 기촉법의 헌법 적합성 여부를 종합적 검토 및 이 사건 법률 조항에 대한 구체적인 검토의 순서로 하고 있다. 본 글에서는 헌법 적합성 여부에 대한 검토 일부를 발췌하였다.

회사정리법과 화의법은 법원의 엄격한 사법적 심사하에서 일정한 조건에 합치됨을 법원이 객관적으로 확인한 경우에 한하여 채권자의 결의와 법원의 인가 결정으로 채권의 변제 조건 변경을 허용하고 있다. 이는 법원이 각 절차를 엄격히 주관함으로써 채권의 변제 조건 변경에도 불구하고 각 채권자의 이익이 부당하게 침해될 소지가 거의 없고 법원의 결정에 대한 불복 수단을 보장하고 있기 때문이다. 이에 반해 기촉법은 채권의 조건 변경과 출자전환 등 협의회가 의결한 내용이 공정하고 형평에 맞게 이루어졌는지에 관하여 아무런 사법적 심사를 받지 아니하고 오로지 금융채권자의 보유 채권금액을 기준으로 채권채조정 등이 가능하도록 규정하고 있기 때문에 경우에 따라서는 다액의 채권을 보유한 금융채권자의 횡포에 따른 소액 금융채권자의 일방적 희생이라는 상황이 발생할 수 있게 된다.

기촉법은 이해관계인의 1인에 불과한 주채권은행으로 하여금 절차의 주재를 맡게 하고, 시장 자율이 아닌 금융감독위원회가 정한 기준에 따라 금융채권자 중심으로 구조조정을 추진하게 하는 것을 기본 구조로 삼고 있어서 공정하고 중립적인 절차의 진행과 이해관계의 조정에 근본적인 한계를 가지고 있을 뿐만 아니라 신용공여액의 존재 여부에 관해 다툼이 있을 경우 직접적인 이해관계의 주체인 협의회가 자기 스스로의 판단만으로 당해 금융채권자에게 의결권 행사를 제한하도록 하고, 협의회의 의결로 채권재조정 등의 불이익을 받은 금융채권자에게 그 의결의 불법·부당성에 관하여 사법심사를 받을 수 있는 방안도 규정하지 아니하는 등 실질적인 권리 보장의 측면에서 많은 문제점을 내포하고 있다.

다. 평등권과 자의적 차별 금지의 원칙과 관련하여

기촉법은 국내 금융채권자와 해외채권자를 부당하게 차별 대우를 하고 있고, 나아가 일반채권자도 적용 대상에서 제외하고 있어 이로 인해 일반채권자는 해외채권자와 마찬가지로 채권행사에 아무런 제한을 받지 않는다. 또한 기촉법은 회사정리법에서와 같이 변제를 금지하는 보전처분제도가 인정되지 않고 다만 금융감독원장이 금융채권자에게 협의회가 소집 통보된 날로부터 1차 협의회가 소집되는 날까지 채권행사를 유예하도록 요청할 수 있다고 규정하고 있다. 그러나 그 유예 요청에는 법적 구속력이 인정되지 아니하는 결과, 통보를 받은 금융채권자가 유예 요청을 무시하고 부실징후기업에 대하여 부담하는 채무와 자신의 채권을 상계하는 등 권리행사를 하는 경우 유예 요청에 따라 채권행사를 유예하고 있는 채권자만 재산상 불이익을 입게 된다.

기촉법은 현재까지 수많은 제·개정을 거치면서 법원이 지적한 위헌적 요소들을 완화하여 왔다. 반대채권자의 권리구제수단인 채권매수청구권의 행사 상대방 및 매수의 주체를 명확히 하고, 채권매수가액에 대하여도 청산가치 보장의 원칙을 정하였다. 또한 금융채권자협의회의 소집 절차 또는 의결 방법, 채무조정 또는 신규 신용공여에 관한 의결이 법에 위반된 때에는 의결취소의 소를 제기할 수 있도록 하여 법원에 의한 사후적 절차통제를 도입하는 등의 제도 마련이 그것이다. 이러한 제도 개선을 반영하여 최근의 하급심 판례는 다음과 같이 판시한 바 있다(아래는 서울고등법원 2016. 8. 12. 선고 2013나72017 판결의 내용을 발췌한 것이다).

[서울고등법원 2016. 8. 12. 선고 2013나72017 판결]

기촉법에 의하면 채권금융기관협의회는 채권금융기관 신용공여액 중 4분의 3 이상의 신용공여액을 보유한 채권금융기관의 찬성으로 의결하되, 협의회의 의결로 구체적인 사안의 범위를 정하여 의결 방법을 다르게 정할 수 있다(2011. 7. 21. 법률 제10866호로 개정된 기촉법 제18조 제1항; 현 기촉법 제24조 제2항에 상응하는 규정이다). 기촉법에 의할 때 채권금융기관은 채권매수청구권을 행사하지 않는 한 협의회의 의결에 반대하더라도 의결에 찬성한 것으로 간주되어 의결 사항을 이행하여야 하므로(당시 기촉법 제20조 제1항) 반대채권자의 재산권 행사가 제한되나, 기촉법은 시장 기능에 의한 상시적 기업구조조정을 촉진한다는 정당한 목적을 가지고 있고, 법원의 회생 절차 등 다른 절차에서 잘 이루어지지 않는 신규 신용공여가 활용될 수 있고, 이로써 대상 기업의 자금유동성을 확보하여 빠른 경영정상화에 기여할 수 있다는 절차의 신속성, 유연성 등 장점을 가지고 있으며, 원칙적으로 신용공여액 4분의 3을 의결정족수로 요구하고 반대채권자에게는 채권매수청구권을 부여하는 방식으로 재산권을 적절한 수단에 의하여 제한하고 있으며 이때의 채권매수가액 및 조건은 당사자 협의에 의하여 정하되, 협의가 이루어지지 않는 경우 채권금융기관 조정위원회에 조정을 신청할 수 있고 조정위원회는 당사자가 합의하여 선임한 회계전문가의 산정 결과를 고려하여 공정한 가액으로 이를 결정함으로써 반대채권자를 보호하고 있는 등 재산권에 대한 침해를 최소화함과 동시에 기업구조조정의 수월성이라는 공익과 반대채권자의 사익 사이의 균형을 유지하고 있다.

마. 실무상 쟁점

1) 반대채권자의 채권매수청구권 행사 여부를 조건으로 하는 찬성 결의의 효력

서울고등법원 2016. 4. 1. 선고 2015나2038543 판결에서는 '법에서 정한 채권 매수청구권은 반대채권자의 일방적 의사 표시로 채권에 관한 매매계약을 성립 하게 하는 형성권이다. 그런데 반대채권자의 채권매수청구권 행사 여부를 조건 으로 특정 안건의 가결 여부를 결정하게 된다면 이는 반대채권자로 하여금 의결 일 이전에 채권매수청구권을 행사하도록 하는 것이어서 7일 이내에 채권매수청 구권을 행사할 수 있다고 규정한 기촉법의 규정에 부합하지 않는다. 또한, 만일 반대채권자가 의결일 이전에 채권매수청구권을 행사하여 해당 안건이 부결될 경우, 이미 행사된 형성권인 채권매수청구권은 철회되는 것인지, 채권매수청구 권의 효력이 유지되는 것인지 여부가 불투명하여 반대채권자는 불안정한 상태 에 놓이게 된다. 반대채권자의 채권매수청구권 행사 여부를 조건으로 하는 동 의는 허용될 수 없다'고 하였다.[108]

---

[108] 이와 달리 주채권은행이 금융채권자협의회를 소집하여 안건을 상정하면서 해당 안건 자체를 반대채권자 채 권매수청구권 행사가 일정 수량 이하일 것을 조건으로 하는 경우에는 해당 안건 자체의 내용에 반대채권자 채권매수청구권 행사 관련 조건이 반영되어 있는 것이고, 해당 안건에 대하여 금융채권자들은 단순히 찬성 혹은 반대의 결의만을 하는 것이므로 이러한 안건은 허용될 수 있다고 보는 견해가 있다. 그 이유로는 채무 조정 및 신규 신용공여 등 해당 안건의 가결 여부는 사전에 결정되는 것이고, 다만 사후적으로 반대채권자 의 채권매수청구권 행사 수량에 따라 채무조정 및 신규 신용공여 등의 효력이 실제 발생되는지가 결정되는 것이므로 찬성 결의에 반대채권자 채권매수청구권 관련 조건이 부가된 경우와는 달리 금융채권자협의회 의 결의 법적 안정성을 해하지 않기 때문이라는 점을 들고 있다(온주 기촉법, 제24조, III. 금융채권자협의회의 의결 방법에 관한 실무상 쟁점 1. 반대채권자의 채권매수청구권 행사 여부를 조건으로 하는 찬성 결의의 효 력 부분 참조). 그러나 이러한 해석에 대해서는 다음과 같은 의문이 든다. 먼저 i) 이러한 경우, 조건부 안건 을 상정하고 동 안건에 대한 의결을 한 것은 형식적 및 외관적으로는 안건에 대한 의결을 한 것처럼 보이나, 이러한 안건의 효력 발생이 사후적인 반대채권자 채권매수청구권의 일정 수량 여부에 따라 달라지므로 '의 결의 법적 안정성'을 해하는 것은 동일하고, ii) 반대채권자가 채권매수청구권을 행사하였으나 당초 안건에 붙여진 조건을 미충족하여 안건의 효력이 발생되지 않은 경우 이미 행사된 채권매수청구권의 효력이 불투 명하여 반대채권자가 불안정한 상태에 놓이는 것은 마찬가지 아닌가 하는 의문이 그것이다.

2) 반대채권자의 채권매수청구권을 행사할 수 없도록 한 결의의 효력

대법원은 기촉법의 규정 내용과 취지, 신규 신용공여에 관한 협의회의 의결이 채권금융기관의 법적 지위에 미치는 영향, 기촉법에 따른 기업구조조정 제도의 목적과 취지 등을 종합하면, 협의회가 채권금융기관으로 하여금 신규 신용공여를 하도록 하면서도 해당 채권금융기관이 반대매수청구권을 행사할 수 없도록 의결하였다면 그러한 협의회의 의결은 기촉법을 위반한 것으로서 하자가 있어 해당 채권금융기관에 대하여 그 효력을 미치지 않는다고 하였다(대법원 2019. 4. 3. 선고 2016다40910 판결).

4. 협의회 의결 취소의 소

제25조(협의회 의결취소의 소) ① 협의회의 소집 절차 또는 의결 방법이 이 법에 위반된 때에는 금융채권자 또는 공동관리기업은 협의회의 의결이 있었던 날부터 14일 이내에 주채권은행을 상대로 법원에 의결 취소의 소를 제기할 수 있다.

② 제1항은 제17조에 따른 채무조정 또는 제18조에 따른 신규 신용공여에 관한 협의회의 의결이 이 법에 위반된 때에도 적용한다. 다만, 이 경우 제소기간은 협의회 의결이 있었던 날부터 1개월로 한다.

③ 협의회 의결을 취소하는 판결은 협의회를 구성하는 금융채권자에 대하여도 그 효력이 있다.

④ 제1항 및 제2항의 소는 주채권은행의 주된 사무소를 관할하는 지방법원의 관할에 전속한다. 이 경우 「상법」 제187조, 제188조, 제190조 본문, 제191조 및 제379조를 준용하며, 제187조의 "회사"는 "주채권은행"으로, 제191조의 "회사"는 "협의회"로 본다.

앞서 살펴본 바와 같이 법원은 직권으로 기촉법의 위헌성 여부를 문제 삼으면서 그 이유 중 하나로 사법적 구제 수단이 보장되어 있지 않음을 들었다. 이에 2014. 1. 1. 법률 제12155호로 기촉법을 제정하면서 채권금융기관 또는 부실징후기업이 의결 취소의 소를 제기할 수 있도록 하는 조문(동법 제18조의2)을 신설하였다. 이후 2016년 기촉법의 적용 대상이 금융채권자로 확대되면서 현행과 같이 조문이 개정되었다.

가. 제소 사유

협의회의 소집 절차 또는 의결 방법이 이 법에 위반된 때에는 금융채권자 또는 공동관리기업은 협의회의 의결이 있었던 날부터 14일 이내에 주채권은행을 상대로 법원에 의결 취소의 소를 제기할 수 있다(기촉법 제25조 제1항).

먼저 협의회의 소집 절차는 기촉법 제9조 및 제22조 등에서 정하고 있다. 이러한 소집 절차와 관련한 하자로는 소집 통보를 할 수 있는 권한이 있는 주채권은행이 아닌 자가 소집 통보를 한 경우, 협의회 소집 통보 시 통보하여야 할 사항이 누락된 경우, 소집 통보를 하지 않을 수 있는 예외에 해당하지 않는 금융채권자에게 소집 통보를 누락한 경우 등이 해당될 수 있다.

소집 통보된 목적 사항 이외의 사항에 대해서 금융채권자 협의회 결의가 이루어진 경우는 어떠한가? 기촉법은 제1차 협의회를 소집하는 경우 회의의 일시 및 장소, 회의의 안건 등을 통보하도록 하는 외에(기촉법 제9조 제2항), 협의회 운영 방법 등에 대한 일반 규정으로 회의 일시·장소 및 목적 등에 관한 사항을 회의 개최 예정일 5일 전까지 알려 주어야 한다고 하고 있다(기촉법 제22조 제3항, 기촉법 시행령 제12조 제1항). 이러한 기촉법의 규정을 감안하여 볼 때 소집 통지된 목적 사항 이외의 사항에 대해서 금융채권자 협의회 결의가 이루어졌더라도 이는 '소집 절차 또는 의결 방법이 이 법에 위반된 때'에 해당된다고 할 것이다.

다음으로 의결 방법과 관련하여서 기촉법은 제24조 제2항에서 일반 의결 정족수를, 제17조, 제24조 등에서 특별 의결정족수를 규정하고 있다. 이러한 의결 방법에 있어서 하자는 의결 권한이 없는 자가 의결에 참가한 경우, 의결정족수 위반 등을 생각해 볼 수 있다.

1) 사법적 구제 절차 강화를 위한 제소 사유 확대

2016년 개정 전 기촉법은 협의회의 절차적 하자(소집 절차 및 의결 방법 관련 법 위반 등)에 대해서만 사법적 구제가 가능했으나, 2016년 법 개정을 통하여 의결의 실체적 하자에 대해서도 사법적 구제가 가능하도록 하였다. 즉, 협의회 의결 중 그 파급 효과가 큰 채무조정, 신규 신용공여 관련 의결이 기촉법에 반하는 경우 협의회 의결일부터 1개월 이내에 법원에 소 제기가 가능하도록 법을 개정하였다(2016년 기촉법 개정안 개정 주요 내용 차 참조).[109]

이러한 실체적 하자에는 채무조정에 관한 협의회의 의결이 권리의 순위를 고려하여 공정하고 형평에 맞게 이루어져야 한다는 기촉법 제17조 제1항을 위반한 경우 또는 법정담보권 다음으로 협의회를 구성하는 다른 금융채권자의 금융채권에 우선하여 변제받도록 되어 있는 신규 신용공여에 관한 기촉법 제18조 제3항을 위반한 경우 등을 들 수 있을 것이다.

나. 제소 기간

금융채권자협의회 의결의 절차적 하자에 대해서는 그 의결이 있었던 날로부터 14일 이내에 제소할 수 있다(기촉법 제25조 제1항). 그러나 협의회 의결의 실체적 하자에 대해서는 그 의결이 있었던 날로부터 1개월로 제소 기간이 늘어난다.

---

109 금융위 기촉법 설명자료, p.57.

이 기간은 출소 기간으로 해석되며, 따라서 금융채권자 또는 공동관리기업으로서는 이 기간 내에 소를 제기하지 않으면 의결의 효력을 다툴 수 없다. 또한 제소 기간이 경과한 이후에 새로운 의결 취소 사유를 추가로 주장할 수 있는지 여부와 관련해서는 논란이 있을 수 있으나, 부정적으로 해석하는 것이 타당하다고 생각된다. 이를 허용할 경우 추가적인 취소 사유에 대해서는 제소 기간을 도과하여 의결 취소소송을 허용하는 결과가 되므로 금융채권자협의회 의결에 따른 법률관계를 조속히 확정하기 위한 제소 기간 제한의 취지에 어긋나기 때문이다.[110]

다. 원고적격

협의회 의결 취소의 소는 금융채권자 또는 공동관리기업이 제기할 수 있다. 금융채권자 혹은 공동관리기업에 해당하기만 하면 되므로 의결 취소소송의 하자와 직접 관련이 없는 금융채권자나 공동관리기업도 소 제기가 가능하며, 의결에 찬성한 금융채권자 혹은 특정 결의에 대하여 의결권이 없는 금융채권자의 경우에도 금융채권자협의회의 적법한 운영에 대한 적극적인 이익을 갖는다고 보아야 하므로 의결 취소소송의 제기가 가능하다고 해석하는 것이 합리적이라고 생각하는 견해가 있다.[111]

---

110 온주 기촉법, 제25조, II. 제소 사유 및 제소 기간, 2. 제소 기간 부분 참조
111 온주 기촉법, 제25조, III. 당사자적격 전속관할 및 병합심리, 1. 원고적격 부분 참조

라. 피고적격

협의회 의결 취소의 소 상대방은 주채권은행이다(기촉법 제25조 제1항). 2016년 기촉법 개정 전에는 피고에 대한 명시적 규정이 없었던 것을 2016년 법 개정을 통하여 피고를 주채권은행으로 명시하여 소송의 당사자를 명확하게 규정하였다.[112]

마. 관할

협의회 의결 취소의 소는 주채권은행의 주된 사무소를 관할하는 지방법원의 관할에 전속한다(기촉법 제25조 제4항).

바. 판결의 효력

협의회 의결을 취소하는 판결은 협의회를 구성하는 금융채권자에 대하여도 그 효력이 있다(기촉법 제25조 제3항). 또한 회사 설립 무효 또는 취소 판결의 대세적 효력을 인정한 상법 제190조가 준용되므로 협의회 의결 취소 판결은 제3자

---

112 금융위 기촉법 설명자료, p.58.

에 대한 대세적 효력도 인정된다(법 제25조 제4항). 따라서 협의회 의결에 대한 취소 판결이 내려진 경우에는 금융채권자뿐만 아니라 공동관리기업 역시 금융채권자협의회 의결의 효력을 주장할 수 없다. 이는 금융채권자협의회 의결을 통해서 다수인 금융채권자가 단체법적 법률관계를 가지게 되므로, 해당 당사자 모두에 대한 획일적 해결이 필요하기 때문이다.[113] 또한 판결 확정 전에 생긴 회사와 사원 및 제3자 간 권리의무에 회사 설립 무효 또는 취소의 소가 영향을 미치지 않는다는 상법 제190조 단서는 준용하지 않고 상법 제190조 본문만을 준용한다고 함으로써 협의회 의결 취소의 소에 대해서는 소급효가 인정된다고 해석된다.

---

[113] 온주 기촉법, 제25조, V. 판결의 효력 1. 의결 취소소송 인용 판결의 효력 가. 효력의 인적 범위 부분 참조

5. 금융채권의 신고 등

제26조(금융채권의 신고 등) ① 주채권은행으로부터 제1차 협의회의 소집을 통보받은 금융채권자는 통보받은 날부터 5일 이내에 주채권은행에게 소집 통보일 직전일을 기준으로 해당 기업에 대한 금융채권의 내용과 금액을 신고하여야 한다.

② 금융채권자는 제1항에 따라 신고된 금융채권액에 비례하여 협의회에서 의결권을 행사한다.

③ 제1차 협의회의 소집을 통보받은 금융채권자가 제1항의 신고 기간에 금융채권을 신고하지 아니한 경우에는 그 신고가 있을 때까지 해당 기업이 제출한 금융채권자의 목록에 기재된 금융채권액에 비례하여 의결권을 행사한다.

④ 협의회는 제1항의 금융채권자가 신고한 금융채권의 존재 여부 등에 관하여 다툼이 있는 경우 그 존재 여부 등이 확정될 때까지 그 의결권 행사를 제한할 수 있다.

⑤ 제4항에 따라 의결권 행사가 제한된 금융채권자는 금융채권의 존재 여부 등이 확정된 날부터 의결권을 행사할 수 있으며, 그 확정일 전 협의회의 의결에 대하여 대항할 수 없다. 이 경우 제27조제1항의 채권매수청구기간은 금융채권의 존재 여부 등이 확정된 날부터 계산한다.

⑥ 제1항의 신고 기간이 경과한 후에 금융채권액을 신고하는 자는 그 금액이 확정된 날부터 의결권을 행사할 수 있으며, 그 확정일 전 협의회의 의결에 대하여 대항할 수 없다.

⑦ 해당 기업이 제출한 금융채권자의 목록에 누락되어 제1항에 따른 금융채권액을 신고하지 못한 금융채권자에 대해서도 이 법이 적용된다. 이 경우 제27조제1항의 채권매수청구기간은 금융채권액이 확정된 날부터 계산한다.

기촉법은 전체적으로 법조문의 체계적 정합성이 다소 부족한 것으로 생각되는데, 이러한 예 중의 하나가 제26조이다. 동 규정은 기촉법 제3장에 포함되어

있다. 기촉법 제3장은 '금융채권자협의회 등'이라는 제목하에 제22조에서 금융
채권자협의회에 대한 설치 근거를, 제23조에서 협의회의 업무를, 제24조에서 협
의회의 의결 방법을, 제25조에서 협의회 의결 취소의 소를 규정하고 있다. 그런
데 갑자기 제26조는 제1차 협의회 소집 통보 시 금융채권의 신고를 규정하고 있
어 규정의 통일성이 떨어지는 인상을 준다. 비록 동 조항이 규정하는 금융채권
의 신고 사항이 금융채권자협의회에서의 의결권 행사와 관련되기는 하나, 제1차
협의회 소집에 대하여 규정하고 있는 제9조와 함께 위치하였으면 더 좋았을 것
으로 생각된다.

가. 금융채권자에 대한 금융채권 신고의무 부여

기촉법은 구조조정 대상 기업의 정확한 채권·채무 현황을 파악하고 협의회
의결권을 산정하기 위하여 금융채권자에게 주채권은행 앞 금융채권의 내용과
금액을 신고하도록 하고 있다(기촉법 제26조 제1항). 동 신고는 제1차 협의회 소집
을 통보받은 날로부터 5일 이내에 이루어져야 하며, 신고 기준일은 제1차 협의
회 소집통보일 직전일이 된다. 이러한 금융채권자의 금융채권 신고가 있으면 주
채권은행은 금융채권 신고액에 따라 산정된 의결권을 토대로 소집 통보를 받은
날로부터 14일 이내에(금융채권자의 구성을 의결하기 위하여 필요한 경우에는 28일 이
내에) 제1차 협의회를 개최하게 된다(기촉법 제11조 제1항, 기촉법 시행령 제8조). 그
러므로 실질적으로 제1차 협의회는 제1차 협의회 소집 통보를 받은 날로부터 5
일이 경과하여야 개최될 수 있다고 해석된다.

이때 금융채권자가 신고하여야 하는 금융채권이란 신용공여로 인해 해당 기업에 행사할 수 있는 채권을 의미(기촉법 제2조 제1호)하며, 신용공여의 범위는 법 제2조 제8호 각목 및 기촉법 감독규정 제3조 제1항 각호에 따른다.[114]

나. 채권금액과 의결권

금융채권자는 신고된 금융채권액에 비례하여 협의회에서 의결권을 행사한다(기촉법 제26조 제2항). 즉, 금융채권액이 의결권 산정의 기준이 되는 것이다. 그런데 이와 관련하여 신용공여가 중복되거나 과다 신고되는 가능성이 있는 경우 어떻게 처리할 것인지의 문제가 발생한다.

참고로 회생 절차에서도 회생채권 등의 확정은 권리의 내용과 의결권의 액수를 확정하는 매우 중요한 문제이다. 따라서 회생법은 회생채권 등의 확정에 대하여 신고, 이해관계인의 이의, 관리인의 부인권, 조사확정재판 등 다양한 장치를 통하여 회생채권이나 회생담보권이 과도하게 확정되거나 의결권이 부당하게 인정되는 것을 방지하고 있다. 실무적으로는 회생 절차가 개시되면 채권자들은 자신이 가진 채권을 현실화 여부에 상관없이 모두 신고하고, 앞서 말한 이의나 부인권 등의 절차를 통해 법원의 판단을 거쳐 최종적으로 회생채권 등을 확정하도록 하고 있다. 이러한 일련의 절차를 통하여 신용공여가 중복되거나 과다 계상되는 문제를 해결하는 것이다.

---

114 금융위 기촉법 설명자료, p.59-60.

그런데 기촉법은 금융채권자가 신고한 금융채권의 존재 여부 등에 관하여 다툼이 있는 경우, 그 존재 여부 등이 확정될 때까지 협의회가 그 의결권 행사를 제한할 수 있도록 하고(기촉법 제26조 제4항), 이러한 금융채권액에 대한 이견은 우선적으로 금융채권자 간의 자율적 협의에 맡기되 이러한 자율적 합의에도 불구하고 해소되지 않는 경우, 조정위원회의 조정을 통하여 해결하도록 하고 있다(기촉법 제29조 제5항 제1호, 기촉법 시행령 제14조 제3항 제1호).

문제는 금융채권자들이 금융채권액을 과다 신고하거나 동일한 신용공여에 해당됨에도 각자 신고하여 중복 계상될 여지가 많고,[115] 이를 이해관계인인 금융채권자들 간의 자율적 협의를 통하여 해결하도록 하는 경우 객관적이고 공정하며, 형평에 맞는 협의가 이루어질 수 있는지가 불확실하다는 점이다. 또한 조정위원회의 조정을 거친다고 하더라고 이러한 조정의 사법적 효력 등도 문제 될 여지가 있다.[116] 특히 금융구조가 복잡다단한 경우, 관계된 금융채권자들이 각각의 채권채무관계를 법리적으로 충분히 검토·분석할 수 있는 역량이 있는지, 그리고 나름 충분한 검토나 분석을 거쳤다고 하더라도 이를 사법적 심사를 거친 판단과 동일시할 수 있는지도 문제 된다. 또 다른 문제는 금융채권액의 존부에 관하여 다툼조차 없는 경우, 즉, 각 금융채권자가 신고한 금융채권액을 그대로 받아들이는 경우에는 조정위원회의 조정을 거칠 가능성조차 없이 신고된 금액대로 금융채권액이 확정되고 이는 신용공여액가 과다 계상 또는 중복 계상되는

---

[115] 회생 절차에서는 회생채권보다 우선되는 회생담보권의 경우 법원의 감정을 통하여 재산정된 담보가액을 기초로 회생담보권을 확정하게 된다. 따라서 가령 비상장주식을 담보로 보유한 채권자가 전액을 회생담보권으로 신고하여도 최종적으로는 모두 회생채권으로 분류되는 경우도 많다. 그러나 기촉법에는 이와 같은 조정절차가 없이 금융채권자의 신고를 기준으로 채권금액이나 종류를 산정하게 된다.

[116] 기촉법 제18조를 보면서 본 진흥기업 사건(대법원 2014. 9. 4. 자 2013마1998 결정)에서 볼 수 있듯이 법원의 판단은 조정위원회의 조정 결정과 다를 수 있다. 또한 회생 절차에서는 법원의 판단에 대하여도 다툴 수 있는 장치가 마련되어 있으나, 기촉법에는 조정위원회의 결정에 다툴 수 있는 장치도 마련되어 있지 않다.

결과를 초래할 수 있다는 것이다.

앞서 살펴본 바와 같이 기촉법은 이러한 신용공여 중복에 관하여 하나의 규정을 두고 있기는 하다. 즉, 기촉법 감독규정이 '금융채권자 간의 보증으로 인하여 신용공여액이 중복되는 경우 그 중복되는 금액은 피보증 금융채권자의 신용공여액으로 한다. 다만, 금융업을 영위하는 금융채권자의 보증으로 인하여 중복되는 금액은 보증 금융채권자의 신용공여액으로 한다'라고 규정하고 있는 것이 그것이다(기촉법 감독규정 제3조 제2항). 보증을 받은 채권자는 보증을 한 자에게 대위변제를 청구함으로써 본인의 채권을 전액 손실 없이 회수할 수 있기 때문에 최종적 청구권이 보증채권자에게 귀속되므로 실질적 이해관계자인 보증채권자가 의결권을 행사하는 것이 합리적이기 때문에 이러한 규정을 둔 것으로 볼 수 있다.[117] 이러한 기촉법의 규정은 보증으로 인한 신용공여액 중복을 효과적으로 방지할 수 있을 것이라는 느낌을 준다.

그러나 실무상으로는 여러 가지 문제가 발생할 수 있다(이러한 문제는 앞서 제2조의 '신용공여' 설명 부분에서도 언급한 바 있다). 첫째로, 중복 산정을 방지하는 동 조항의 '보증'의 범위가 어디까지인가가 문제 된다. 이때의 보증이 기촉법 감독규정 별표 2에 의한 신용공여의 범위상 주석에 있는 확정(원화)지급보증, 확정(외화)지급보증, 미확정지급보증을 말하는 것인가? 그렇다고 하는 경우 주식이나 부동산 등 물적 담보만을 제공한 물상보증의 경우에는 상기 보증에 해당되지 않으므로 피물상보증 금융채권자의 금융채권만 신용공여로 보게 되는 것인가? 둘째로, 보증 외에 신용공여액의 중복이 생기는 경우는 어떻게 되는가가 문제 된다. 특히 현재 금융 거래에 있어서는 신용 보강의 수단이 단순한 보증의 형태뿐만

---

117 온주 기촉법, 제26조, Ⅱ. 금융채권자의 금융채권 신고 2. 신고 내용 부분 참조

아니라 채무인수나 자금 보충 약정, 손해배상책임 약정 등 다양한 형태로 이루어지고 있고, 신용보강의 형태에 따라 어떤 식으로든 채무자 기업에 대하여 구상권을 가지는 금융채권자가 있을 수 있다. 이는 최근 문제가 되는 부동산 PF 구조에 있어서 더욱 그러하다. 이러한 다양한 신용보강의 형태에 대하여 그 법적 성격이 무엇인지에 대한 법원의 판단도 개별·구체적으로 이루어지고 있는 것은 이러한 신용공여의 판단이 그렇게 단순한 문제가 아니라는 것을 보여 준다고 할 것이다.

1) 채무자회생법상 신용공여 중복 문제의 처리

앞서 언급한 바와 같이 기촉법상 채권자의 신용공여액 산정은 참여채권자의 확정 및 의결권 산정과 바로 연결된다는 점에서 매우 중요하다. 기촉법 감독규정은 보증 외에 신용공여 중복 시 처리에 대해서는 별다른 규정이 없으므로, 기촉법 이외 구조조정 관련 법률인 채무자회생법상 신용공여 중복은 어떻게 처리되는지 살펴보도록 한다.[118]

가) 다수당사자의 채권관계

다수당사자의 채권관계는 일반적으로 동일한 급부를 목적으로 하는 법률관계에 있어 여러 명의 채권자 또는 채무자가 있는 경우를 말하는데, 채무자회생법에서 문제 되는 다수당사자의 채권관계는 주로 1명의 채권자에 대하여 '채무자'가 여럿인 경우를 말한다.[119]

---

118 채무자회생법 역시 신용공여액, 즉 채권액은 회생 절차상 참가자의 확정 및 의결권 산정과 연결된다. 다만 채권이 인정된다고 하여 곧바로 의결권이 주어지는 것은 아니다(예를 들면 미확정 채권의 경우 채권은 인정되나, 그렇다고 하여 곧바로 미확정 채권에 상응하는 만큼의 의결권이 인정되는 것은 아니다).

119 한국사법행정학회, 편집대표 권순일, 주석 채무자회생법(II), 2021. 1., p.455.

동일한 급부를 목적으로 하는 법률관계로서 여러 명의 채무자가 있는 경우, 그 관계는 분할채무관계와 공동채무관계로 구분된다. 분할채무관계에서는 각 채무자가 분별의 이익을 가지고 독립하여 채무를 부담하므로 하나의 채무자에게 발생한 사유가 다른 채무자에게 영향을 미치지 않는다. 그러나 공동채무관계에서는 여러 명의 채무자가 공동으로 중첩된 채무를 부담하므로, 하나의 채무자에게 발생한 사유가 채권자나 다른 채무자에게 미치는 영향이 문제가 된다. 회생 절차에 있어서도 분할채무관계에서는 채무자 중 전부 또는 일부에 관하여 회생 절차가 개시되어도 채권자는 독립된 분할채무를 회생채권이나 회생담보권 등으로 행사하면 되고, 회생 절차에서의 특별한 규율이나 취급이 문제되지 않는다. 그러나 공동채무관계에서는 채무자의 전부나 일부에 관하여 회생 절차가 개시되는 경우 그것이 채권자나 다른 채무자에게 미치는 영향이 권리행사의 범위 등 여러 국면에서 문제가 된다.[120]

나) 채무자회생법의 규정

채무자회생법은 제126조에서 다음과 같이 규정하고 있다.

제126조〔채무자가 다른 자와 더불어 전부의 이행을 할 의무를 지는 경우〕
① 여럿이 각각 전부의 이행을 하여야 하는 의무를 지는 경우, 그 전원 또는 일부에 관하여 회생 절차가 개시된 때에는 채권자는 회생절차 개시 당시 가진 채권의 전액에 관하여 각 회생 절차에서 최생채권자로서 그 권리를 행사할 수 있다.
② 제1항의 경우에 다른 전부의 이행을 할 의무를 지는 자가 회생 절차 개시 후에 채권자에 대하여 변제 그 밖에 채무를 소멸시키는 행위(이하 이 조에서 "변제 등"이라고 한다)를 한 때라도 그 채권의 전액이 소멸한 경우를 제외하고는 그 채권자는 회생절차의 개시 시에 가지는 채권의 전액에 관하여 그 권리를 행사할 수 있다.
③ 제1항의 경우에 채무자에 대하여 장래에 행사할 가능성이 있는 구상권을 가지는 자는

---

120 한국사법행정학회, 전게서, p.455-456. 이 책에서도 이러한 공동채무관계에서의 문제가 파산절차 등 다른 도산절차에서도 마찬가지라고 하고 있다.

그 전액에 관하여 회생절차에 참가할 수 있다. 다만, 채권자가 회생절차 개시 시에 가지는 채권 전액에 관하여 회생절차에 참가한 때에는 그러하지 아니하다.

④ 제1항의 규정에 의하여 채권자가 회생절차에 참가한 경우 채무자에 대하여 장래에 행사할 가능성이 있는 구상권을 가지는 자가 회생절차 개시 후에 채권자에 대한 변제 등으로 그 채권의 전액이 소멸한 경우에는 그 구상권의 범위 안에서 채권자가 가진 권리를 행사할 수 있다.

⑤ 제2항 내지 제4항의 규정은 채무자의 채무를 위하여 담보를 제공한 제3자가 채권자에게 변제 등을 하거나 채무에 대하여 장래에 행사할 가능성이 있는 구상권을 가지는 경우에 준용한다.

'채무자가 다른 자와 더불어 전부의 이행을 할 의무를 지는 경우' 또는 '여럿이 각각 전부의 이행을 하여야 하는 의무를 지는 경우'란, 앞서 본 여러 명이 각각 동일한 급부에 관하여 이행할 의무를 부담하는 경우를 말한다. 여러 명이 채권의 전부를 이행하는 경우 이외에 채권 일부에 대한 것이라도 동일한 부분에 대하여 이행해야 할 사람이 여럿이라면 그 일부의 범위에서 이에 해당한다고 본다. 이러한 전부의무관계로는 불가분채무관계, 연대채무관계, 부진정연대채무관계, 어음·수표법상의 합동채무관계, 보증채무관계 등이 있다.[121]

최근 문제가 되는 있는 부동산 PF 구조 및 여러 금융구조상 대주는 단순한 보증 이외에 채무인수나 자금 보충 약정, 신용공여 약정, 손해배상책임의 부담 등 다양한 형태로 차주에 대한 신용공여를 보강하기 위한 수단을 마련하고 있다. 이러한 자금 보충 약정이나 신용공여 약정 등에 대하여 법원이 일률적이고 획일적으로 법적 성격을 규정하고 있지 않음은 앞서 본 바와 같다.

그러나 그 법적 성격이 일률적으로 정해지지는 않는다고 하더라도 이는 채무자가 부담하는 채무를 자금 보충 의무·신용공여 의무·채무인수 의무 또는 손해배상책임 의무라는 형태로 중복하여 보강한 것이므로 이는 '여럿이 각각 전부를

---

121 한국사법행정학회, 전게서, p.460.

이행하여야 하는 의무'에 해당한다고 보아야 할 것이다. 왜냐하면 결국 채무자를 포함한 각각의 의무자는 대주의 차주에 대한 신용공여 채권을 각각 다른 형태로 부담하는 것에 불과하기 때문이다. 법원도 같은 취지로 판단하고 있다.

① 중첩적 채무인수

판례는 중첩적 채무인수의 경우 채무자와 인수인은 원칙적으로 주관적 공동관계가 있는 연대채무관계에 있다고 보되, 인수인이 채무자의 부탁을 받지 아니하여 주관적 공동관계가 없는 경우에는 부진정 연대 관계에 있는 것으로 본다(대법원 2014. 8. 20. 선고 2012다97420,97437 판결).

② 건설공제조합의 하자보수의무 보증 의무와 주계약상 보증인의 관계

판례는 조합원의 하자보수의무를 보증한 건설공제조합과 주계약상 보증인이 채권자에 대한 관계에서 공동보증인의 관계에 있다고 보았다(대법원 2008. 6. 19. 선고 2005다37154 판결).

③ 자금보충약정 의무 위반으로 인한 손해배상채무와 대출원리금 채무와의 관계

판례는 채무자 갑 회사가 대주인 을 은행, 차주인 병 회사와 체결한 자금보충약정에 따른 자금보충의무를 이행하지 않아 부담하는 을 은행에 대한 손해배상채무는 병 회사의 을 은행에 대한 대출원리금 채무와 함께 채무자회생법 제126조가 정한 '여럿이 각각 전부를 이행하여야 하는 의무'에 해당한다고 보았다(대법원 2019. 1. 10. 선고 2015다57904 판결; 동 사안에서 법원은 갑 회사의 회생 절차 개시 당시 을 은행이 병 회사에 대하여 인적·물적 담보를 확보하고 있었다고 하더라도, 담보가 실행

되어 변제가 현실적으로 이루어지지 않은 이상 을 은행의 손해액은 '대출원리금 전액'이 된다고 보아야 하고, 회생 절차 개시 후에 을 은행의 병 회사에 대한 대출원리금 채권 전액이 소멸한 경우가 아닌 이상 회생채권인 을 은행의 갑 회사에 대한 손해배상채권액의 확정에 아무런 영향을 미치지 못한다고 보았다).

2) 부동산 PF의 구조와 신용 보강 형태

가) 국내 부동산 PF의 일반적 구조

아래는 국내 부동산 PF의 기본적인 구조이다.[122]

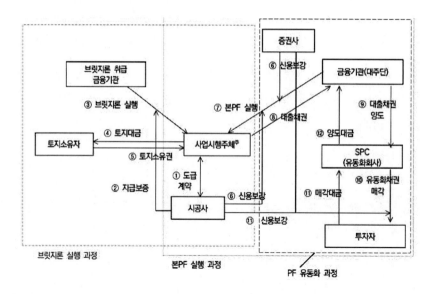

주: 사업시행주체는 시행사뿐만 아니라 부동산신탁사가 토지신탁을 통해 시행주체가 되는 경우를 포함

---

122 한국건설산업연구원, 건설이슈포커스 「부동산 PF위기 원인진단과 정책적 대응방안」, 2022. 11., p.13.

나) 신용 보강을 통한 리스크 분산

일반적인 부동산 PF 사업장의 경우 토지신탁에 신탁사가 신용 보강으로 책임준공을 확약하는 구조가 주를 이룬다.[123] 이때 PF 대주는 부동산 신탁사와 시공사 앞 책임준공 등의 의무를 지우는 방식으로 PF 대출에 대한 신용을 보강하고, 부동산 신탁사는 시공사 앞 구상권 취득과 함께 위탁자(시행사)로부터 비용을 부담하지 않는 조건으로 제반 공사도급계약 승계, 공사를 관리하게 된다. 또한 건설공사와 관련하여 건설공제조합은 공사단계별로 계약이행보증, 선급금 보증, 공사이행보증 등을 제공하게 된다(피보험자 = 도급인 = 신탁사).

결론적으로 PF 대주는 신탁사 및 시공사에게 리스크를 분산시키고, 신탁사는 시공사와 건설공제조합 앞 리스크를 분산시킨다.

【본 PF 단계[124]에서 부동산 신탁사와 시공사의 책임 보강 방식 및 내용】[125]

구분	신용 보강 방식 및 내용
부동산 신탁사	- 책임준공: 도급계약서에서 정한 기한 내 준공 완료 - 조건부 채무인수: 책임준공 약정 미이행 시 신탁사가 PF 대출 채무인수
시공사	- 책임준공: 도급계약서에서 정한 기한 내 준공 완료 - 연대보증: 시공사가 PF 대출 채무 연대보증 - 조건부 채무인수: 책임준공 약정 미이행 시 시공사가 PF 대출 채무인수 - 자금 보충: 기한이익 상실 시 시공사가 PF 대출 상환자금 대여

---

123 이때 차입형 토지신탁은 신탁사가 실질적 사업의 시행 주체가 되어 자금 조달, 분양 등 제반 업무에 대한 책임을 지고 개발사업의 주도적 지위를 갖는 반면, 관리형 토지신탁은 시행자(위탁자)가 개발 사업을 주도한다는 차이가 있다.

124 부동산 PF의 진행 절차는 ① 토지매입과 인허가 완료까지의 착공 전 단계, ② 개발과 분양이 시작되는 공사 단계, ③ 공사 완료 다음의 준공 이후 단계로 나뉘는바, ① 단계에서는 토지매입 잔금 및 초기사업비 조달을 위한 브릿지론이 실행되고 ② 단계에서는 인허가와 시공사 선전이 이뤄진 뒤 건축비를 조달하기 위한 본 PF가 실행된다. 또한 분양 목적의 개발 사업에서는 일반적으로 착공 직후 선분양이 이루어지는데, ② 단계와 ③ 단계에 걸쳐 집단 대출이 일어난다(한국건설산업연구원, 전게문, p.8).

125 한국건설산업연구원, 전게문, p.12.

부동산 PF에 있어 시공사가 부담하는 책임준공약정의 샘플은 다음과 같다. 동 규정을 보면 시공사는 부동산 PF 대주 및 신탁사에게 책임준공의무 외에도 대출금에 대한 채무인수의무를 부담하는 것을 알 수 있다. 그러나 어떠한 형태든 이는 결국 부동산 PF 금융기관, 즉 대주단의 대출채권에 대한 신용 보강을 위한 수단으로 이는 채무자회생법상 '여럿이 각각 전부의 이행을 하여야 하는 의무를 지는 경우'에 해당한다.

제00조 (책임준공의무 등)

① 시공사는 건축물의 착공 시 감리자에게 제출하는 예정공정률표에 기재된 예정공정률에 따라 건축물의 공사를 진행하여야 하며, 대출약정서에 따른 대출금의 최초 인출일로부터 ○개월 이내(이하 본 조에서 "준공기한")에 건축물을 책임준공하여야 한다. 시공사는 공사대금 지급 의무를 포함한 공사도급계약상 의무가 지체됨을 이유로 준공기한 내에 건축물을 책임준공할 의무가 지연되거나 면제됨을 주장할 수 없으며, 자신의 책임으로 준공 기간 내에 건축물을 책임준공하여야 한다(이때의 책임준공의무란 여하한 사유로도 공사를 중단하거나 지연할 수 없고, 예정된 기간 내에 사용승인(임시사용승인을 제외, 이하 같음) 또는 준공인가를 득하기로 하는 의무를 부담하는 것을 의미한다).

② 시공사는 수탁자 및 대출금융기관에 대하여 책임준공의무를 부담하여 이를 이행하지 못하는 경우 새로운 시공사 선정과 수분양자에 대한 입주지연 지체상금 등을 포함하여 수탁자 및 대출금융기관에게 발생한 모든 손해를 배상하여야 하고, 특히 대출 약정에 따라 위탁자의 대출금융기관에 대한 대출원리금(연체이자 포함) 채무를 인수하여야 하며, 시공권을 상실한 경우에도 대출원리금 채무를 인수할 의무를 부담한다.

③ 본 사업은 위탁자가 모든 책임과 의무를 부담하고, 본 사업 관련 의무를 실질적으로 진행하며, 수탁자는 사업 시행자의 명의만을 보유한 채 책임을 지지 않는 방식의 관리형 토지신탁 사업이며, 만일 시공사가 상기 "책임준공의무"를 이행치 못할 경우, 수탁자는 제1항에서 정한 책임준공의무를 대출약정서에 따른 대출금의 최초인출일로부터 ○개월이 경과하는 달의 응당일(시공사의 책임준공기한으로부터 ○개월)까지 이행하여야 한다. 만일 수탁자가 본 항의 책임준공의무를 이행하지 아니하는 경우, 수탁자는 본 항에 따른 책임준공의무 미이행으로 인해 대출금융기관에게 발생한 손해(대출원리금 및 연체이자)를 대출금융기관에게 배상하여야 한다. 수탁자는 위 손해배상액 및 그 이자를 위탁자 또는 시공사에게 구상 가능하며 대출금융기관의 대출약정서에 따른 대출원리금 바로 다음 순위로 시공사에게 구상 가능하다.

상기 조항은 위탁자, 수탁자, 시공사 및 PF 대주 간에 체결되는 약정에서 사용되는 책임준공규정의 사례이다. 상기 조항을 보면 제1항에서 시공사가 책임준공의무를 부담하고, 제2항에서 시공사가 수탁자인 부동산 신탁사와 대출금융기관인 PF 대주 앞 책임준공의무와 동 의무 불이행 시 대출원리금에 대한 손해배상의무(대출금에 대한 채무인수의무 포함)를 부담하는 것으로 하고 있다. 동시에 제3항에서 수탁자인 부동산 신탁사도 대출금융기관인 PF 대주 앞 책임준공의무를 부담하고 동 의무 불이행 시 PF 대주에게 발생하는 손해, 즉 대출원리금과 연체 이자를 배상할 의무를 부담한다. 앞서 본 리스크의 분산(PF 대주는 신탁사 및 시공사에게 리스크를 분산, 신탁사는 시공사와 건설공제조합 앞 리스크를 분산)이 어떻게 이루어지는지 확인할 수 있는 것이다.

다. 채무자회생법상 채무자가 다른 자와 더불어 전부의 이행을 할 의무를 지는 경우 절차 참가자

위에서 본 바와 같이 부동산 PF 구조에서 자주 볼 수 있는 채무인수 약정, 신용공여 또는 자금 보충 약정이나 책임준공의무 불이행 시 손해배상 부담 약정 등은 채무자회생법상 채무자가 다른 자와 더불어 전부의 이행을 할 의무를 지는 경우에 해당한다. 이러한 경우, 채무자의 회생 절차에 참여할 수 있는 자는 누구인가? 이러한 의문은 채무인수 약정, 신용공여 약정 등 채권자에 대하여 전부의 이행을 할 의무를 지는 자(이를 '전부의무자'라 한다)가 채권자에 대하여 이러한 의무를 부담하기는 하지만, 이러한 전부의무자 역시 채무자에 대해서는 구상권을 취득하기 때문에 발생한다. 채권자는 회생 절차에 참가하여 회생채권자로서 권리를 행사할 수도 있으나, 곧바로 채무인수 약정, 신용공여 약정 등 채권자에게 채무자와 더불어 전부의 이행을 할 의무를 부담하는 자에 대하여 이행청구를 할 수도 있다. 이러한 경우 채무자와 더불어 전부의 이행을 할 의무를 부담하는 자는 회생 절차에 참가할 수 있는가, 있다고 하면 언제 참가할 수 있는지가 문제 된다.

채무자회생법은 이에 대하여 채권자가 회생 절차에 참가하지 않은 경우와 채권자가 회생 절차에 참가한 경우로 구분하여 규정하고 있다.

1) 채권자가 회생 절차에 참가하지 않은 경우

장래의 구상권을 가진 전부의무자는 그 전액에 관하여 회생채권으로 신고하는 등으로 회생 절차에 참가할 수 있다(채무자회생법 제126조 제3항 본문). 전부의무자는 장래에 대위변제하는 주채무의 원리금, 지연손해금 등 전액을 구상원금으로 삼아 구상권을 행사할 수 있으므로 구상권의 채권액이 원채권자의 채권액보다 더 많을 수 있다. 복수의 장래의 구상권자가 있는 경우에는 각 구상권자가 각자 단독으로 회생채권자로 권리 행사를 할 수 있으나, 채권신고에 그 내용을 기재하여야 한다. 이때 의결권을 부여할 경우에는 실질적으로 하나의 권리를 공동 행사하는 것이므로 2인 이상이 공동하여 단일한 의사를 형성하여 통일적으로 행사하도록 한다.[126]

이때 채무자회생법 제138조의 장래의 청구권으로서 회생 절차 개시 당시의

---

[126] 한국사법행정학회, 전게서, p.479, 각주 88 참조

평가 금액을 의결권액으로 하고, 회생 계획에서는 미확정채권(우발채무)으로 보아 별도의 변제조건을 정하면 된다. 채권자가 신고하지 않은 이상 구상권액 전액을 의결권 액으로 인정하는 것도 가능할 것인데, 주채무 자체가 미확정인 경우에는 의결권 액을 객관적이고 합리적으로 평가하는 것이 매우 어렵고, 관리인의 이의 제기에 따라 의결권을 부여하지 않는 것으로 처리하는 경우가 많다.[127]

2) 채권자가 회생 절차에 참가한 경우

채권자가 회생 절차 개시시에 가지는 채권 전액에 관하여 회생 절차에 참가한 때에는 장래의 구상권자는 회생 절차에 참가할 수 없다(채무자회생법 제126조 제3항 단서). 이는 원채권자의 권리와 구상권자의 권리 중 원채권자 권리의 우월성을 인정함과 아울러 동일한 채무에 대하여 이중의 권리 행사가 이루어지지 않도록 조정하는 의미가 있다.[128]

라. 기촉법상 신용공여 중복 문제의 처리

지금까지 채무자회생법상 신용공여의 중복 문제를 어떻게 처리하는지에 대하여 살펴보았다. 앞서 본 바와 같이 기촉법은 기촉법 감독규정상 보증과 관련하여

---

127 한국사법행정학회, 전게서, p.480.
128 한국사법행정학회, 전게서, p.480.

신용공여 중복을 처리 규정을 두고 있는 외에는 별다른 조항을 두고 있지 않다.

그러나, 동일한 채무에 대하여 이중의 권리 행사가 되지 않도록 조정해야 할 필요성은 기촉법상 구조조정 절차에 있어서도 마찬가지이다. 따라서 채무자 이외에 전부의무자가 있는 경우 채무자에 대한 기촉법상 구조조정 절차가 개시된 때에는 채무자회생법의 처리와 유사하게 신용공여 중복을 방지하여야 할 것으로 생각된다. 즉, 채권자와 전부의무자가 모두 자신의 채권을 신고하였더라도 이는 결국 하나의 동일한 채무에 대한 권리 행사이므로 채권자의 신용공여만을 인정한다거나, 전부의무자가 다수인 경우에는 공동하여 단일한 의사를 형성하여 통일적으로 행사한다거나 하는 조치를 취하는 것이 옳을 것으로 생각된다.[129]

마. 금융채권 존부에 대한 분쟁

협의회는 금융채권자가 신고한 금융채권의 존재 여부 등에 관하여 다툼이 있는 경우 그 존재 여부가 확정될 때까지 그 의결권 행사를 제한할 수 있다(기촉

---

[129] PF 대출에 있어 차주의 PF 대주에 대한 금융채무(주채무)에 대하여 보증전문기관인 A사가 보증을 제공하고, 시공사인 B사 또한 책임준공 미이행 시 채무인수와 자금보충의무 형태의 보증을 제공한 사안에 있어 이는 결국 PF 대주의 신용 보강을 위한 보증이라는 점에서 실질적으로 중복되는 점이 있음에도 법률상 그 원인을 달리하는 채권이므로 PF 대주, 보증전문기관인 A사 및 시공사인 B사 각각 의결권을 부여하되 필요한 경우에는 인원수대로 나누어 의결권을 부여할 수 있다는 견해가 있다. 그러나 이와 같이 처리하는 경우 신용공여가 중복되어 과대 계상되는 문제가 있을 뿐만 아니라 '인원수'가 아닌 '금융채권액'을 기준으로 의결권을 부여하도록 하는 기촉법 제24조에도 위반될 수 있다는 문제가 있을 것으로 생각된다. 기촉법 제24조 제2항 단서의 경우 금융채권자 수를 기준으로 의결정족수를 부여하도록 하고 있으나, 이는 단일 금융채권자의 채권액이 과다한 경우에 적용되는 것이므로 '모두 의결권을 부여하되 필요한 경우에는 인원수대로 나누어 의결권을 부여하자'는 견해는 기촉법을 상당히 자유롭게 해석하는 것으로 생각된다.

법 제26조 제4항). 다만, 의결권 행사 제한은 채권자의 권리에 중대한 영향을 미칠 수 있으므로 제1차 협의회가 개최되기 전에 주채권은행과 해당 채권자 간 충분한 협의를 거쳐 채권의 존부를 확정할 필요가 있다.[130]

이와 관련하여 판례는 '신용공여액의 존재 여부 등에 관한 다툼이 있는 경우'의 의미는 신용공여액의 존재 여부 등에 관하여 의문을 제기하는 정도가 아니라, 신용공여액의 존재 여부 등에 관한 다툼이 현실적으로 존재하는 것을 의미한다고 보았다. 또한 이러한 다툼의 발생 시기 등과 관련하여 기촉법상 별다른 규정이 없고, 채권금융기관은 공동관리절차를 개시하기 위한 협의회 개최 이후에도 신용공여액을 신고하여 그 금액이 확정되면 의결권을 행사할 수 있으므로 '신용공여액의 존재 여부 등에 관한 다툼이 있는 경우'는 공동관리절차를 개시하는 협의회 개최 이전에 신고한 신용공여액의 존재 여부 등에 관한 다툼이 있는 경우만으로 한정되는 것은 아니고, 공동관리절차를 개시하기 위한 협의회 개최 이후에 신용공여액의 존재 여부 등에 관한 다툼이 생긴 경우도 포함된다고 보았다(대법원 2023. 10. 12. 선고 2018다279330 판결).

바. 신고하지 않은 채권자의 금융채권과 의결권

제1차 협의회의 소집을 통보받은 금융채권자가 제1항의 신고 기간에 금융채권을 신고하지 아니한 경우에는 그 신고가 있을 때까지 해당 기업이 제출한 금

---

130 금융위 기촉법 설명자료, p.60.

융채권자의 목록에 기재된 금융채권액에 비례하여 의결권을 행사한다(기촉법 제26조 제3항). 해당 기업이 제출한 금융채권자의 목록에 누락되어 제1항에 따른 금융채권액을 신고하지 못한 금융채권자에 대해서도 이 법이 적용된다(기촉법 제26조 제7항). 채권자가 원할 경우, 금융채권액 확정 이후 기촉법 제27조에 따라 반대매수청구권 행사가 가능하다(기촉법 제26조 제7항).

기촉법 제26조 제1항에서 정한 신고 기간이 경과한 후에 금융채권액을 신고하는 자는 그 금액이 확정된 날부터 의결권을 행사할 수 있으며, 그 확정일 전 협의회의 의결에 대하여 대항할 수 없다(기촉법 제26조 제6항).

6. 반대채권자의 채권매수청구권

제27조(반대채권자의 채권매수청구권) ① 다음 각 호의 어느 하나에 해당하는 사항에 대하여 협의회의 의결이 있는 경우 그 의결에 반대한 금융채권자(이하 "반대채권자"라 한다)는 협의회의 의결일부터 7일 이내(이하 "매수청구기간"이라 한다)에 주채권은행에 대하여 채권의 종류와 수를 기재한 서면으로 자기의 금융채권(공동관리절차에서 출자전환된 주식을 포함한다) 전부를 매수하도록 청구할 수 있다. 이 경우 채권의 매수를 청구할 수 있는 금융채권자는 협의회의 의결일까지 반대의 의사를 서면으로 표시한 자에 한정하며, 매수청구 기간에 채권을 매수하도록 청구하지 아니한 자는 해당 협의회의 의결에 찬성한 것으로 본다.
  1. 공동관리절차의 개시
  2. 기업개선계획의 수립 및 변경
  3. 채무조정
  4. 신규 신용공여
  5. 공동관리절차의 연장
  6. 그 밖에 협의회의 의결로 정하는 사항
② 찬성채권자는 매수청구기간이 종료하는 날부터 6개월 이내에 연대하여 해당 채권을 매수하여야 한다. 다만, 반대채권매매의 당사자가 제5항에 따른 조정을 신청하거나 법원에 이의를 제기한 경우에는 그러하지 아니하다.
③ 반대채권자가 매수를 청구한 채권의 매수가액 및 조건은 찬성채권자(찬성채권자의 위임을 받은 협의회를 포함한다)와 채권의 매수를 청구한 반대채권자가 합의하여 결정한다. 이 경우 매수가액은 반대채권자가 해당 기업의 청산을 통하여 변제받을 수 있는 금액보다 불리하지 아니하도록 해당 기업의 가치 등 대통령령으로 정하는 사항을 고려한 공정한 가액으로 한다.
④ 찬성채권자는 반대채권자와 합의한 경우 해당 기업 또는 제3자로 하여금 반대채권자의 채권을 매수하도록 할 수 있다.

⑤ 제3항에 따른 합의가 이루어지지 아니하는 경우 찬성채권자 또는 채권의 매수를 청구한 반대채권자는 제29조의 금융채권자조정위원회에 대하여 채권의 매수가액 및 조건에 대한 조정을 신청할 수 있다. 이 경우 금융채권자조정위원회는 찬성채권자와 채권의 매수를 청구한 반대채권자가 합의하여 선임한 회계전문가가 해당 기업의 가치와 재산 상태, 약정의 이행 가능성 및 그 밖의 사정을 참작하여 산정한 결과를 고려하여 공정한 가액으로 이를 결정하여야 한다.

⑥ 주채권은행은 제1항 각 호의 어느 하나에 해당하는 사항에 관한 협의회의 소집을 통보하는 때에는 채권매수청구권의 내용 및 행사 방법을 알려야 한다.

가. 반대채권자의 채권매수청구권 제도의 의의

앞서 살펴본 바와 같이 다수결 원칙에 의하여 구조조정 절차를 진행하는 기촉법의 규정은 여러 번 위헌 여부가 문제 되었다. 이에 기촉법은 현재까지 수많은 제·개정을 거치면서 위헌적 요소들을 완화하여 온 바, 기촉법 제27조의 반대채권자의 채권매수청구권 규정도 그 한 예로 채권매수청구권의 행사 상대방 및 매수의 주체를 명확히 하고, 채권매수가액에 대하여도 청산 가치 보장의 원칙을 정하는 등으로 정비되었다.

나. 행사 요건

1) 채권매수청구권 행사 대상 결의 사항

채권매수청구권은 공동관리절차의 개시, 기업개선계획의 수립 및 변경, 채무조정, 신규 신용공여, 공동관리절차의 연장 그 밖에 협의회의 의결로 정하는 사항에 대하여 협의회 의결이 있는 경우 그 의결에 반대한 금융채권자가 행사할 수 있다.

2016년 기촉법 개정 전에는 공동관리절차의 개시와 채권재조정 또는 신규 신용공여에 대한 협의회 의결에만 적용되었으나(법률 제13613호 기촉법 제20조 제1항), 2016년 개정 시 그 대상을 넓힘으로써 반대채권자의 권리 보호 범위를 확대하였다.[131]

그러나 이에 대해서는 반대채권자의 채권매수청구권 행사 대상 결의 사항이 지나치게 넓다는 비판이 가능할 것으로 생각된다. 기촉법 제27조 제1항 제6호의 '그 밖에 협의회의 의결로 정하는 사항'은 결국 기촉법 제23조 제1항에서 정하고 있는 협의회의 심의·의결 사항과 연관되고, 여기에는 공동관리절차의 개시·연장이나 채무조정 또는 신규 신용공여 계획의 수립 등 구조조정에 있어 중요한 사안 이외에도 약정 이행 실적에 대한 점검 및 조치, 협의회 운영 규정의 제·개정 등도 모두 포함되는데 문언상으로 보면 이러한 협의회 의결 대상 전체가 반대매수청구권을 행사할 수 있는 결의 대상이 되기 때문이다.

---

[131] 금융위 기촉법 설명자료는 채권자의 재산권에 영향을 미칠 수 있는 안건 대부분으로 반대매수청구권 행사 범위를 확대하였다고 하고 있다(금융위 기촉법 설명자료, p.62).

2) 서면에 의한 반대의 의사표시와 청구의 상대방

채권매수청구권을 행사할 수 있는 자는 협의회 의결일까지 제27조 제1항 각 호 안건에 대한 반대 의사를 서면으로 표시한 자에 한한다(기촉법 제27조 제1항 제2문). 이에 대하여 하급심 판례이기는 하나 법원은 협의회에는 참석하였으나, 의결권을 행사하지 않은 채권자의 경우 채권매수청구권을 행사하지도 못하고 본인의 의사에 반하여 협의회의 의결에 따른 채무재조정 등과 관련한 의무를 부담하여야 한다는 점에서 권리의 행사 주체에 제한이 있으므로 여전히 반대금융채권자의 권리 보호에 문제가 있다는 의문이 남는다고 하였다(서울고등법원 2005. 4. 26. 선고 2004나68399 결정).[132]

반대매수청구권 행사의 상대방은 주채권은행이다(기촉법 제27조 제1항). 이와 관련하여 구체적 업무처리 순서를 살펴보면 다음과 같다. 먼저 주채권은행은 협의회 소집 시 회의 일시, 장소 및 목적 등을 회의 개최 예정일 5일 전에 알려 주어야 한다(기촉법 시행령 제12조 제1항). 반대매수청구권을 행사하려는 채권자는 반대매수청구권을 행사할지 여부를 결정한 후, 의결일까지 반대 의사를 서면으로 표시하여야 한다. 이후 의결일로부터 7일 이내에 주채권은행 앞 채권의 종류와 수를 서면으로 기재하여 청구한다.[133] 이후 찬성채권자는 매수청구기간이 종료하는 날부터 6개월 이내에 연대하여 해당 채권을 매수하여야 한다(기촉법 제27

---

132 상기 판례에서 법원은 의결에 찬성한 금융채권자가 계속기업가치를 기준으로 한 정상화 계획 안에 의해 변제를 받는 것과 달리 계속기업가치에 못 미치는 청산 가치를 기준으로 평가된 금액을 변제받게 될 가능성이 크고, 나아가 채무자 기업의 경영 정상화 여부에 따라 변제 여부가 불확실하게 되는 경우가 있으므로 기촉법상 채권매수청구권은 반대금융채권자에 대한 권리구제책으로 매우 미흡한 제도라고 보았다.

133 이에 대해서는 집단적 신규 신용공여라는 의사 결정에 반대하는 당사자가 반드시 7일 이내에 채권매수청구권을 행사하여 채권단에서 배제되어야 하고, 그렇지 않은 경우 찬성으로 간주되어 신규 신용공여 의무를 부담하여야 한다고 보는 점은 사적 자치의 원칙에 지나치게 위배된다고 보는 견해도 있다; 최효종, 전게문, p.206.

조 제2항 본문). 다만, 반대채권매매의 당사자가 금융채권자조정위원회에 조정을 신청하거나 법원에 이의를 제기한 경우에는 그러하지 아니하다(기촉법 제27조 제2항 단서).

3) 반대매수청구권의 법적 성격

이와 관련하여 그간 하급심 판례의 판단은 일치되지 않았으나, 대법원은 최근 반대매수청구권은 형성권에 해당한다고 판시하였다. 이하 자세히 살펴본다.

가) 청구권적 성격을 갖는 것으로 본 판례

하급심 판례이기는 하나 법원은 '구 기촉법 제24조에서 정한 반대채권자의 채권매수청구권은 이를 행사함으로써 곧바로 채권매매계약을 성립시키는 형성권이라기보다는 채권금융기관협의회에 대해서는 채권매수 절차를 진행하거나 매수, 상환의 가격 및 조건을 협의할 의무를, 채권금융기관에 대해서는 일정한 경우 반대채권자의 채권을 매수할 의무를 각각 부여하는 권리로 이해하는 것이 타당하다고 하였다(서울고등법원 2014. 10. 8. 선고 2013나2026140 판결).

나) 형성권으로 본 판례

구 기촉법(2011. 5. 19. 법률 제10684호로 제정된 것) 제20조 제1항이 반대채권자가 채권매수청구권을 행사할 수 있는 경우를 공동관리절차의 개시 및 채권재조정 또는 신규 신용공여에 관한 협의회의 의결에 반대하는 경우로 한정하고 있다는 점, 구 기촉법 제20조는 반대채권자의 범위, 채권매수청구권 행사 시기 및 방법을 명확히 규정하고 있을 뿐 아니라 반대채권자의 채권매수청구에 따른 매수 주체를 공동관리절차의 개시에 찬성한 채권금융기관들로 확정시켜 둔 점, 반대채권자의 채권매수청구권은 채권금융기관이 기촉법에 따라 자신의 의사와 무관하게 재산권 및 경제 활동의 자유에 대한 제한을 받게 될 것을 고려하여 협의회의 의결에 반대하는 채권자는 자신의 채권을 매도함으로써 대상 기업에 대한 채권금융기관의 지위를 벗어나 의사에 반하는 공동관리절차나 채권행사의 유예, 채권재조정이나 신용공여 부담을 지지 않을 기회를 보장하고자 하는 데 그 취지가 있는데, 위와 같은 반대채권자의 채권매수청구권을 실질적으로 보장할 필요가 있는 점 및 기촉법의 전체적인 체계 등을 고려할 때 구 기촉법 제20조 제1항에 규정된 반대채권자의 채권매수청구권은 형성권으로서, 반대채권자가 협의회의 의결일로부터 7일 이내에 채권의 종류와 수를 기재한 서면으로 채권매수청구권을 행사하면 찬성채권자들의 승낙 여부와는 관계없이 반대채권자와 찬성채권자 사이에 반대채권자의 부실징후기업에 대한 채권에 관한 매매 계약이 성립한다고 봄이 타당하다(서울고등법원 2016. 4. 21. 선고 2015나2045268 판결, 동지의 판례로 서울고등법원 2016. 7. 21. 선고 2015나2075719 판결).[134]

다) 대법원의 판단

대법원은 기촉법상 반대채권자의 채권매수청구권은 반대채권자의 일방적 의사 표시로 채권에 관한 매매 계약을 성립하게 하는 형성권이라고 판시하였다(대법원 2019. 1. 31. 선고 2016다215127 판결, 대법원 2019. 2. 28. 선고 2016다215134 판결). 따라서 반대채권자가 채권금융기관협의회의 의결일로부터 7일 이내에 찬성채권자에 대하여 채권의 종류와 수를 기재한 서면으로 자신의 채권을 매수하도록

---

[134] 서울고등법원 2016. 7. 21. 선고 2015나2075719 판결에서는 반대채권자의 채권매수청구권이 형성권에 해당함을 이유로 경영정상화 약정이 미체결되었음을 이유로 반대채권자의 채권매수청구권 행사에 응할 수 없다는 피고의 주장은 근거가 없다고 하였다. 즉, 채권금융기관협의회의 공동관리절차 개시 결의에 반대한 채권금융기관이 기촉법이 정한 바에 따라 채권매수청구권을 행사하였다면, 이후 부실징후기업에 대한 경영정상화 약정이 체결되지 못하여 이미 개시된 공동관리절차가 중단되었다고 하더라도 이미 이루어진 반대채권자의 채권매수청구권 행사의 효력에는 아무런 영향을 미치지 않는다고 봄이 타당하다는 것이다.

청구하면 찬성채권자의 승낙 여부와 관계없이 반대채권자의 찬성채권자 사이에 채권에 관한 매매 계약이 성립한다.

동 판례에서 법원은 장래 발생할 채권이라도 현재 그 권리의 특정이 가능하고, 가까운 장래에 발생할 것임이 상당한 정도로 기대되는 경우에는 채권양도의 대상이 될 수 있으므로 이러한 채권에 대해서도 채권매수청구권을 행사할 수 있고, 채권액이 확정되어 있지 않더라도 이행기까지 이를 확정할 수 있는 기준이 설정되어 있다면 마찬가지로 볼 수 있다고 하였다. 이러한 견지에서 대법원은 파생 계약에 따른 채권도 채권매수청구권의 대상이 되는바, 그 근거로 동 파생 계약에 따르면 만기시 시장환율이 계약 환율보다 상승하는 경우 그 차액에 약정 달러화를 곱한 금액 상당의 정산 채권이 발생하는데, 이 채권은 장래 발생할 채권으로서 채권액이 확정되어 있지는 않으나, 매수청구권 행사 당시 특정이 가능하고 가까운 장래에 발생할 것임이 상당한 정도로 기대되며 이행기까지 채권액을 확정할 수 있는 기준이 설정되어 있음을 들었다.[135]

4) 반대매수청구권 행사의 대상채권

반대채권자는 자기의 금융채권 전부를 매수하도록 청구할 수 있으며 공동관리절차에서 출자전환된 주식을 포함한다(기촉법 제27조 제1항 제1문).

이때 '금융채권 전부'의 해석과 관련하여 일부에 대한 매수 청구 또는 출자전

---

[135] 이러한 대법원의 판례를 긍정적으로 본 글로, 김지평, 「기업구조조정촉진법상 반대채권자의 채권매수청구권의 법적 성질 및 대상」, 도산판례백선, 사단법인 도산법연구회, 2021. 8., p.349-350.

환 주식이 가능한지에 대한 의문이 생길 수 있다. 이와 관련하여서는 법상 명시적으로 금융채권 전부가 아니면 매수 청구할 수 없다는 규정이 없는 이상 일부에 대한 매수 청구도 가능하다는 견해와 일부에 대하여도 매수청구권 행사가 가능하다고 보는 경우 반대채권자는 반대매수를 청구하였음에도 불구하고 일부 신용공여액 및 의결권을 보유하게 되어 반대채권자에 대하여 기촉법상 구조조정절차에서 벗어나도록 하기 위한 매수청구권 제도의 인정 취지에 어긋난다는 견해도 있다. 아직 이에 대하여 대법원 판례가 없어 쉽게 결론을 내리기는 어려우나, 실무적으로는 금융채권자가 자신의 금융채권 및 출자전환 주식 전부에 대하여 매수청구권을 행사하는 경우가 대부분이어서 문제 되는 경우는 많지 않을 것으로 보인다고 한다.[136]

다. 행사 효과

1) 찬성채권자의 연대 책임

찬성채권자는 매수청구기간이 종료하는 날부터 6개월 이내에 연대하여 해당 채권을 매수하여야 한다(기촉법 제27조 제2항).

---

[136] 온주 기촉법, 제27조, II. 반대채권자 채권매수청구권의 행사 요건, 4. 채권매수청구권 행사의 대상채권 부분 참조

이러한 찬성채권자의 연대 책임에 대해서는 찬성채권자에게 과도한 부담을 주는 것으로써 불합리한 것이 아닌지 하는 비판이 있다. 먼저, 기촉법상 반대채권자의 채권을 매수하여야 하는 부담을 안게 될 찬성 채권자는 매수청구권이 행사될 채권액 규모를 미리 알 수가 없다. 찬반 의결권은 협의회에서 행사하게 되므로 협의회 당일 의결권 행사 결과를 보지 않고는 다른 채권자들이 어느 정도 반대할지 미리 알 수 없고, 미리 알 수 있도록 제도를 마련하기도 곤란하다. 매수청구권 행사의 대상이 되는 협의회 의결에는 공동관리절차의 개시, 기업개선계획의 수립 및 변경, 채무조정, 신규 신용공여, 공동관리절차의 연장, 그 밖에 협의회의 의결로 정하는 사항 등 다수의 안건이 포함되어 있고, 이러한 협의회 의결은 절차가 진행됨에 따라 수회에 걸쳐 단계별로 이루어지므로 찬성 채권자가 반대 채권자로부터 매수해야 하는 채권액은 누적적으로 증가하게 된다. 매수 여력이 없는 채권자로서는 찬성할 의사가 있어도 반대채권의 매수 부담으로 인해 기업개선계획에 반대하고 매수청구권을 행사할 수밖에 없는데, 이는 사적 자치의 원칙을 과도하게 제한하는 것이다. 신규 신용공여에 참여하게 되는 채권자는 신용공여뿐만 아니라 그에 반대하는 채권자의 채권까지 매수하여야 하므로 그 부담이 더욱 커진다.[137]

2) 공동관리기업 또는 제3자를 통한 매수

찬성채권자는 반대채권자와 합의한 경우 해당 기업 또는 제3자로 하여금 반

---

[137] 한민, 「기업구조조정 촉진법 상시화 법률안에 대한 비판적 검토」, 사법발전재단, 사법, 2015., vol.1, no.33, 통권 33호., pp.117-118. 이 글은 우리나라 기촉법상 다수결에 의한 의사결정 메커니즘을 가장 공격적인 워크아웃 방식이라고 하면서 이러한 방식에서는 일부 채권자들이 법원의 관여 없이 그리고 자신의 동의 없이 희생될 수 있으므로 법원 절차에 대한 접근을 보장하는 헌법 원리와 충돌될 수 있다고 지적하는 견해를 소개하고 있다(한민, 전게문, p.118).

대채권자의 채권을 매수하도록 할 수 있다(기촉법 제27조 제4항). 그러나 이에 대해서는 다음과 같은 반론이 있다. 즉, 채무자 기업이 채권을 매수한다는 것은 결국 채권을 조기변제한다는 것인데, 채무자로 하여금 일시불로 채권을 현금으로 변제하도록 하는 것은 채무자의 정상화에 해가 될 수 있고, 워크아웃의 목적에 반하는 것이다. 그렇다고 하여 채권을 분할하여 변제하도록 하는 것은 채권매수청구권 제도의 취지에 반하는 것으로서 반대채권자의 이익을 크게 해하게 된다. 또한 공동관리절차가 실패하여 회생 절차나 파산 절차가 진행될 경우, 이러한 조기변제는 편파변제에 해당되어 부인될 수도 있다. 따라서 채무자 기업이 반대 채권자의 채권을 매입할 수 있도록 하는 규정은 삭제되어야 한다는 주장도 있다.[138]

3) 반대채권자의 채권 양도 및 채권자로서 권리 상실

법원은 채권매수청구권 행사로 반대채권자의 채권은 찬성채권자들에게 곧바로 양도된다고 하였다. 또한 이러한 채권 양도는 기촉법상 반대채권자의 채권매수청구권 행사에 따른 채권의 이전이므로, 법률의 규정에 의한 채권의 이전에 해당하여 지명채권의 대항 요건에 관한 민법의 규정이 적용되지 않는다고 하였다(서울고등법원 2016. 4. 21. 선고 2015나2045268 판결).

또한 법원은 채권매수청구권을 행사하면 반대채권자는 더 이상 원래의 채권을 행사하지 못하고, 대신 조정절차 또는 법원에 대한 불복 절차에서 정해지는 매각 조건에 따른 채권매각대금 청구만을 할 수 있다고 봄이 상당하다고 하였다(대법원 2006. 4. 14. 선고 2004다70253 판결).

---

138 한민, 전게문, p.117.

이러한 반대채권자의 권리 상실은 반대매수청구권은 법적 성격이 형성권인
데에서 오는 당연한 결론이라고 생각된다.

라. 매수 기한

찬성채권자는 매수청구기간이 종료하는 날부터 6개월 이내에 연대하여 해
당 채권을 매수하여야 한다(기촉법 제27조 제2항). 판례는 동 '6개월'의 기한은 채
권매매대금의 이행기를 정한 것으로 봄이 타당하다고 하였다(서울중앙지방법원
2015. 10. 27. 선고 2015가합505743 판결).

마. 채권매수 가격의 결정과 청산 가치 보장의 원칙

반대채권자가 매수를 청구한 채권의 매수가액 및 조건은 찬성채권자와 채권
의 매수를 청구한 반대채권자가 합의하여 결정한다. 이 경우 매수가액은 반대
채권자가 해당 기업의 청산을 통하여 변제받을 수 있는 금액보다 불리하지 아
니하도록 해당 기업의 가치 등 대통령령으로 정하는 사항을 고려한 공정한 가
액으로 한다(기촉법 제27조 제3항). 이때 "대통령령으로 정하는 사항"이란 i) 반대
채권자가 매수를 청구한 채권의 종류, 성격 및 범위, 해당 기업의 자산과 부채의
종류, 성격 및 범위, ii) 해당 기업의 자산과 부채의 종류, 성격 및 범위와 iii) 그

밖에 매수 청구된 채권의 공정한 가액 산정을 위하여 금융위원회가 정하여 고시하는 사항을 말한다(기촉법 시행령 제13조).[139]

이러한 합의가 이루어지지 아니하는 경우 찬성채권자 또는 채권의 매수를 청구한 반대채권자는 기촉법 제29조에 따른 금융채권자조정위원회 앞 채권의 매수가액 및 조건에 대한 조정을 신청할 수 있다. 이 경우 조정위원회는 찬성채권자와 채권의 매수를 청구한 반대채권자가 합의하여 선임한 회계 전문가가 해당 기업의 가치와 재산 상태, 약정의 이행가능성 및 그 밖의 사정을 참작하여 산정한 결과를 고려하여 공정한 가액으로 이를 결정하여야 한다(기촉법 제27조 제5항).

이러한 채권매수청구권 행사 대상 채권의 매수가액에 대하여 상호 간 합의가 이루어지지 않고, 그에 관한 조정이 신청되지도 않은 경우에는 어떻게 하는가?

하급심 판례이기는 하나, 법원은 이러한 때에는 부실징후기업의 가치와 재산 등의 사정을 참작하여 법원이 인정한 상당한 가액으로 매수가액이 결정된다고 하고, 이때 매수가액 결정의 기준 시점은 반대채권자의 채권매수청구권 행사로 찬성채권자와 매매 계약이 성립한 시점이라고 하였다(서울고등법원 2016. 7. 21. 선고 2015나2075719 판결). 동 판결에서 법원은 채권의 적정한 매매 가격은 외부 전문기관이 평가한 회사의 청산 가치에 따른 채권회수율을 기준으로 하여 결정하는 것이 타당하다고 하였다. 동 사안에서는 이러한 판단 기준, 즉 '외부 전문기관이 평가한 회사의 청산가치에 따른 채권회수율'이 무엇인지도 쟁점이 되었는데, 원고는 회사의 공동관리절차에서 회계법인이 작성한 경영정상화 방안 수립 검토 보고서에서 평가한 청산 가치 회수율이 적용되어야 한다고 주장하고,

---

[139] 현재 금융위원회 고시인 기업구조조정 감독규정에는 가치 산정에 관한 사항은 규정되어 있지 않다.

피고는 동사의 회생 절차에서 조사위원으로 선임된 회계법인이 작성한 조사보고서에서 평가한 청산 가치 회수율을 적용하여야 한다고 주장하였다. 법원은 매수가액 결정의 기준 시점, 즉 반대채권자의 채권매수청구권 행사로 찬성채권자와 채권매매계약이 성립한 시점(2014. 3. 11.)을 기준으로 하여 경영정상화 방안 수립 검토보고서상 실시 기준일(2014. 2. 28.)이 조사보고서상의 조사 기준일(2014. 8. 19.)보다 매매계약 성립일에 훨씬 가깝고, 경영정상화 방안 수립 검토보고서는 채권금융기관들이 보유한 개별 채권의 청산 가치를 평가한 반면, 조사보고서는 회생 절차 개시 이후 조사위원의 지위에서 청산 가치 회수율을 평가하였기 때문에 평가 당시 상황이 매수청구권 행사 당시와 달라졌으며, 조사보고서에는 담보채권자가 보유한 개별 담보물의 가치가 구분되어 있지 않으나, 경영 정상화 방안 수립 검토보고서는 개별 금융채권자들의 채권회수액이 담보부채권과 무담보채권으로 구분되어 구체적으로 산정되어 있는 점 등을 종합하면 경영정상화 방안 수립 검토보고서상 산정된 채권의 청산가치 회수율에 따라 채권의 매매가액을 산정하는 것이 합리적이라고 판단하였다.

대법원도 반대채권자가 채권매수청구를 하는 동기와 경위, 반대채권자의 채권매수청구권 행사 및 그에 따른 매수가액 결정 방법 등에 관한 규정 내용과 취지, 채권금융기관 간 이해관계 등을 종합적으로 고려하면, 채권의 매수가액에 대하여 찬성채권자와 반대채권자 사이에 협의 또는 조정이 이루어지지 않아서 소송 등의 절차가 진행된 경우, 법원은 반대채권자가 해당 기업의 청산을 통하여 변제받을 수 있는 금액('청산 가치'라 한다)보다 불리하지 않도록 해당 기업의 가치, 반대채권자가 매수를 청구한 채권의 종류, 성격 및 범위, 해당 기업의 자산과 부채의 종류, 성격 및 범위 등을 고려하여 공정하게 산정한 가액을 매수가액으로 결정하여야 한다고 판시하였다(대법원 2023. 11. 2. 선고 2018다208376 판결). 이러한 취지에서 대법원은 원고의 채권매수청구 직후이고 대상 회사의 회계자료 등을 풍부하게 확보할 수 있는 월말 겸 분기말로써 매수청구일과 해당 시점 사이에 기업 가치에 중요한 변동을 줄 만한 사건이 없었던 2013. 9. 30.을 기준 시점으로 삼고, 회사가 파산적 청산을 하였을 때 발생할 수 있는 부채에 대하여 발생 가능성과 금액을 추정·평가하여 그 전부 또는 일부를 배부 대상 채권에 포함시키는 방법으로 산정한 회계법인의 보고서에 따라 채권의 청산 가치에 상응하는 금액을 매수가액으로 결정한 판단에 문제가 없다고 판시하였다.

바. 기타

1) 채권매수청구권의 철회 가부

금융채권자협의회 안건에 반대하여 반대매수청구권을 행사한 반대채권자가 이를 철회할 수 있는지 여부에 대하여 이를 긍정하는 견해가 있다. 즉, 반대매수청구권을 행사하였더라도 금융채권자협의회가 동의한다면 이를 철회할 수 있다고 해석하는 견해가 있는데, 이 견해는 워크아웃의 속성상 더 많은 채권자가 참여할수록 손실 위험을 분산시킬 수 있고 무임승차자가 되려는 유혹을 감소시키는 다수의 압력으로 작용하는 효과가 있다는 점을 근거로 들고 있다. 이 경우 금융채권자협의회와 매수 가격의 협의가 성립된 때 또는 금융채권자조정위원회의 매수 가격에 대한 결정이 이루어진 때까지는 금융채권자협의회의 동의를 얻어 철회할 수 있다고 한다.[140]

---

140 온주 기촉법, 제27조, IV. 관련 쟁점, 1. 반대채권자의 채권매수청구의 철회 가능 여부 부분 참조

그러나 대법원이 기촉법상 반대채권자의 채권매수청구권이 반대채권자의 일방적 의사 표시로 채권에 관한 매매 계약을 성립하게 하는 형성권이라고 판시한 이상 일단 행사한 채권매수청구권을 철회하기는 어렵다고 보아야 할 것이다(대법원 2019. 1. 31. 선고 2016다215127 판결). 다만 이에 대한 금융채권자협의회의 동의가 있는 때에는 이미 행사한 채권매수청구권을 철회하였다기보다는 매매 계약 성립에 불구하고, 매매계약 당사자의 합의에 따라 계약 자체를 해지 또는 해제하는 것으로 보아야 할 것이다.

2) 채권매수청구권 행사 후 공동관리절차 중단 시 채권매매계약의 실효 여부

반대채권자의 채권매수청구권 행사 이후 기업개선계획의 이행을 위한 약정이 체결되지 않은 채 공동관리절차가 중단된 경우 반대채권자의 채권매수청구권 행사로 인한 채권매매계약의 효력은 어떠한가?

이와 관련하여 하급심 판례이기는 하나 판례는 채권금융기관협의회의 공동관리절차 개시 결의에 반대한 채권금융기관이 기촉법이 정한 바에 따라 채권매수청구권을 행사하였다면, 이후 부실징후기업에 대한 경영정상화 약정이 체결되지 못하여 이미 개시된 공동관리절차가 중단되었다고 하더라도 이미 이루어진 반대채권자의 채권매수청구권 행사의 효력에는 아무런 영향을 미치지 않는다고 봄이 타당하다고 하였다(서울고등법원 2016. 7. 21. 선고 2015나2075719 판결).

상기 판례에서 법원은 다음과 같이 근거를 들고 있다.

먼저 부실징후기업에 대한 공동관리절차에 관하여 규정한 기촉법 어디에도 채권행사 유예 기간의 종료일까지 부실징후기업에 대한 경영 정상화 약정이 체결되지 못하여 이미 개시된 공동관리절차가 중단되는 경우, 공동관리절차 개시 결의에 반대한 채권금융기관이 행사한 채권매수청구의 효력이 사후적으로 실효된다고 볼 만한 근거 규정을 찾을 수 없다.

다음으로 기촉법에서는 반대채권자가 채권매수청구권을 행사할 수 있는 경우를 '공동관리절차의 개시'와 '채권재조정 또는 신규공여'에 대한 협의회 의결이 있는 경우로 한정하면서, 경영정상화 약정 체결은 공동관리절차의 개시와 구분되는 절차로서 따로 협의회 의결을 거쳐야 할 뿐 아니라 공동관리절차가 개시된 이후에 이루어지는 절차로 예정하고 있는바, 경영정상화 약정 체결을 실질적 공동관리절차의 개시로 본다면 경영 정상화 약정 체결 시점이 아닌 공동관리절차의 개시 시점에 반대채권자가 채권매수청구권을 행사할 수 있도록 규정할 이유가 없다. 기촉법이 반대채권자의 채권매수청구권 행사의 사유 및 그에 따른 찬성채권자의 채권매수의무를 명확히 규정하고 있고,[141] 기촉법이 채권금융기관의 재산권 및 경제 활동의 자유를 중대하게 제한하고 있는 점을 고려할 때 협의회의 의결에 구속되지 않을 반대채권자의 권리가 실질적으로 보장되도록 할 필요가 있다. 채권매수청구권의 행사에 따라 매매 계약이 성립한 이후 반대채권자는 부실징후기업에 대한 공동관리절차에 더 이상 참여할 수 없다고 해석되는바, 찬성채권자들의 이견으로 경영정상화 약정이 체결되지 못할 경우 반대채권자의 채권매수청구권 행사의 효력이 소멸된다거나 이미 성립한 매매 계약이 실효된다고 보는 것은 공동관리절차에 관여하지 못한 반대채권자의 지위를 현저하게 불안하게 하는 것으로 불합리하다.

---

[141] 이에 대해서는 2016년 제정 형식을 통한 기촉법 개정으로 금융채권자협의회의 의결 사항이 대폭 확대되어 반대매수청구권의 행사 사유도 완화되었는바, 여전히 기존의 논리가 그대로 유지될 수 있는지 여부에 대한 의문이 있을 수 있다.

반대채권자의 채권매수청구권이 경영정상화 약정이 체결될 것을 전제로 인정되는 권리라고 해석한다면, 부실징후기업의 경영 정상화가 어렵다고 판단하여 채권매수청구권을 행사한 반대채권자가 실제로 자신의 예측과 판단이 부합한 경우임에도 실제로 기촉법이 보장하고 있는 반대채권자의 채권매수청구권을 행사하지 못하게 되는 결과가 발생하여 부실징후기업의 경영 정상화 가능성에 대한 판단이 반대채권자의 채권매수청구권 행사 여부를 결정하는 데 중요한 고려 요소가 되는 것과 상충된다.

마지막으로 채권매수청구권 행사에 따른 매매대금을 부실징후기업의 청산 가치를 기준으로 산정하게 되면 채권매수청구권을 행사한 반대채권자가 채권매수청구권의 행사로 가져가는 이익은 신속한 채권 회수에 그치고, 그 예상대로 부실징후기업의 경영 정상화가 실패하였다고 하더라도 공동관리절차에 참여한 다른 채권자에 비하여 특별한 이익을 얻게 되는 것이 아니다.

상기의 판례는 채권매수청구권의 법적 성격과 매매 계약의 성립 시기 등에 관하여 확립된 판례나 학설이 없어 다툼의 소지가 있었던 때에 해당하는 것으로, 이러한 채권매수청구권이 반대채권자의 일방적 의사 표시로 채권에 관한 매매 계약을 성립하게 하는 형성권이라고 대법원이 판시한 이상(대법원 2019. 1. 31. 선고 2016다215127 판결) 채권매수청구권 행사 이후의 구조조정 절차 진행 과정에서 여하한 사유로 공동관리절차가 중단된 것은 기성립한 채권 매매 계약에 영향을 미치지 않는다고 판단된다.[142]

---

142 동지의 하급심 판례로 2016. 4. 21. 선고 2015나2045268 판결. 동 판결에서 법원은 '협의회의 공동관리절차 개시 결의에 반대한 채권금융기관이 기촉법이 정한 바에 따라 채권매수청구권을 행사하였다면, 이후 부실징후기업에 대한 경영 정상화 약정이 체결되지 못하여 공동관리절차가 중단되었다고 하더라도 이미 이루어진 반대채권자의 채권매수청구권의 행사의 효력에는 아무런 영향을 미치지 않는다고 봄이 타당하다'고 하였다.

7. 협의회 의결 사항의 이행

제28조(협의회 의결 사항의 이행) ① 금융채권자(제27조 제1항에 따라 채권의 매수를 청구한 금융채권자는 제외한다. 이하 이 조에서 같다)는 제23조 제1항에 따라 협의회가 의결한 사항을 성실히 이행하여야 한다.

② 협의회는 금융채권자에 대하여 의결 사항의 이행을 요구할 수 있다.

③ 협의회는 의결 사항을 이행하지 아니하는 금융채권자에 대하여 그 의결에 따라 위약금을 부과할 수 있다.

④ 금융채권자는 협의회의 의결 사항 또는 제14조에 따른 약정을 이행하지 아니하여 다른 금융채권자에게 손해를 발생시킨 경우, 다른 금융채권자가 받은 손해의 범위에서 연대하여 손해를 배상할 책임이 있다.

⑤ 협의회는 의결사항의 불이행에 따르는 손해배상예정액을 의결로 정할 수 있다.

가. 의의

회생 절차의 경우 채무자회생법에 따라 법원의 주도하에 회생 절차가 진행되므로 인가된 회생계획안에 대한 불이행과 관련한 문제가 발생할 여지가 없는 반면, 기촉법은 금융채권자들 간의 사적 구조조정 절차이고, 기촉법은 절차적 성격이 강하므로 금융채권자들의 불이행이 있을 수 있다. 이에 기촉법은 협의회 의결 사항의 성실한 이행 의무와 금융채권자에 대한 협의회의 의결 사항 이행 요구권을 명시하고 있다(기촉법 제28조 제1항 및 제2항).

나. 금융채권자협의회의 금융채권자에 대한 협의회 결의 사항 이행 청구 가부

기촉법은 제28조 제2항에서 금융채권자협의회가 금융채권자에게 의결 사항의 이행을 청구할 수 있다고 하고 있다. 이러한 규정에 의거하여 금융채권자협의회가 직접 협의회 의결 사항을 이행하지 않는 금융채권자에게 직접 결의의 이행을 청구할 수 있을까?

기촉법 제28조 제2항은 2016년 법 제정 형식으로 기촉법을 개정하면서 신설된 규정인데, 이전에는 이러한 조항이 없었다. 이와 관련하여 하급심 판례이기는 하나 법원은 공동관리기업이 출자전환에 대한 결의를 이행하지 않는 채권금융기관을 상대로 그 이행 청구를 한 사안에서 '채권재조정에 관한 협의회의 의결이 대상 기업과 채권금융기관 사이에 그 의결에 따른 법률관계를 직접 창설하는 형성적 효력을 발생시킨다는 명시적인 법률 규정을 발견할 수 없다'라고 하였다(서울고등법원 2004. 6. 8. 선고 2003나41588 판결).

대법원도 협의회가 부실징후기업과 체결한 이행 약정에 정해진 사항이 채권재조정과 같이 이행 약정 자체로서 권리·의무를 설정하거나 변경 또는 소멸시키는 것에 해당하지 아니하고, 대출 계약이나 지급보증계약의 체결에 의한 신용 공여와 같이 향후 별도의 계약 체결을 예정한 계획에 해당하는 경우에는 특별한 사정이 없는 한 이행약정의 당사자 사이에서 이행약정만으로 경영정상화계획으로 예정된 별도의 계약이 체결된 것이나 다름없는 법적 구속력을 부여하려는 의사가 있었다고 볼 수 없으므로, 부실징후기업이나 채권금융기관이 이행 약정에 기하여 다른 채권금융기관에 대하여 신용공여 계획의 이행으로서 대출 계약 등을 체결하거나 그에 관한 의사 표시를 하도록 청구할 권리를 갖는다고 할 수 없다고 하였다(대법원 2014. 9. 4. 선고 2013마1998 결정; 이러한 결정을 반영하여 2016년 개정 기촉법은 제18조 제4항에서 금융채권자가 공동관리기업에 대하여 신규 신용공여를 할 의무는 금융채권자가 해당 기업과 신규 신용공여에 관한 약정을 체결하는 때에 발생한다고 하고 있다).

그렇다면 2016년 법 개정으로 금융채권자협의회가 금융채권자에 대하여 의결 사항 이행을 요구할 수 있다고 하는 내용이 추가된 이후에는 어떠한가? 이러한 규정의 추가에도 불구하고 금융채권자협의회는 문언 그대로 금융채권자에 대하여 결의 내용 이행을 청구할 수 있는 권리만 있을 뿐 이를 넘어서 금융채권자협의회의 의결에 따른 법률 효과가 직접적으로 창설되는 것은 아니라고 보아야 한다. 금융위 기촉법 설명자료도 기촉법 제28조 제2항은 단순 선언적 규정에 불과하다고 하고 있다.[143]

---

[143] 금융위 기촉법 설명자료, p.65.

다. 위약금 및 손해배상 청구

기촉법은 금융채권자협의회 결의의 효력을 확보하기 위한 수단으로 의결 사항을 이행하지 아니하는 금융채권자에 대하여 위약금을 부과할 수 있다고 하고(기촉법 제28조 제3항), 손해배상에 대한 연대 책임(기촉법 제28조 제4항) 및 손해배상예정액의 의결(기촉법 제28조 제5항) 등을 규정하고 있다. 참고로 2016년 기촉법 개정 전에는 위약금 납부 시 손해배상책임이 면제됨을 규정하여 위약금에 대한 민법의 일반 법리(민법 제398조 제4항에 따른 위약금의 약정은 손해배상액의 예정으로 추정한다는 법리)를 그대로 반영하였다. 그러나 2016년 개정 기촉법에서는 협의회 의결의 구속력을 제고하기 위해 위약금 관련 민법의 일반 법리를 도입한 구법 제21조 후단을 삭제하면서, 위약금(제3항), 손해배상금(제4항 및 제5항)을 모두 부과할 수 있음을 명시하고 있다. 즉, 2016년 개정법에서는 위약금이 손해전보가 아닌 이행 강제의 성격을 띠므로, 위약금·손해배상금 병과가 가능하다.[144]

라. 비판

그러나 협의회 의결의 구속력이 인정되어 미이행 채권금융기관이 손해배상책임을 부담한다고 해도 손해배상의 청구인적격, 채권금융기관의 의결 사항 불이행과 워크아웃 중단에 따른 채권금융기관들의 손해발생과의 인과관계, 채권금융기관의 손해 발생의 시점과 손해액 등을 입증하는 데에 현실적인 난관이 적

---

144 금융위 기촉법 설명자료. p.65-66.

지 않을 것으로 보인다. 이는 현재 손실분담확약의 미이행에 대한 채권금융기관 간의 소송들에서 이미 현출되고 있는 문제점들이다.[145] 먼저 손해배상과 관련하여서는 기촉법은 '다른 금융채권자가 받은 손해의 범위'가 배상의 대상이 되는데, 특정 채권금융관의 의결 사항 미이행에 따라 다른 채권금융기관의 신용공여액이 달라지는 것이 아니므로 실질적으로 다른 금융채권자를 손해배상채권자로 인정하기 어렵다는 문제가 있다.[146] 다음으로 법리적으로 보면 부실징후기업은 신규 신용공여의 혜택을 받게 되는 당사자이지만 결의 당사자는 아니므로 손해배상청구 소송의 당사자 적격이 있는지도 문제 된다. 또한 일부 채권금융기관들(현 기촉법상으로는 금융채권자)이 신규 신용공여 의무 이행을 하지 않았다고 하여 이를 부실징후기업의 워크아웃 중단으로 인한 손해 발생이라는 결과가 발생한 데 대하여 과연 상당인과관계를 인정할 수 있는지 여부도 문제된다.[147]

이러한 문제 외에도 앞서 기촉법 제23조에 따른 협의회 의결 사항을 다루면서 살펴본 바와 같은 문제도 있을 것으로 생각된다.

---

145 최효종, 전게문, p.197-198.

146 최효종, 전게문, p.198. 이 글에서는 2016년 기촉법 개정 전 기촉법 제21조 제1항의 '다른 채권금융기관에'에 대한 손해배상을 말하고 있으나, 채권금융기관에서 금융채권자로만 그 대상이 바뀌었을 뿐, 이 글이 지적하는 문제는 여전히 같은 것으로 생각된다. 이 글은 이러한 손해배상의 상대와 관련하여 구체적인 예시를 들면서 문제점을 지적하고 있다.

147 최효종, 전게문, p.199.

8. 금융채권자조정위원회

제29조(금융채권자조정위원회) ① 부실징후기업의 효율적이고 공정한 기업 개선과 금융채권자 간의 이견 조정 등을 위하여 금융채권자조정위원회(이하 "조정위원회"라 한다)를 둔다.

② 조정위원회는 다음 각 호의 어느 하나에 해당하는 사람으로서 대통령령으로 정하는 바에 따라 선임되는 7명의 위원으로 구성한다.

1. 금융기관 또는 금융 관련 분야에서 10년 이상 근무한 경험이 있는 사람
2. 변호사 또는 공인회계사의 자격을 가진 사람
3. 금융 또는 법률 관련 분야의 석사 이상의 학위소지자로서 연구기관·대학에서 연구원·조교수 이상의 직에 10년 이상 근무한 경험이 있고 기업구조조정에 관한 전문성이 있는 사람
4. 기업구조조정 업무에 3년 이상 종사한 경험이 있는 사람

③ 다음 각 호의 어느 하나에 해당하는 사람은 조정위원회 위원이 될 수 없으며, 위원이 된 후에 이에 해당하게 된 때에는 그 직을 상실한다.

1. 미성년자·피성년후견인
2. 파산선고를 받은 자로서 복권되지 아니한 사람
3. 금고 이상의 실형의 선고를 받고 그 집행이 종료(집행이 종료된 것으로 보는 경우를 포함한다)되거나 집행이 면제된 날부터 5년이 경과하지 아니한 사람
4. 이 법 또는 대통령령으로 정하는 금융 관련 법령에 따라 벌금 이상의 형의 선고를 받고 그 집행이 종료(집행이 종료된 것으로 보는 경우를 포함한다)되거나 집행이 면제된 날부터 5년이 경과하지 아니한 사람
5. 금고 이상의 형의 집행유예의 선고를 받고 그 유예 기간 중에 있는 사람
6. 이 법 또는 대통령령으로 정하는 금융 관련 법령에 따라 해임되거나 징계면직된 자로서 해임 또는 징계면직된 날부터 5년이 경과하지 아니한 사람
7. 정부·금융감독기관에 종사하고 있거나 최근 2년 이내에 종사하였던 사람

④ 조정위원회의 위원장 및 위원의 임기는 2년으로 하고, 1회에 한정하여 연임할 수 있으

며, 위원장은 위원 중에서 호선한다.

⑤ 조정위원회는 다음 각 호의 업무를 수행한다.

    1. 금융채권자 간의 자율적 협의에도 불구하고 해소되지 아니하는 이견(협의회가 의결한 후에 조정을 신청한 이견은 제외한다)의 조정으로서 대통령령으로 정하는 사항에 대한 조정

    2. 제27조제5항에 따른 채권의 매수가액 및 조건에 대한 조정

    3. 제28조제3항 및 제5항에 따른 위약금과 손해배상 예정액에 대한 조정

    4. 제30조에 따른 부실징후기업고충처리위원회의 권고 사항에 대한 협조

    5. 협의회 의결 사항의 위반 여부에 대한 판단과 그 이행에 대한 결정

    6. 조정위원회의 운영과 관련한 규정의 제정·개정

    7. 그 밖에 협의회의 운영과 관련하여 대통령령으로 정하는 사항

⑥ 조정위원회는 제5항의 업무를 수행하기 위하여 해당 기업 및 금융채권자에게 출석을 요구하여 의견을 듣거나 필요한 자료의 제출을 요청할 수 있다.

⑦ 조정위원회는 그 권한에 속하는 업무를 독립적으로 수행하여야 한다. 조정위원회 위원이 금융채권자 또는 부실징후기업과 대통령령으로 정하는 거래 관계에 있는 경우 해당 금융채권자 및 부실징후기업과 관련이 있는 조정위원회의 업무에서 배제된다.

⑧ 조정위원회는 재적위원 3분의 2 이상의 찬성으로 의결한다. 제7항 후단의 경우 해당 조정위원회 위원은 재적위원 수에서 제외된다.

⑨ 그 밖에 조정위원회의 조직·운영 등에 관하여 필요한 사항은 대통령령으로 정한다.

가. 금융채권자조정위원회

금융채권자조정위원회는 원래 2001년 기촉법 제정 당시 '채권금융기관조정위원회'라고 명명되었으나(2001. 8. 14. 법률 제6504호 기촉법 제31조), 2016년 제정 형식으로 기촉법을 제정하면서 채권금융기관에서 모든 금융채권자로 기촉법 참여 대상이 확대됨에 따라 '금융채권자조정위원회'로 명칭이 변경되었다.[148]

---

[148] 금융위 기촉법 설명자료, p.70.

나. 금융채권자조정위원회의 구성

1) 선임권자

기촉법 제29조 제2항은 조정위원회의 자격에 대하여 열거하고 있는바, 금융기관 또는 금융 관련 분야 10년 이상 종사자, 변호사 또는 공인회계사 자격 소지자, 기타 기업구조조정에 관한 전문성이 있는 사람 등이며 총 7인이 선임된다. 이때 선임은 금융권에서 3인(한국금융투자협회 회장, 보험협회 회장, 전국은행연합회 회장이 각 1인), 산업계에서 2인(대한상공회의소 회장, 한국공인회계사회 회장이 각 1인), 법조계에서 2인(대법원장, 대한변호사협회 회장이 각 1인)을 선임하게 된다(기촉법 시행령 제14조 제1항). 기존 금융권에 속하는 은행연합회에서 2인을 추천하던 것이 2016년 기촉법 개정 시 법조계 추천 인사가 2명이 되는 것으로 변경되었다.[149]

2) 임기와 결격 사유

2016년 기촉법 개정 시 위원의 임기를 기존 1년에서 2년으로 연장하여 전문성을 강화하되, 연임 횟수를 1회로 제한하였다(기촉법 제29조 제4항). 또한 위원의 결격 사유도 엄격히 하여 기존에는 '정부·금융감독기관·채권금융기관 및 부실징후기업 종사자'만 제외하던 것을 현재와 같이 그 범위를 확대하였다(기촉법 제29조 제3항 및 제7항).[150]

---

149 금융위 기촉법 설명자료, p.70.
150 금융위 기촉법 설명자료, p.71.

조정위원회는 그 권한에 속하는 업무를 독립적으로 수행하여야 한다. 조정위원회 위원이 금융채권자 또는 부실징후기업과 일정한 거래관계에 있는 경우에는 해당 금융채권자 및 부실징후기업과 관련이 있는 조정위원회의 업무에서 배제된다(기촉법 제29조 제7항). 이때의 거래 관계란 위원이나 위원의 친족이 부실징후기업의 경영인, 주주 또는 금융채권자인 경우, 위원이 속한 법인이 금융채권자 또는 부실징후기업인 경우, 위원이나 위원이 속한 법인이 금융채권자 또는 부실징후기업과 법률·경영 등에 대한 자문·고문계약 또는 이와 유사한 계약을 체결하고 있는 경우를 말한다(기촉법 시행령 제15조 제2항).

3) 금융채권자 또는 부실징후기업의 기피신청

금융채권자 또는 부실징후기업은 조정위원회 위원이 상기와 같은 배제 사유가 있거나 위원에게 공정한 심의·의결을 기대하기 어려운 사정이 있는 경우에는 조정위원회에 기피신청을 할 수 있고, 조정위원회는 의결로 기피 여부를 결정한다. 이 경우 기피신청의 대상인 위원은 그 의결에 참여하지 못한다(기촉법 시행령 제15조 제3항). 동시에 위원도 이러한 기피 사유에 해당하는 경우에는 스스로 해당 안건의 심의·의결에서 회피하여야 한다(기촉법 시행령 제15조 제4항). 이 조항들은 2024. 7. 30. 대통령령 제34780호로 기촉법 시행령을 개정하면서 신설된 것으로 금융채권자 간의 이견 조정 등의 업무를 수행하는 조정위원회가 보다 공정하게 운영될 수 있도록 하는 데 그 취지가 있다(동 시행령 개정 이유 및 주요 내용).

다. 금융채권자조정위원회의 의결 사항

조정위원회는 다음과 같은 사항에 대한 조정을 하게 된다. 먼저 금융채권자 간의 자율적 협의에도 불구하고 해소되지 아니하는 이견(협의회가 의결한 후에 조정을 신청한 이견은 제외한다)의 조정으로서 금융채권액 또는 협의회의 의결권 행사와 관련된 이견, 채무조정 또는 기촉법상 신규 신용공여의 분담 비율 결정과 관련된 이견, 그 밖에 조정위원회에 조정을 신청하기로 협의회가 의결하여 신청한 사항에 대한 조정이다(기촉법 제29조 제5항 제1호, 기촉법 시행령 제14조 제3항).

이외에 반대채권자의 채권매수청구권 행사에 따른 채권의 매수가액 및 조건에 대한 조정(기촉법 제29조 제5항 제2호), 협의회 의결 사항 불이행에 따른 위약금과 손해배상예정액에 대한 조정(기촉법 제29조 제5항 제3호), 부실징후기업고충처리위원회의 권고 사항에 대한 협조(기촉법 제29조 제5항 제4호), 협의회 의결 사항의 위반 여부에 대한 판단과 그 이행에 대한 결정(기촉법 제29조 제5항 제5호) 및 조정위원회의 운영과 관련한 규정의 제·개정도 업무의 대상이 된다(기촉법 제29조 제5항 제6호).

이중 부실징후기업고충처리위원회의 권고사항을 채권단이 이행하도록 요청하는 업무는 2016년 기촉법 개정 시 추가되었다. 이에 따라 동 개정 시 필요한 경우 채권자·기업에 대한 자료를 요청할 수 있도록 하여 보다 적극적인 조정이 가능해졌다(기촉법 제29조 제6항).

라. 금융채권자조정위원회의 운영과 의결 절차

조정위원회는 금융채권자로부터 조정신청을 받았을 때에는 신청받은 날로부터 10일 이내에 조정 결과와 그 이유를 협의회 및 조정신청을 한 금융채권자에게 알려 주어야 한다. 다만, 사실 확인이 필요한 경우 등 불가피한 사유가 있는 경우에는 10일의 범위에서 그 기간을 한 차례 연장할 수 있다(기촉법 시행령 제15조 제1항).

금융채권자조정위원회의 의결은 제척 사유에 해당하는 위원을 제외한 재적위원 2/3 다수결에 의한다(기촉법 제29조 제8항).

9. 부실징후기업고충처리위원회

제30조(부실징후기업고충처리위원회) ① 부실징후기업의 고충을 처리하기 위하여 부실징후기업고충처리위원회(이하 "고충처리위원회"라 한다)를 둔다.

② 고충처리위원회는 위원장 1명을 포함한 6명의 위원으로 구성되며, 위원장은 조정위원회의 위원장이 겸임하고, 위원은 제29조 제2항 각 호의 어느 하나에 해당하는 사람(정부·금융감독기관·금융채권자 및 부실징후기업에 종사하고 있는 사람은 제외한다) 중에서 대통령령으로 정하는 바에 따라 선임되는 자로 한다.

③ 고충처리위원회의 위원장 및 위원의 임기는 2년으로 하고, 1회에 한정하여 연임할 수 있다.

④ 고충처리위원회는 다음 각 호의 업무를 수행한다.

　　1. 부실징후기업의 고충 및 애로 사항 수렴

　　2. 제14조 제2항 제4호에 따른 동의서를 제출한 자의 고충 및 애로 사항 수렴

　　3. 금융채권자에 대한 고충 처리 방안의 권고 및 이행 점검

　　4. 제도적 지원이 필요한 사항의 경우 관계 기관에 대한 건의

　　5. 고충처리위원회의 운영과 관련한 규정의 제정·개정

　　6. 그 밖에 부실징후기업 고충의 처리와 관련한 사항

⑤ 고충처리위원회는 제4항의 업무를 수행하기 위하여 해당 기업 및 금융채권자에게 출석을 요구하여 의견을 들을 수 있다.

⑥ 고충처리위원회는 재적위원 3분의 2 이상의 찬성으로 의결한다.

⑦ 그 밖에 고충처리위원회의 조직·운영 등에 관하여 필요한 사항은 대통령령으로 정한다.

⑧ 협의회는 고충처리위원회가 권고하는 처리 방안 등이 의결될 수 있도록 노력하여야 한다.

부실징후기업고충처리위원회는 기업구조조정 촉진을 위한 채권은행 협약(이하 '기업구조조정촉진협약')상 기구로 설치되어 있었으나, 기업의 권리를 보다 두텁게 보호하기 위하여 2016년 기촉법 제정 시 법적 기구로 격상되었다.[151] 이는 종래 워크아웃 실무에서 채권금융기관의 일방적인 구조조정 진행으로 인하여 채무기업의 의사가 제대로 반영되지 않는다는 점과 실무 처리상 제도 개선이 필요한 부분이 발생하였을 경우, 이를 효율적으로 지원할 만한 기관이 없다는 점이 지적되었는데, 이와 같은 점을 개선하는 데 그 취지가 있다.[152]

가. 선임권자

부실징후기업고충처리위원회는 위원장 1명을 포함한 6명의 위원으로 구성되며, 위원장은 조정위원회의 위원장이 겸임하고, 위원은 기촉법 제29조 제2항에서 정하는 자격을 갖춘 사람 중에서 대한상공회의소 회장, 한국경제인협회 회장, 중소벤처기업진흥공단 이사장, 전국은행연합회 회장 및 대한변호사협회 회장이 각 1인을 선임한다(기촉법 제30조 제2항, 기촉법 시행령 제16조 제1항).

---

151 금융위 기촉법 설명자료, p.73.
152 온주 기촉법, 제30조, 주석 참조

나. 임기와 결격 사유

고충처리위원회의 위원장 및 위원의 임기는 2년으로 하고, 1회에 한정하여 연임할 수 있다(기촉법 제30조 제3항). 2016년 기촉법 개정 시 고충처리위원회를 법적 기구로 격상하면서 위원의 임기를 기존 1년에서 2년으로 연장하여 전문성을 강화하되, 연임 횟수를 1회로 제한하였다(기촉법 제30조 제3항). 또한 '정부·금융감독기관·채권금융기관 및 부실징후기업 종사자'는 위원에서 제외되도록 하였다(기촉법 제30조 제2항).[153]

다. 업무

고충처리위원회는 부실징후기업의 고충 및 애로 사항 수렴, 기업개선계획의 이행을 위한 약정 체결과 관련하여 동의서를 제출한 부실징후기업의 주주 또는 노동조합의 고충 및 애로사항 수렴, 금융채권자에 대한 고충 처리 방안의 권고 및 이행 점검 등의 업무를 수행한다(기촉법 제30조 제4항). 이러한 업무 수행과 관련하여 필요한 경우 고충처리위원회는 해당 기업 및 금융채권자에게 출석을 요구하고 의견을 들을 수 있다(기촉법 제30조 제5항).

---

[153] 금융위 기촉법 설명자료, p.73.

<참 고> 기촉법 제30조 제4항 제2호 도입 배경[154]

○ 부실징후기업고충처리위원회는 '기업구조조정촉진협약에서'와 같이 오직 기업의 애로 사항을 수렴하는 기능만 부여하려 하였으나,
○ 국회 논의 중 기촉법 제14조 제2항 제4호에 따라 동의서를 제출한 주주·노조 등의 건의를 접수하는 기구도 필요하다는 지적(야당)

⇒ 유사 기구가 난립하지 않도록, 부실징후기업고충처리위원회에 해당 기능 부여

라. 권고의 효력

부실기업고충처리위원회의 권고는 말 그대로 '권고'에 불과하여 구속력은 없다. 금융채권자가 고충처리위원회의 권고를 따르지 않았을 경우의 제재도 없다. 다만 협의회는 고충처리위원회가 권고하는 처리 방안 등이 의결될 수 있도록 노력하여야 하고(기촉법 제30조 제8항), 고충처리위원회 위원장 또는 위원이 협의회에 참석하여 기업 등의 입장을 대변할 수 있다(기촉법 시행령 제16조 제2항). 또한 앞서 본 바와 같이 금융채권자조정위원회를 통하여 고충처리위원회의 권고 사항이 이루어질 수 있도록 하고 있다(기촉법 제29조 제5항 제4호).

---

154 금융위 기촉법 설명자료, p.74.

마. 고충처리위원회의 운영과 의결 절차

기촉법에서 정한 사항 이외에 고충처리위원회를 효율적으로 운영하기 위하여 필요한 사항은 고충처리위원회가 정한다(기촉법 시행령 제16조 제3항). 또한 고충처리위원회는 재적위원 3분의 2 이상의 찬성으로 의결한다(기촉법 제30조 제6항).

10. 조정신청과 조정 결정

제31조(조정신청) ① 금융채권자는 협의회의 심의 사항과 관련하여 이의가 있는 경우, 조정위원회에 서면으로 조정신청을 할 수 있다.

② 제1항에 따른 조정신청을 하는 자는 자율 협의를 위한 노력을 다하였음을 소명하여야 한다.

제32조(조정결정) ① 조정위원회는 제31조의 조정신청에 대한 조정 결정의 내용을 지체 없이 해당 금융채권자 및 협의회에 통지하여야 한다.

② 조정위원회의 조정 결정은 협의회의 의결과 동일한 효력을 가진다.

③ 조정 결정에 불복하는 자는 조정 결정이 있었던 날부터 1개월 이내에 법원에 변경결정을 청구할 수 있다.

④ 제3항에 따른 변경결정 청구에 대해서는 제25조 제4항을 준용한다.

금융채권자는 협의회의 심의 사항과 관련하여 이의가 있는 경우, 조정위원회에 서면으로 조정신청을 할 수 있다(기촉법 제31조 제1항). 이러한 조정신청에는 협의전치주의가 적용되어 채권자 간 자율적 협의에도 불구하고 해소되지 않는 이견에 대해서만 조정신청이 가능하다(기촉법 제31조 제2항). 또한 2016년 기촉법 개정 전에는 부실징후기업 역시 조정신청을 할 수 있었으나(2015. 12. 22. 법률 제13613호 기촉법 제23조 제3항), 부실징후기업고충처리위원회를 법적 기구로 격상하

면서 동 내용을 삭제하였다.[155]

조정신청의 대상은 협의회의 심의 사항이다.[156] 조정위원회는 조정신청을 받은 날로부터 10일 이내에 조정 결과와 그 이유를 협의회 및 조정신청을 한 금융채권자에게 알려 주어야 하는데, 사실 확인이 필요한 경우 등 불가피한 사유가 있는 경우에는 10일의 범위에서 그 기간을 한차례 연장할 수 있다(기촉법 시행령 제15조 제1항).

조정위원회는 조정 결정의 내용을 지체 없이 조정 당사자 및 협의회에 통지하여야 한다(기촉법 제32조 제1항). 조정신청을 하는 때에는 서면으로 하여야 하나, 결과 통지에 대해서는 별다른 규정이 없으므로 반드시 서면으로 통지할 필요는 없다고 할 것이다.[157] 조정위원회의 조정 결정은 협의회 의결과 동일한 효력을 가진다(기촉법 제32조 제2항). 이러한 조정 결정에 대해서는 조정결정일로부터 1개월 이내에 법원에 변경 결정을 청구할 수 있으며, 관할법원이나 소 제기 공고 등의 절차적 사항은 협의회 의결 취소의 소와 관련된 기촉법 제25조 제4항을 준용한다(기촉법 제32조 제3항 및 제4항).

---

155 금융위 기촉법 설명자료, p.75.
156 정확히 표현하면 협의회의 심의·의결 사항일 것이다.
157 온주 기촉법, 제32조, 주석 참조

제4장
기업구조조정 촉진을 위한 특례

1. 출자 및 재산운용제한 등에 대한 특례

제33조(출자 및 재산운용제한 등에 대한 특례) ① 채권금융기관이 이 법에 따른 기업구조조정을 위하여 채권을 출자전환하거나 협의회 의결에 따라 채무조정을 하는 경우에는 다음 각 호의 규정을 적용하지 아니한다.

   1. 「은행법」 제37조 및 제38조 제1호

   2. 「보험업법」 제106조·제108조 및 제109조

   3. 「자본시장과 금융투자업에 관한 법률」 제81조 제1항 제1호 가목부터 다 목까지 및 제344조

   4. 「금융산업의 구조개선에 관한 법률」 제24조

   5. 「금융지주회사법」 제19조

   6. 「상호저축은행법」 제18조의2 제1항 제1호에 따라 금융위원회가 정하여 고시하는 동일회사 주식의 취득 제한 규정

   7. 그 밖에 출자 및 재산운용제한 등에 관한 법령 중 대통령령으로 정하는 법령의 규정

② 제1항에 따라 채권금융기관이 채권을 출자전환하는 경우 부실징후기업은 「상법」 제417조에도 불구하고 같은 법 제434조에 따른 주주총회의 결의만으로 법원의 인가를 받지 아니하고도 주식을 액면 미달의 가액으로 발행할 수 있다. 이 경우, 그 주식은 주주총회에서 달리 정하는 경우를 제외하고는 주주총회의 결의일부터 1개월 이내에 발행하여야 한다.

③ 제1항은 이 법에 따른 관리 절차가 종료 또는 중단된 후 2년이 경과하는 날까지 적용되며, 금융위원회의 승인을 받아 2년의 범위에서 연장할 수 있다. 이 경우 금융위원회는 대통령령으로 정하는 사항을 고려하여 승인 여부를 결정한다.

가. 출자전환에 대한 특례

기촉법은 기촉법상 구조조정 절차에 따라 채권금융기관이 출자전환을 통하여 주식을 취득하는 것과 관련하여 여러 특례를 두고 있다. 이는 채권금융기관의 경우 타 회사 지분 취득에 있어 여러 제한을 받고 있기 때문이다.

먼저 은행은 다른 회사 등의 의결권 있는 지분증권의 100분의 15를 초과하는 지분증권을 소유할 수 없고(은행법 제37조 제1항), 자회사에 대해서는 은행 자기자본의 100분의 10을 초과하는 신용공여를 할 수 없다(은행법 제37조 제3항 제1호, 은행법 시행령 제21조 제5항). 또한 상환 기간이 3년을 초과하는 채무증권 및 지분증권의 취득도 자기자본의 100분의 100을 초과할 수 없다(은행법 제38조 제1호). 기촉법은 구조조정 과정에서 일어나는 출자전환 또는 채무조정을 원활하게 이루어질 수 있도록 은행법상 지분증권 소유 등의 제한이 적용 배제되도록 하고 있다(기촉법 제33조 제1항 제1호).

이러한 취지에서 타법의 적용도 배제된다. 보험업법 제106조, 제108조 및 제109조 적용이 배제됨에 따라 보험회사가 일반 계정과 특별 계정에 속하는 자산을 운용함에 있어 지켜야 하는 동일 차주에 대한 신용공여나 채권 및 주식 소유의 합계액 등에 대한 제한을 받지 않고, 다른 회사에 대한 출자 한도 제한도 받지 않는다(기촉법 제33조 제1항 제2호). 자본시장법 제81조 제1항 제1호 가 목 내지 다 목 및 제344조가 적용 배제되면서 집합투자업자의 타법인 지분증권 출자 한도 제한이나 종합금융회사의 증권 투자 한도 제한도 받지 않는다(기촉법 제33조 제1항 제3호). 금산법 제24조가 적용 배제되면서 금융기관이 일정 기준을 초과하여 다른 회사의 주식을 소유하려고 하는 경우, 금융위원회의 승인을 받아야 하는 제한도 받지 않는다(기촉법 제33조 제1항 제4호). 금융지주회사법 제19조가 적용 배제되면서 금융지주회사의 자회사·손자회사에 대한 출자전환 제한도 받지 않는다(기촉법 제33조 제1항 제5호). 상호저축은행법 제18조의2 제1항 제1호에 따른 금융위원회 고시가 적용 배제되면서 자기자본을 초과하는 유가증권 투자 금지가 배제된다(기촉법 제33조 제1항 제6호). 마지막으로, 산업은행·수출입은행·중소기업은행 등의 타법인 지분증권 출자한도 제한도 적용이 배제된다(기촉법 제33조 제1항 제7호, 기촉법 시행령 제17조 제1항).[158]

나. 출자전환 간소화 및 매각 특례

또한 기촉법 제33조 제1항에 따라 출자전환을 하는 경우, 상법 제434조에 따른 주주총회 결의만으로 액면가액 미만 주식 발행이 가능하도록 하였다(기촉법 제33조 제2항). 이러한 특례는 기촉법 절차가 종료·중단된 후 2년이 경과되는 날까지 적용되며, 금융위원회 승인을 받아 연장할 수 있다(기촉법 제33조 제3항). 이때 금융위원회는 주식소유한도를 초과하는 주식에 대한 향후 정리 계획과 해당 채권금융기관의 경영 상태를 고려하여 승인 여부를 결정한다(기촉법 시행령 제17조 제2항). 채권금융기관은 이러한 특례 규정을 통하여 출자전환을 통해 보유한 주식의 매각 시점을 조절할 수 있게 된다.[159]

---

[158] 기존에는 산업은행, 수출입은행, 중소기업은행에만 출자 및 재산운용제한 등에 대한 특례를 두었으나, 2024. 7. 30. 대통령령 제34780호로 기촉법 시행령을 개정하면서 새마을금고 및 신용협동조합 등에 대하여도 특례가 인정되도록 하였다(동 시행령 개정 이유 및 주요 내용).

[159] 금융위 기촉법 설명자료, p.80.

2016년 기촉법 개정 시 기존에 '금융위원회의 승인을 받아 그 기간을 연장할 수 있다고'만 되어 있던 것(법률 제13613호 기촉법 제25조 제3항)을 2년으로 연장 기한을 제한함으로써 특례의 남용을 막고 금융회사의 기업(산업) 지배 장기화를 방지하고자 하였다.[160]

다. 타법상의 특례

기촉법상 정하고 있는 특례 규정 이외에 다른 법률에서도 기촉법상 공동관리 절차에 대한 예외 규정을 두는 경우가 있다.[161]

먼저, 조세특례제한법에서는 기촉법에 따른 기업개선계획의 이행을 위한 약정에 따라 자산을 양도한 경우, 그 양도차익 중 채무상환액에 상당하는 금액에 대해서는 익금 산입을 이연하도록 하고 있다(조세특례제한법 제34조 제1항, 동법 시행령 제34조 제6항 제1호). 또한 기업개선계획의 이행을 위한 약정을 체결한 부실징후기업이 금융채권자로부터 채무의 일부를 면제받은 경우 당해 채무면제익에 대한 익금 산입을 이연하고(조세특례제한법 제44조 제1항 제2호), 이와 같이 채무를 면제한 금융채권자에 대해서는 그 면제한 채무에 상당하는 금액을 손금에 산입하도록 하고 있다(조세특례제한법 제44조 제4항). 이외에 기업재무안정 PEF가 기촉법상 부실징후기업에 직접투자 또는 출자하여 취득한 주권·지분증권 양도 시

---

160 금융위 기촉법 설명자료, p.78.
161 이하는 금융위 기촉법 설명자료 상 '기촉법 적용 기업에 대한 타법상 특례' 부분을 참고하였다.

증권거래세를 면제한다(조세특례제한법 제117조 제1항 제23호).

다음으로 법인세법상 결손금 공제 제한과 관련하여 기촉법에 따른 기업개선
계획 이행을 위한 약정을 체결하고 이를 이행 중인 법인에 대해서는 결손금 한
도를 사업연도 소득의 80%가 아닌 100%로 인정하였다(법인세법 제13조 제1항, 동
법 시행령 제10조 제1항 제2호). 또한 기촉법상 기업개선계획 약정이 체결된 법인이
채무의 면제 또는 소멸로 인한 부채 감소액 등을 협의회가 의결한 결손금을 보
전하는 데 충당한 경우, 해당 평가이익은 익금에 불산입하도록 하였다(법인세법
제18조 제6호, 동법 시행령 제16조 제1항 제2호 나 목). 이외 기촉법상 부실징후기업이
발행한 주식에 대해서는 장부가액을 감액할 수 있도록 하였다(법인세법 제42조 제
3항 제3호 다 목).

기촉법 제33조 제1항 제3호에서 자본시장법상 종합금융회사의 증권투자 한
도를 받지 않는다고 하고 있으나, 이외에 종합금융회사의 동일차주에 대한 신용
공여한도 제한도 받지 않는다(자본시장법 제342조 제5항 제1호, 동법 시행령 제334조
제2항 제1호 다 목). 또한 기촉법상 공동관리절차가 개시된 부실징후기업의 주식
을 제3자에게 매각하는 경우, 공개 매수 의무도 면제된다(자본시장법 제133조 제3
항 단서, 동법 시행령 제143조 제7호, 증권의 발행 및 공시 등에 관한 규정 제3-1조 제4호).

이외에 금융지주회사법상 타 법인에 대한 지배 금지 제한 규정도 적용 배제되
며(금융지주회사법 제2조 제1항 제1호, 동법 시행령 제2조 제3항 제6호), 기촉법에 따라
채무조정의 일환으로 금융채권자가 대출금 등을 출자전환하기 위하여 주권을
발행하는 경우에는 통상적인 할인율(일반공모증자의 경우 30%, 제3자 배정증자의 경
우 10%)의 적용을 받지 아니한다(증권의 발행 및 공시 등에 관한 규정 제5-18조 제1항,
제4항 제2호).

2. 면책특례

제34조 (채권금융기관 등에 대한 면책 특례) 채권금융기관 및 그 임직원이 고의 또는 중대한 과실 없이 이 법 및 조정위원회의 조정결정에 따라 기업구조조정을 위하여 업무를 적극적으로 처리한 경우에는 그 결과에 대하여 이 법, 「감사원법」 또는 「은행법」 등 금융 관계 법령에 따른 징계·문책 또는 그 요구를 하지 아니하는 등 그 책임을 면제한다. 다만, 그 업무 처리에 있어 다음 각 호의 어느 하나에 해당하는 경우에는 그러하지 아니하다.
  1. 기업구조조정의 절차와 관련한 법령을 준수하지 아니한 경우
  2. 필요한 정보를 충분히 수집·검토하지 아니한 경우
  3. 부정한 청탁에 의한 경우
  4. 사적인 이해관계가 있는 경우

동 조문은 2018. 10. 16. 법률 제15855호로 기촉법을 제정하면서 신설된 조항이다. 과거 채권금융기관 및 그 임직원이 구조조정에 관여하다가 실패한 경우, 금융 관계 법령에 따른 징계나 문책이 뒤따랐고, 이러한 관행은 채권금융기관 등이 기업구조조정에 적극적으로 나설 수 없는 요소로 지적되어 왔다. 이에 채권금융기관 및 그 임직원이 고의 또는 중과실 없이 업무를 처리한 경우, 그 결과에 관해 면책하는 조문을 신설하게 된 것이다(2018. 10. 16. 법률 제15855호 기촉법 제정 주요 내용 나).[162]

---

162 온주 기촉법, 제34조, 주석 참조

2023. 12. 26. 법률 제19852호 기촉법 제정 시에는 금융채권자조정위원회의 조정 결정에 따라 기업구조조정을 위하여 업무를 적극적으로 처리한 경우에도 그 결과에 대하여 면책되는 것으로 면책의 범위를 확대하였다.[163] 동시에 부칙 조항을 신설하여 법 시행 전의 업무 조치에 대하여 법 시행 이후 기촉법, 감사원법 또는 은행법 등 금융 관계 법령에 따른 징계나 문책, 그 요구를 하는 경우에도 적용되도록 하였다(2023. 12. 26. 법률 제19852호 기촉법 부칙 제3조).

---

163 2023. 12. 26. 법률 제19852호 기촉법 제정 주요 내용 나. 참조

제5장

시정조치

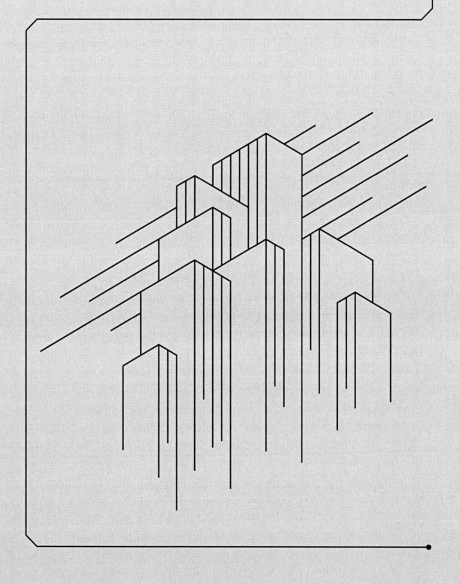

1. 채권금융기관에 대한 시정조치

제35조(채권금융기관에 대한 시정조치) ① 금융위원회는 채권금융기관이 다음 각 호의 어느 하나에 해당하는 행위를 한 때에는 일정한 기간을 정하여 그 시정을 요구할 수 있다.
  1. 제4조 제1항 또는 제3항을 위반하여 신용위험을 평가하지 아니한 때
  2. 제5조 제1항을 위반하여 정당한 사유 없이 통보를 하지 아니한 때
  3. 제7조를 위반하여 필요한 조치를 강구하지 아니한 때
  4. 제9조 제1항을 위반하여 정당한 사유 없이 협의회를 소집하지 아니한 때
  5. 제15조 제2항에 위반하여 약정의 이행을 점검하지 아니하거나 기업개선계획의 진행 상황을 공개하지 아니한 때
  6. 제15조 제4항을 위반하여 정당한 사유 없이 약정의 이행 상황 및 계획에 대한 설명 요청에 응하지 아니한 때
  7. 제16조 제1항 또는 제2항을 위반하여 경영평가위원회의 평가를 거치지 아니하거나 평가 결과를 공개하지 아니한 때
② 제1항에 따른 시정 요구를 받은 채권금융기관이 정당한 사유 없이 기간 내에 시정 요구를 이행하지 아니하면 금융위원회는 해당 채권금융기관에 대하여 다음 각 호의 사항을 요구하거나 명할 수 있다.
  1. 채권금융기관 또는 그 임직원에 대한 주의·경고·견책 또는 감봉
  2. 임원의 직무 정지 또는 임원의 직무를 대행하는 관리인의 선임
  3. 그 밖에 제1호 및 제2호의 규정에 준하는 조치로서 위반 사항의 시정을 위하여 필요하다고 인정되는 조치

기촉법 제35조는 채권금융기관의 위반 행위에 대하여 금융위원회의 시정조치 권한을 규정하고 있다. 이는 기촉법 제36조에 따른 금융위원회의 과태료 부

과 권한과 함께 기촉법상 여러 규정들을 채권금융기관이 따르도록 하는 실효성 확보 조치로 생각된다.

가. 시정조치의 대상

1) 채권금융기관이 신용위험평가를 하지 아니한 때

기촉법 제4조 제1항에 따라 주채권은행은 거래기업에 대한 신용위험을 평가 하여야 하고, 동조 제3항에 따라 주채권은행이 아닌 채권은행이 거래 기업의 신용위험을 평가한 결과, 부실징후기업에 해당된다고 판단하고 이를 주채권은행 앞 통보한 경우에도 주채권은행은 부실징후 유무에 대하여 판단하여야 한다. 이를 위반하여 신용위험평가를 하지 아니한 때에는 시정조치의 대상이 된다.

2) 정당한 사유 없이 거래 기업에 신용위험평가결과를 통보하지 아니한 때

주채권은행은 거래 기업의 신용위험을 평가한 결과, 부실징후가 있다고 판단 하는 경우, 그 사실과 이유를 해당 기업에 통보하여야 한다(기촉법 제5조 제1항). 이를 정당한 사유 없이 하지 아니한 경우 시정조치의 대상이 된다.

3) 부실징후기업에 대하여 필요한 조치를 강구하지 아니한 때

주채권은행은 부실징후기업으로 통보받은 기업이 공동관리절차나 회생 절차를 신청하지 아니하는 경우 해당 기업의 신용위험 및 채무상환능력의 변화 등을 지속적으로 점검하여 필요한 조치를 취하여야 한다(기촉법 제7조). 이를 위반하는 경우 시정조치의 대상이 된다.

4) 정당한 사유 없이 협의회를 소집하지 아니한 때

주채권은행은 부실징후기업으로부터 공동관리절차 신청을 받은 날로부터 14일 이내에 공동관리절차의 개시 여부를 결정하기 위한 협의회를 소집하여야 한다(기촉법 제9조 제1항 본문). 다만 법상 정하여진 사유가 있는 경우, 협의회 소집 통보를 하지 않을 수 있다(기촉법 제9조 제1항 단서). 이를 위반하여 정당한 사유 없이 협의회를 소집하지 아니한 경우 시정조치의 대상이 된다.

5) 기업개선계획의 이행을 위한 약정의 이행을 점검하지 아니하거나, 기업개선계획의 진행 상황을 공개하지 아니한 때

주채권은행은 기업개선계획의 이행을 위한 약정 이행 실적을 분기별로 점검하여 그 결과를 협의회에 보고하여야 하며, 이를 연 1회 이상 공개하여야 한다(기촉법 제15조 제2항). 이를 위반한 경우, 시정조치의 대상이 된다.

6) 정당한 사유 없이 기업개선계획의 이행을 위한 약정의 이행 상황 및 계획에 대한 설명 요청에 응하지 아니한 때

기업개선계획의 이행을 위한 약정에는 인원·조직 등의 구조조정 계획 등이 포함될 수 있고, 이와 관련하여 해당 기업의 주주 또는 노동조합 등 이해관계인의 동의가 필요한 사항에 대해서는 동의서가 첨부될 수 있다(기촉법 제14조 제2항 제4호). 이러한 동의서를 제출한 이해관계인은 약정의 이행 상황 및 계획에 대한 설명을 요구할 수 있는바(기촉법 제15조 제4항), 이러한 요청에 정당한 사유 없이 응하지 않는 경우에도 시정조치의 대상이 된다.

7) 공동관리절차에 대하여 경영평가위원회의 평가를 거치지 아니하거나 평가 결과를 공개하지 아니한 때

주채권은행은 경영평가위원회를 구성하여 공동관리절차의 효율성, 해당 기업의 기업 개선 가능성, 공동관리절차의 지속 필요성 등을 평가하고 이를 협의회에 보고하여야 한다. 또한, 동 보고일로부터 7일 이내에 그 평가 결과를 공개하여야 한다(기촉법 제16조 제1항 및 제2항). 이를 이행하지 않는 경우, 시정조치의 대상이 된다.

나. 시정조치

상기와 같은 위반행위들에 대한 시정조치 대상은 주채권은행이 된다. 기촉법은 '채권금융기관이 다음 각 호의 행위를 한 때에는'이라고 규정하고 있으나, 기촉법 제34조 제1항 각 호의 의무 위반의 주체가 주채권은행이기 때문이다.[164]

금융위원회는 위반행위에 대하여 일정한 기간을 정하여 시정을 요구하고, 정당한 사유 없이 기간 내에 시정 요구를 이행하지 아니하면 기관 또는 그 임직원에 대한 주의·경고·견책 또는 감봉, 임원의 직무 정지 또는 임원의 직무를 대행하는 관리인의 선임, 기타 이에 준하는 조치로 위반 사항의 시정을 위하여 필요하다고 인정되는 조치를 취할 수 있다(기촉법 제35조 제2항). 이와 관련하여 2016년 기촉법 개정 시 구법에 있었던 6개월 이하 영업 정지(2015. 12. 22. 법률 제13613호 기촉법 제26조 제2항 제3호)는 과도한 것으로 판단되어 폐지하였다.[165]

---

164 금융위 기촉법 설명자료, p.83.
165 금융위 기촉법 설명자료, p.84.

2. 과태료

제36조(과태료) ① 다음 각 호의 어느 하나에 해당하는 자에게는 2천만 원 이하의 과태료를 부과한다.
  1. 제9조 제4항을 위반하여 원상회복을 하지 아니한 자
  2. 제23조 제2항을 위반하여 공동관리기업의 경영인 및 제14조 제2항 제4호에 따른 동의서를 제출한 자에게 의견 개진의 기회를 부여하지 아니한 자
  3. 제26조 제1항을 위반하여 금융채권을 신고하지 아니한 자
  4. 제27조 제6항을 위반하여 채권매수청구권의 내용과 행사 방법을 알리지 아니한 자
② 제1항에 따른 과태료는 대통령령으로 정하는 바에 따라 금융위원회가 부과·징수한다.

본조는 기촉법상 규정을 위반한 자에 대한 과태료를 정함으로써 기촉법상 각종 의무의 실효적인 이행을 확보하고 있다.[166] 이에 따른 과태료 부과 대상은 다음과 같다.

---

[166] 금융위 기촉법 설명자료, p.86.

가. 과태료 부과 대상

1) 기촉법 제9조 제4항을 위반하여 원상회복을 하지 아니한 자

주채권은행이 제1차 협의회 소집 통보를 하는 때에는 제1차 협의회 종료 시까지 금융채권자에게 금융채권의 행사를 유예하도록 요구할 수 있는데, 이러한 금융채권 행사유예를 요구받은 금융채권자가 금융채권을 행사한 때에는 주채권은행은 협의회 의결에 따라 해당 금융채권자에게 원상회복의 이행을 요청할 수 있다(기촉법 제9조 제3항 및 제4항). 이러한 원상회복 요청에 불구하고 원상회복을 하지 않는 경우, 기촉법 제36조 제1항 제1호에 따른 과태료 부과 대상이 된다. 이때 과태료 기준 금액은 위반자가 법인인 경우에는 2,000만 원, 법인이 아닌 경우에는 1,000만 원이다(기촉법 시행령 제19조 별표, 과태료의 부과 기준, 2. 개별 기준 가, 나).

2) 제23조 제2항을 위반하여 공동관리기업의 경영인 및 제14조 제2항 제4호에 따른 동의서를 제출한 자에게 의견 개진의 기회를 부여하지 아니한 자

기업개선계획의 이행을 위한 약정 체결은 협의회의 심의·의결 사항이고(기촉법 제23조 제1항 제5호), 인원·조직 및 임금 등의 구조조정계획 및 감자 등 재무구조 개선 이행 계획에 대해서는 주주 또는 노동조합 등 이해관계인의 동의를 받아야 하는바(기촉법 제14조 제2항 제4호), 협의회는 이러한 동의서를 제출한 자에게 구두 또는 서면으로 의견을 개진할 수 있는 기회를 부여하여야 한다(기촉법 제23조 제2항). 또한 협의회의 심의·의결 사항에 대하여 해당 기업의 경영인에 대하여도 이러한 구두 또는 서면을 통한 의견 개진의 기회를 보장하여야 한다(기촉법 제23조 제2항). 이러한 기회를 부여하지 않은 경우에는 1천만 원 이하의 과태료 부과 대상이 된다(기촉법 제36조 제1항 제2호, 기촉법 시행령 제19조, 별표, 과태료의 부과 기준, 2. 개별 기준 다).

3) 제26조 제1항을 위반하여 금융채권을 신고하지 아니한 자

주채권은행으로부터 제1차 협의회의 소집을 통보받은 금융채권자는 통보받은 날로부터 5일 이내에 주채권은행에 소집 통보일 직전일을 기준으로 해당 기업에 대한 금융채권의 내용과 금액을 신고하여야 한다(기촉법 제26조 제1항). 이러한 금융채권 신고는 공동관리절차 개시 및 수행에서 매우 중요한 요소이므로 이러한 신고를 하지 않은 경우 과태료 부과 대상이 된다(기촉법 제36조 제1항 제3호). 이때 과태료 기준 금액은 위반자가 법인인 경우에는 1,000만 원 이하, 법인이 아닌 경우에는 500만 원이다(기촉법 시행령 제19조, 별표, 과태료의 부과 기준, 2. 개별 기준 라, 마).[167]

4) 제27조 제6항을 위반하여 채권매수청구권의 내용과 행사 방법을 알리지 아니한 자

공동관리절차 개시, 기업개선계획의 수립 및 변경, 채무조정, 공동관리절차

---

[167] 기촉법 절차 참여 범위 확대로 신속성 저하가 우려되므로 신속한 채권 신고에 대한 주의 촉구에 그 취지가 있다(기촉법 설명자료, p.36).

연장 등에 대한 금융채권자협의회 소집을 통보하는 경우 주채권은행은 반대채권자의 채권매수청구권의 내용 및 행사 방법을 알려야 하는데(기촉법 제27조 제6항), 이를 알리지 않은 경우에는 과태료 부과 대상이 된다(기촉법 제36조 제1항 제4호). 과태료 기준금액은 1,000만 원이다(기촉법 시행령 제19조, 별표, 과태료의 부과 기준, 2. 개별기준 바).[168]

나. 과태료의 부과권자와 감액·증액

과태료는 금융위원회가 부과·징수한다(기촉법 제36조 제2항). 하나의 위반 행위가 둘 이상의 과태료 부과 기준에 해당하는 경우에는 그중 금액이 큰 과태료 부과 기준을 적용한다(기촉법 시행령 제19조, 별표, 과태료의 부과 기준, 1. 일반 기준 가).

위반 행위가 사소한 부주의나 오류로 인한 것으로 인정되는 경우, 위반 행위자가 법 위반 상태를 시정하거나 해소하기 위하여 노력한 것이 인정되는 경우, 그 밖에 위반 행위의 정도, 위반 행위의 동기와 그 결과 등을 고려하여 줄일 필요가 있다고 인정되는 경우에는 과태료 개별 기준의 2분의 1 범위에서 감액할 수 있다. 다만, 과태료를 체납하고 있는 행위자인 경우에는 제외한다(기촉법 시행령 제19조, 별표, 과태료의 부과 기준, 1. 일반 기준 나).

위반의 내용·정도가 중대하여 금융채권자 및 기업에 미치는 피해가 크다고

---

[168] 이는 반대매수청구권 행사를 실질적으로 보장하는 데 그 취지가 있다(기촉법 설명자료, p.36).

인정되는 경우, 법 위반 상태의 기간이 6개월 이상인 경우, 그 밖에 위반 행위의 정도, 동기와 결과 등을 고려하여 필요하다고 인정되는 경우에는 증액이 가능하다(기촉법 시행령 제19조, 별표, 과태료의 부과 기준, 1. 일반 기준 다).

다. 불복 및 집행

과태료 사건은 과태료를 부과받을 자의 주소지 지방법원이 관할하며(비송사건절차법 제247조), 과태료 재판은 이유를 붙인 결정으로써 한다. 당사자는 과태료 결정에 대한 즉시항고를 할 수 있다(비송사건절차법 제248조).

과태료 재판은 검사의 명령으로 집행하며, 동 명령은 집행권원과 같은 효력이 있다. 그 집행은 민사집행법의 규정에 따른다(비송사건절차법 제249조).

제6장

부칙

제1조(시행일) 이 법은 공포한 날부터 시행한다.

제2조(유효 기간) ① 이 법은 시행일로부터 3년이 되는 날까지 효력을 가진다.
② 이 법의 유효 기간에 주채권은행이 협의회 소집을 통보하는 경우에는 제5조 제2항 각 호의 관리 절차가 종료되거나 중단되기까지는 이 법의 적용을 받는다.

제3조(채권금융기관 등에 대한 면책 특례에 관한 적용례) 제34조 각 호 외의 부분 본문 중 조정위원회의 조정결정에 따라 기업구조조정을 위하여 업무를 적극적으로 처리한 경우에 대한 면책 특례는 이 법 시행 전의 업무 조치에 대하여 이 법 시행 이후 이 법, 「감사원법」 또는 「은행법」 등 금융관계 법령에 따른 징계·문책 또는 그 요구를 하는 경우에도 적용한다.

제4조(기존 관리절차에 관한 적용례) 법률 제15855호 기업구조조정 촉진법 부칙 제2조 제2항 및 같은 부칙 제3조에도 불구하고, 이 법 시행 당시 진행 중인 관리절차에 대해서는 이 법 시행일부터 이 법을 적용한다. 이 경우 이 법 시행 전에 주채권은행, 금융채권자협의회 또는 협의회가 행한 의결, 채권행사의 유예, 기업개선계획의 이행을 위한 약정의 체결, 채권재조정, 그 밖의 행위는 이 법에 따라 주채권은행, 금융채권자협의회 또는 협의회가 행한 행위로 본다.

제5조(조정위원회에 관한 경과조치) 이 법 시행 당시 종전의 「기업구조조정 촉진법」(법률 제18113호 피한정후견인 결격 조항 정비를 위한 가맹사업거래의 공정화에 관한 법률 등 5개 법률의 일부개정에 관한 법률로 개정된 것을 말한다. 이하 "종전의 「기업구조조정 촉진법」이라 한다")에 따라 설치된 금융채권자조정위원회와 부실징후기업고충처리위원회는 이 법에 따른 금융채권자조정위원회와 부실징후기업고충처리위원회로 본다. 다만, 위원장 및 위원의 임기에 관한 규정을 적용할 때에는 종전의 「기업구조조정 촉진법」에 따라 선임된 임기와 횟수를 합산한다.

제6조(다른 법령과의 관계) 이 법 시행 당시 다른 법령에서 종전의 「기업구조조정 촉진법」 또는 그 규정 등을 인용하고 있는 경우 이 법 중 그에 해당하는 규정 등이 있는 때에는 종전의 규정 등을 갈음하여 이 법 또는 이 법의 해당 규정 등을 인용한 것으로 본다.

1. 효력 발생과 한시성

현행 기촉법은 제7차로 제정된 기촉법이다. 기촉법은 2001년 최초 제정 이후 이와 같이 신규 제정 또는 개정의 형태로 그 효력을 연장하여 왔다. 2023. 12. 26. 자 법률 제19852호로 제정된 현행 기촉법은 공포한 날부터 시행되었으며(부칙 제1조), 시행일로부터 3년이 되는 날까지 효력을 가진다(부칙 제2조 제1항). 이러한 기촉법의 한시법적 특성은 앞서 논의한 바 있다(제1장, 1. 가. 기촉법의 한시성 부분 참조).

2. 경과조치

가. 2023. 12. 26. 자 법률 제19852호 기촉법의 효력 만료에 대비한 경과조치

이와 같이 기촉법은 한시법, 즉 그 유효 기간이 정하여진 법이다. 따라서 유효 기간이 만료되면 법이 실효되는 것이 원칙이나, 현행 기촉법의 유효 기간에 주채권은행이 협의회 소집을 통보하는 경우에는 유효 기간이 경과하여 법이 실효되더라도 금융채권자협의회에 의한 공동관리절차 또는 주채권은행에 의한 관리절차가 종료되거나 중단되기까지는 현행 기촉법이 계속하여 적용되도록 하고 있다(부칙 제2조 제2항).

나. 기존 기촉법이 경과조치 규정을 둔 데에 대한 적용례

기촉법의 한시성에 따른 법의 실효에 대비하여 만든 조항이 동 부칙 제2조 제2항이라면, 기촉법의 빈번한 제·개정에 따라 적용되는 기촉법을 단일화하기 위하여 만든 조항이 부칙 제4조이다. 주채권은행이 협의회 소집을 통보하여 관리절차가 개시되었다면, 그러한 관리절차 개시의 근거가 되는 기촉법이 당해 관리절차가 종료되거나 중단될 때까지는 적용되는 것이 원칙이다. 법률의 개정에 따라 적용되는 기촉법이 달라진다면 법률관계의 확정 등에 다툼이 생길 수 있기 때문이다. 실제로 기촉법의 적용 대상을 채권금융기관에서 일반 금융채권자로 확대하는 등 내용을 대폭 개정한 2016. 3. 18. 법률 제14075호 제정 기촉법은 i) 동 법 시행 전 발생한 금융채권에 대해서는 동 법을 적용하지 아니한다고 규정하고(2016. 3. 18. 법률 제14075호 제정 기촉법 부칙 제3조), ii) 종전 기촉법에 따라 진행 중인 관리절차에 대해서는 그 관리절차가 완료되거나 중단되기까지는 종전의 기촉법을 적용하도록 하였다(2016. 3. 18. 법률 제14075호 제정 기촉법 부칙 제4조).

그러나 2023. 12. 26. 법률 제19852호로 제정된 기촉법은 기존 관리절차에 대하여도 신법을 적용하도록 하고 있다(2023. 12. 26. 법률 제19852호 기촉법 부칙 제4조). 이는 동 기촉법이 실질적으로는 기존 기촉법을 연장하는 데 목적이 있었으므로 그 주요 내용이 대부분 유지되었다는 점이 크게 작용한 것으로 생각된다(2023. 12. 26. 법률 제19852호 기촉법 제정 이유 참조). 이외에도 동 기촉법의 채권금융기관 등에 대한 특례 효과를 넓히고, 실무적으로도 공동관리절차의 개시시기에 따라 적용 기촉법이 달라지는 데에서 오는 어려움을 반영한 것으로 생각된다.

참고로 기촉법 부칙 제4조 제2문은 '이 법 시행 전에 주채권은행, 금융채권자협의회 또는 협의회가 행한 의결, 채권행사의 유예, 기업개선계획의 이행을 위한 약정의 체결, 채권재조정, 그 밖의 행위는 이 법에 따라 주채권은행, 금융채권자협의회 또는 협의회가 행한 행위로 본다'라고 규정하고 있다.

이와 관련하여 당초 기업구조조정협약의 구성원에 속하지 아니한 금융기관이 기업 개선 작업이 진행되던 도중에 별도로 당해 기업과의 사이에 분할상환약정과 같은 채권재조정에 관한 계약을 체결하고, 이후 법 개정으로 기촉법의 적용을 받게 된 사안에서 상기 부칙 제4조 제2문(동 판례에서는 부칙 제3조)에 근거하여 당해 기업과의 분할상환약정이 새로이 행하여진 협의회의 의결에 우선한다고 주장한 사안에서 대법원은 이를 부정하였다. 즉, 법원은 이러한 분할상환약정은 협의회가 주채권은행을 중심으로 추진한 기업 구조 개선 작업의 틀 밖에서 체결한 개별적인 약정에 불과하므로, 기업 개선 작업의 이행 상태를 감독하기 위하여 당해 기업에 파견된 경영관리단이나 협의회 또는 주채권은행의 승인을 얻었는지 여부를 불문하고 당사자들 사이의 계약으로는 유효하나, 이를 기촉법 부칙 제4조(동 판례에서는 제3조)의 '이 법 시행 전에 주채권은행, 금융채권자협의회 또는 협의회의 행한 의결, 채권행사의 유예, 기업개선계획의 이행을 위한 약정의 체결, 채권재조정, 그 밖의 행위는 이 법에 따라 주채권은행, 금융채권자협의회 또는 협의회가 행한 행위'에 해당한다고 볼 수 없고, 나아가 동 부칙을 근거로 새로이 의결한 협의회의 의결에 우선하는 효력을 갖는다고 볼 수 없다고 판시하였다(대법원 2007. 4. 27. 선고 2004다22292 판결, 대법원 2007. 4. 26. 선고 2004다27600 판결).